MARCELO BARROS

CONVERSA COM O EVANGELHO DE MATEUS
De onde se retiram coisas novas e velhas

Prefácio de Carlos Mesters
Posfácio do rabino Henry Sobel

Direção Editorial:	Pe. Fábio Evaristo R. Silva, C.Ss.R.
Conselho Editorial:	Pe. Ferdinando Mancilio, C.Ss.R.
	Pe. Marlos Aurélio, C.Ss.R.
	Pe. Mauro Vilela, C.Ss.R.
	Pe. Victor Hugo Lapenta, C.Ss.R.
	Avelino Grassi
Coordenação Editorial:	Ana Lúcia de Castro Leite
Copidesque:	Luana Galvão
Revisão:	Tatianne Aparecida Francisquetti
Diagramação e Capa:	Tiago Mariano da Conceição

Dados Internacionais de Catalogação na Publicação (CIP)
(Câmara Brasileira do Livro, SP, Brasil)

Barros, Marcelo
    Conversa com o Evangelho de Mateus: de onde se retiram coisas novas e velhas / Marcelo Barros; prefácio de Carlos Mesters; posfácio do rabino Henry Sobel. – Aparecida, SP: Editora Santuário, 2017.

    ISBN 978-85-369-0474-0

    1. Bíblia – Estudo e ensino 2. Bíblia. N.T. Mateus – Comentários I. Mesters, Carlos. II. Sobel, Henri. III. Título.

16-09302   CDD-226.207

Índices para catálogo sistemático:
1. Evangelho de Mateus: Comentários 226.207

1ª impressão

Todos os direitos reservados à **EDITORA SANTUÁRIO** – 2017

Rua Pe. Claro Monteiro, 342 – 12570-000 – Aparecida-SP
Tel: 12 3104-2000 – Televendas: 0800 - 16 00 04
www.editorasantuario.com.br
vendas@editorasantuario.com.br

E também em conversa com:
Agostinha Vieira de Mello
Rita Araújo
Jônathan Félix
Cladilson Nardino
Júnior Centenaro

"Toda pessoa instruída na Escritura (isto é, escriba)
que se torna discípulo/a do reino dos céus
é semelhante a um/a chefe de família
que tira do seu baú coisas novas e velhas."

(Mt 13,52)

Aos rabinos
Henry Sobel,
Leonardo Alanati
e Nilton Bonder

Sumário

Prefácio *(Carlos Mesters)* 9

Para começo de conversa 13

Parceiros desta conversa 17

I – Como vão as coisas? 23

II – O segredo de Jesus 33
(Conversa sobre os capítulos 1 e 2)

III – Proclamação do Reino dos céus 53
(Conversa sobre o primeiro livrinho de Mateus – Mt 3–7)

IV – A justiça do Reino liberta! 115
(Conversa sobre Mateus 8–10)

V – Os mistérios do Reino de Deus 145

VI – O testemunho no Reino, na comunidade 177

VII – A vinda definitiva do Reino 221

VIII – A Páscoa de Jesus inaugura o Reino 261

Posfácio *(Henry Sobel)* 285

Prefácio

(Carlos Mesters)

Marcelo, querido irmão e amigo,

Muito obrigado por este seu livro. Lendo-o, veio-me o pensamento acerca de que você está abrindo um caminho novo no horizonte do diálogo com nossos irmãos judeus. Não por acaso, você quis dedicá-lo a três rabinos de nosso tempo, escolhendo-os assim também como seus interlocutores nesta conversa a distância com o Evangelho de Mateus.

O texto evangélico, atribuído a Mateus, já representou em seu tempo uma tentativa de diálogo entre as duas comunidades: a judaica e a cristã. Nesse Evangelho, os judeus que aceitavam Jesus como Messias se dirigiam a seus correligionários das sinagogas do final do século I. Estes tinham dificuldade de reconhecer, no rabino de Nazaré, o Messias anunciado pelos profetas.

Agora, neste seu livro, você nos convida a dialogar. O diálogo não se faz para convencer o outro de nossa verdade. Ao contrário, basta dar a impressão de que se arroga ter o monopólio da verdade e já se mata o diálogo. Ele é um processo muito sério no qual se exige a escuta atenta do outro, com o cuidado de exprimir o que realmente se sente e se pensa em profundidade, para evitar mal-entendidos prejudiciais.

Da leitura deste livro, compreendi uma mensagem que considero muito importante: nós, cristãos, temos muito de aprender de nossos irmãos judeus sobre a pessoa de Jesus, que é irmão deles e nosso.

Marcelo, meu irmão, penso que seja indispensável retomar e aprofundar esse diálogo que põe fim à ruptura que existia entre judeus e cristãos, já na segunda metade do primeiro século. Duas comunidades irmãs, que, por causa de sua fé em Deus, deveriam ser como fermento de unidade para toda a humanidade, tornaram-se duas religiões diferentes, opostas entre si, e chegaram a se excomungar e se excluir reciprocamente. Nos séculos seguintes, esse fato provocou que se escrevessem as páginas mais vergonhosas e trágicas da história do Ocidente. São páginas que todos nós conhecemos, assim como confessamos que foram escritas por muitos cristãos que semearam as sementes do ódio e da intolerância. Esse tipo de escritos acabou gerando muitas perseguições aos judeus. Lembra inclusive o terrível projeto de extermínio do povo de Jesus, projeto que o Nazismo pôs em prática e que significou a morte de milhões e milhões de judeus.

Hoje, judeus e cristãos devem tomar consciência de ter uma missão em comum: viver e testemunhar a boa notícia de Deus para todo ser humano. Foi isso que Jesus, como judeu, viveu e ensinou. Ele foi um judeu fiel. Durante toda a sua vida, observou os costumes e normas da religião e da cultura de seu povo. E sua fidelidade é um dos elementos da universalidade de sua mensagem. De fato, na raiz mais profunda da cultura e da religião de um povo, sempre estão a vida e o desejo de vida, o húmus comum de todas as pessoas, por meio das quais Deus nos fala. Ou, se quisermos, o poço no qual todos bebemos.

Cultura e religião seriam, então, o caminho que cada povo vai abrindo para chegar até aquele poço e aplacar sua sede. Ao agir de acordo com a tradição mais profunda de seu povo, Jesus revelou o significado mais profundo de Deus, o encontro com Ele e, junto, manifestou o sentido mais profundo do existir humano. Como Ele ajudou seu povo a redescobrir sua identidade mais profunda e a ser fiel, também nós, cristãos, se nos colocarmos bem na escuta, descobriremos que Jesus ajuda cada povo e também a cada um de nós a ser mais humano. No entanto, pode acontecer que uma cultura ou uma religião se feche sobre si mesma (isso pode ser a atitude só de alguns de seus representantes). Nesse caso, no lugar de revelar o caminho da vida, esconde-o. Isso aconteceu no tempo de Jesus e talvez aconteça de novo, hoje, em nossas Igrejas cristãs. Vivendo 30 anos em Nazaré, na região da Galileia, Jesus percebeu os limites e obstáculos presentes na cultura e na tradição de seu povo, limites que impediam a vida de germinar e dar frutos. Foi isso que Ele denunciou e criticou. O povo se alegrou com sua mensagem, mas o poder, incomodado, eliminou-o.

Querido irmão Marcelo, esse é o pensamento que concluí deste seu livro. Penso que, se nós, cristãos, deixarmo-nos conduzir por Jesus até o Deus, que Ele revelou, chegaremos a encontrar novamente nossos irmãos judeus. No fundo, é isso que Jesus pede, tanto a eles, quanto a nós: fidelidade à vida.

Fico feliz que você, além de nos colocar em diálogo com o judaísmo, tenha elaborado este livro em estilo de diálogo não só com a comunidade de Mateus, mas também com as comunidades eclesiais de base e movimentos sociais que vivem a caminhada de fé no Brasil de hoje. E nesse diálogo, você transcreveu, com tanta vivacidade e abertura, os diálogos concretos com amigos e amigas, que são com você coautores deste livro. Parabéns.

Um grande abraço e obrigado pela mensagem bela deste livro. Seu irmão,

Carlos Mesters

Para começo de conversa

Talvez vocês achem uma loucura alguém do século XXI escrever uma carta ou puxar conversa com uma comunidade do final do século primeiro de nossa era. Não acredito em máquina do tempo nem pretendo, nestas páginas, escrever obra de ficção. Acredito sim que os evangelhos, mesmo tendo sido escritos em um contexto determinado e em uma época distante da nossa (final do século I e talvez mesmo início do século II de nossa era), contêm uma palavra que, quando compreendida em seu contexto histórico e reinterpretada no diálogo com nossa realidade, pode nos trazer uma mensagem atual, que é humana e, ao mesmo tempo, inspirada por Deus. Por acreditar que esses textos antigos, escritos para determinadas situações históricas e para comunidades concretas, podem conter uma boa notícia e um apelo de Deus para todas as gerações, durante anos e anos, tenho-os lido e relido, escutado e procurado interpretá-los. Desde que me tornei adulto, aprendi também a ler questionando e interpelando os textos. A cada dia tenho feito isso. Creio profundamente que escutá-los, hoje, a partir de nossa realidade, ajuda-nos a fortalecer o testemunho do projeto divino para o mundo. Por isso decidi escrever este livro.

Escrevo como se fosse uma roda de amigos na qual a comunidade de Mateus se mistura com vocês das comunidades cristãs atuais. Escrevo em forma de conversa e de *chat* de internet. Escrevi este comentário ao Evangelho com uma forte preocupação ecumênica e macroecumênica no início dos anos 2000 e em diálogo com várias pessoas de diferentes tradições cristãs e de outras religiões. Reli e atualizei alguns pontos e elementos deste comentário agora para publicá-lo em uma versão ampliada e atualizada. É uma conversa aberta para a qual convido qualquer um que deseje buscar maior compreensão da pessoa e da missão de Jesus Cristo, olhada a partir do diálogo com o judaísmo e com os diversos caminhos espirituais. Espero que esta conversa seja uma profunda experiência de oração. Na Bíblia e especificamente no Evangelho segundo Mateus, descobriremos não somente pensamentos e reflexões, mas uma Presença. Diante dela, não precisamos falar. Nossa conversa se torna contemplação amorosa e alimentadora da compaixão solidária, que queremos viver com a humanidade e com todos os seres do universo.

No final de cada capítulo, formularei perguntas a vocês, companheiros e companheiras de meu tempo, como também à equipe de Mateus. Se vocês, peregrinos da verdade, quiserem adiantar alguma resposta a perguntas que faço, eu lhes agradecerei; mais ainda se me responderem por escrito. Ficarei mais feliz ainda se, continuando essa reflexão aqui escrita, vocês acrescentarem outras perguntas ou questões dirigidas ao Evangelho.

Talvez o texto de Mateus não nos responda diretamente a cada uma das questões. Mas, convidando-nos a reler toda a Palavra de Deus contida nas escrituras e a verificar como algumas das primeiras comunidades cristãs interpretaram a Bíblia (o primeiro testamento) e a ligaram com sua realidade, esse Evangelho nos estimulará a dar respostas atuais e novas às perguntas que o mundo e as Igrejas nos provocam a fazer. Pode ser até que nos ajude a fazer de nossa vida um testemunho mais profundo da presença amorosa de Deus no meio de nós (Emanuel). Seremos, então, um Evangelho vivo do Reino de Deus para nossos irmãos e nossas irmãs de toda a humanidade.

Como, em todas as suas páginas, o Evangelho de Mateus trata (polemicamente) da relação da comunidade cristã com o judaísmo, releio esse escrito em outro contexto e pensando nestes irmãos e nestas irmãs do judaísmo e em suas comunidades, as quais estimo e admiro profundamente, e dedico este livro a meus irmãos e minhas irmãs da primeira aliança, especialmente aos irmãos e às irmãs da comunidade judaica do Recife. "Escuta, Israel, o Senhor é UM."

***

Caros rabinos, irmãos primogênitos da fé bíblica,

Escrevo estas páginas para ajudar as comunidades de várias Igrejas a relerem e reinterpretarem um texto antigo que os cristãos classificam como "Evangelho" e acrescentam à Bíblia hebraica. Dos antigos textos cristãos, o de Mateus é o que mais aprofunda o diálogo entre as interpretações da fé que a tradição judaica fazia e a leitura bíblica das primeiras comunidades cristãs. O chamado "Evangelho segundo Mateus" surgiu em uma época de fortes polêmicas e excomunhões recíprocas entre judeus e cristãos.

Hoje, esse mesmo Evangelho é relido a partir da amizade e da complementação entre cristãos e judeus. Por isso, quis começar esta "Conversa com o Evangelho de Mateus" expressando minha amizade e admiração por vocês. Proponho uma leitura do Evangelho a partir do diálogo e do mais profundo respeito com a santa tradição do judaísmo. É uma questão de método e de justiça. Dedicar este livro a vocês é uma forma de me exigir o máximo nesta disciplina.

Creio que Deus pede de nós uma abertura universal. Não é somente entre judeus e cristãos. Relendo o Evangelho, imagino a mim e aos irmãos, que leem estas páginas como irmãos e irmãs de fé e penetram juntos na intimidade (*sod*) da Palavra e da Presença daquele que vem sempre a nós por trás da nuvem escura. Só por parábolas e aproximações podemos nos acercar de seu mistério. Na tradição judaica, encontramos uma riqueza de interpretações e símbolos que hoje atraem pessoas do mundo todo, crentes das mais diversas religiões. Apesar de não ter conhecimento de tradições como a Cabala, quero pesquisar tudo o que possa nos ajudar a aplicar as palavras e a prática de Jesus à vida de cada um de nós, na busca do mais profundo de nosso ser, e também à realidade social. Isso nos coloca em uma atitude de abertura e acolhimento a todas as religiões e culturas.

Talvez, em si mesma, a visão da pessoa de Jesus Cristo, que o Evangelho apresenta, e eu aqui comento, não interesse diretamente a vocês. Com todo o passado de arrogância, da hegemonia cultural do cristianismo, e com o triunfalismo habitual das Igrejas, compreendo que esse tipo de conversa não interesse a um rabino. Mas penso que pode ser útil para vocês saberem como, atualmente, alguns grupos eclesiais, dos quais eu faço parte, interpretam a revelação bíblica e a importância que tem para nós o diálogo com a fé judaica. Se vocês têm algo a nos corrigir nesse particular e nos podem ajudar a aprofundar esse caminho, não deixem de fazê-lo.

Com carinho de irmão,

Marcelo Barros

Parceiros desta conversa

1.

Querida comunidade que escreveu o chamado
"Evangelho de Jesus Cristo segundo Mateus",

Quero conversar com vocês, como se estivéssemos uns diante dos outros. Devemos levar a sério todas as diferenças de tempo histórico e de contexto entre vocês das primeiras comunidades cristãs e nosso mundo de hoje. Entretanto, mesmo levando isso em conta, podemos conversar com vocês, como se, de algum modo, vocês da comunidade de Mateus fossem conterrâneos deste tempo atual, conturbado e tão carente de esperanças. No começo, pensei em escrever uma carta pessoal a Mateus. Entretanto, nenhum livro da Bíblia é de cunho somente individual. Além disso, embora desde os tempos mais antigos todos atribuam a Mateus a honra de ser o redator desse livro, nem ele o assinou, nem chama o texto de Evangelho (como Marcos inicia dizendo: "Início do Evangelho de Jesus Cristo, Filho de Deus"). Então, escrevo a vocês da comunidade que participaram da experiência que gerou o texto de Mateus.

Antes, não pensaria em lhes escrever. Quando eu era jovem, quase cada domingo, na missa, escutava o Evangelho de Mateus. Uma vez ou outra, teria preferido substituir Mateus pela versão de Marcos ou Lucas. Lucas conta a parábola dos convidados que não vieram ao banquete de forma menos violenta. Marcos conta a cura da filha da mulher cananeia de forma mais sóbria e respeitosa. Eu preferia escutar a versão de Lucas: "Sejam misericordiosos como o Pai é misericordioso", do que a de Mateus: "Sejam perfeitos como o Pai é perfeito".

Hoje, compreendo que cada um dos evangelhos é o mais adequado para ajudar a comunidade cristã, para a qual o texto foi escrito, a enfrentar uma situação determinada. O Evangelho de Mateus responde a uma situação comunitária à qual os chamados evangelhos de Marcos ou de Lucas não respondem. Cada um deles tem seu valor próprio e insuperável. Todos se completam. Nas livrarias, existem vários comentários e introduções sobre o Evangelho de Mateus. Embora existam excelentes comentários em francês, espanhol, italiano e em outras línguas mais acessíveis para os leitores e leitoras do Brasil, prefiro aqui fazer referência apenas a algumas das obras que conheço editadas no Brasil[1]. Certamente, são boas contribuições para se compreender o texto desse Evangelho. Embora alguns sejam muito abertos e em si mesmo ecumênicos, percebo que outros se dirigem aos ambientes católicos, como se só estes existissem. Não partem de uma consciência da alteridade, nem de uma preocupação ecumênica e de diálogo, seja com outras igrejas, seja com o judaísmo e outras religiões ou culturas. Mesmo os comentários mais ecumênicos

---

[1] Em português, podemos recordar, entre outros trabalhos:
WARREN CARTER. *O Evangelho de São Mateus*: comentário sociopolítico e religioso a partir das margens. São Paulo: Paulus, 2002.
ANDRÉ CHOURAQUI. *Matyah:* O Evangelho segundo Mateus. Rio de Janeiro: Imago, 1996. (Coleção "A Bíblia").
IVO STORNIOLO. *Como ler o Evangelho de Mateus*: o caminho da justiça. São Paulo: Paulus, 1997.
GIUSEPPE BARBAGLIO. O Evangelho de Mateus. In: G. BARBAGLIO, R. FABRIS e B. MAGGIONI. *Os evangelhos I*. São Paulo: Loyola, 1990.
Na excelente coleção de material didático do Centro de Estudos Bíblicos (CEBI), recomendo:
LUIS MOSCONI. *O Evangelho segundo Mateus*: pistas para uma leitura espiritual e militante. São Leopoldo: CEBI.
CARLOS MESTERS, MERCEDES LOPES e FRANCISCO OROFINO. *Travessia*: quero a misericórdia e não o sacrifício. Círculos bíblicos sobre o Evangelho de Mateus. São Leopoldo: CEBI.
CEBI-GO. *Convém que se cumpra toda justiça*. Encontros Bíblicos – CEBI – Goiás.
Na área das Igrejas evangélicas, está traduzido no Brasil um grande comentário bíblico, escrito por 70 eruditos africanos. Nessa obra, o comentário ao Evangelho de Mateus é feito por JOE KAPOLOYO (exegeta batista de Zâmbia). In: TOKUNBOH ADEYEMO, editor geral. *Comentário bíblico africano*. São Paulo: Mundo Cristão, 2010.
Para ser ecumênico na linha deste livro, devo me referir ao comentário esotérico do Evangelho: RUDOLF STEINER. *Evangelho segundo Mateus*. São Paulo: Antroposófica, 1997.

são, em geral, mais eruditos e em linguagem especializada. Pensei em escrever este texto para as comunidades e pessoas mais simples, a partir da vocação ecumênica e de diálogo com a humanidade de hoje. Com *Conversa com o Evangelho de Mateus* e com o que descubro por trás do texto, não me proponho a comentar cada passagem, ou fazer exegese do conjunto. Quero dialogar com as comunidades antigas e com as de hoje.

Que o Espírito Santo, Mãe da compaixão, guie-nos nesta conversa e nos coloque em uma escuta mais direta e íntima do Pai, que "vê o mais secreto em nosso coração e nos atende". Desde já, nossa gratidão a vocês da(s) comunidade(s) de Mateus. Bendito seja o Senhor por podermos conversar com vocês.

***

2.

Queridos irmãos e queridas irmãs, companheiros de hoje, que querem me acompanhar nesta conversa,

Este livro é escrito em um estilo de uma roda de conversa. Vem de minha experiência em que descobrimos a atualidade do Evangelho e a força de sua palavra para nossa vida não tanto em um estudo feito a sós, mas no diálogo de um grupo bíblico e de uma comunidade eclesial de base. Já no século IV, São Jerônimo dizia que, para compreender a Bíblia, é preciso ter "alma de Igreja", ou seja, espírito de comunidade. Há alguns anos, venho juntando grupos, no Brasil e também na Itália, para conversar sobre o Evangelho ligado à vida. É claro que aprendi isso com os círculos bíblicos de nosso querido profeta e mestre frei Carlos Mesters, pioneiro no Brasil nesse modo de ler a Bíblia. Apenas atualizei o método ao usar o e-mail e a sala de conversa (*chat*) da internet para ir construindo nosso comentário.

Este livro sobre o Evangelho de Mateus faz parte de um comentário mais amplo aos quatro evangelhos. Historicamente,

Marcos foi o primeiro e o único dos quatro que tem como título "Evangelho de Jesus Cristo". Tive a alegria de fazer o comentário a Marcos em diálogo com um grupo de jovens brasileiros, de várias regiões do Brasil, todos engajados nas comunidades eclesiais e todos, para minha alegria, amigos e amigas.

Alguns dos protagonistas desse comentário a Marcos aparecem aqui nesta conversa com Mateus:

Jônathan Félix é um jovem já formado. Vive em Minas Gerais e participa da Pastoral da Juventude e da Rede Ecumênica de Juventude (REJU).

Cladilson Nardino é um jovem universitário de Curitiba, participante da Pastoral da Juventude e da REJU. Acaba de se formar em Engenharia, mas a construção mais importante, da qual, desde anos, ele é engenheiro, é a construção do homem novo em si mesmo e nos ambientes de pastoral da juventude.

Júnior Centenaro é um jovem universitário de Passo Fundo, coordenador das pastorais sociais na arquidiocese. Admiro muito seu amor aos oprimidos e seu compromisso, principalmente, com os lavradores.

Rita é uma jovem militante de movimentos sociais de Recife.

Agostinha é uma monja beneditina, querida irmã e amiga, com a qual tenho o privilégio de caminhar junto na mesma busca espiritual e humana. De idade, há cinquenta anos somos amigos e parceiros na busca de novos caminhos de consagração.

Esses amigos e essas amigas conversam comigo e entre si reagindo ao Evangelho e ao que, no comentário, eu vou afirmando.

Vocês também, que agora estão lendo este livro, devem sentir-se participantes.

Proponho que cada pessoa ou grupo releia, por inteiro e com atenção, o conjunto do texto de Mateus. Não adianta ler um comentário ao Evangelho sem ler o próprio livro que é comentado. Tenham paciência, leiam e, depois de ler, anotem as principais descobertas e as perguntas que brotaram da leitura.

É comum que cada comentário do Evangelho proponha um plano de divisão do texto que ajude o leitor a compreender melhor o que está lendo. Confesso que não gosto de fazer previamente isso. Eu me sentiria como se estivesse substituindo a pessoa que estou convidando para ler o texto comigo. Além disso, os vários comentários contêm entre eles discordâncias, de acordo com o critério que usam. Como devo organizar esta conversa com a comunidade de Mateus e com vocês em capítulos, e estes em pequenas unidades que tornem a leitura mais leve e fácil, tomarei o mais possível a divisão proposta pelo comentário simples e agradável de Ivo Storniolo[1]. Aqui, uso uma tradução feita a partir do confronto de diversas traduções e comentários. Como não posso aqui fazer uma tradução pessoal, sigo mais de perto o texto de André Chouraqui[2], um exegeta judeu, confrontando-o com a versão de João Ferreira de Almeida[3], Bíblia mais usada pelas comunidades evangélicas. Uso também a tradução ecumênica da Bíblia (TEB), a Bíblia do Peregrino (Paulus) e a Bíblia Pastoral. Quando houver dúvida ou divergência nas versões, citarei a fonte.

Marcelo Barros

---

[1] Ivo Storniolo. *Como ler o Evangelho de Mateus*: o caminho da justiça. São Paulo: Paulinas, 1990, p. 16-19.

[2] André Chouraqui. *Matyah*: o Evangelho segundo Mateus. Tradução: Francês. Rio de Janeiro: Imago, 1996.

[3] João Ferreira de Almeida (tradução). *A Bíblia Sagrada*. 2 ed. Revista e atualizada no Brasil. São Paulo: Sociedade Bíblica do Brasil, 1995.

I

Como vão as coisas?

Caros irmãos da valente e fiel comunidade de Mateus,
Começo a lhes escrever esta carta em um belo final de dia.
No Centro-Oeste brasileiro, no meio do ano, as tardes parecem
mais longas, e o sol vai descendo devagar, como se se negasse
a sumir da presença dos seres que ele ama tanto, há tantos
milênios, aquece e ilumina. Este sol, cujo brilho contemplo
indiretamente de minha janela, é o mesmo que vocês, das
primeiras comunidades cristãs, podiam contemplar para além
das colinas de Golã ou dos picos gelados do Monte Hermon. Por
mais belos que fossem os crepúsculos sobre as montanhas do
Líbano, duvido que vocês tenham visto espetáculos de pôr do
sol mais lindos que estes das tardes de Goiás. Jorge Luís Borges
dizia: "Vamos andando solidamente e, de repente, vemos um
pôr do sol, e estamos perdidos de novo". Assim, aqui estou eu,
que começo uma carta para conversar sobre o Evangelho e acabo
me perdendo em considerações fugazes sobre a beleza do sol
poente. Mas não será por que, como gosta de dizer Rubem Alves,
o pôr do sol não é coisa que aconteça apenas lá fora? Ele ocorre
também dentro de nós mesmos.

O pôr do sol recorda as pontes que vamos construindo
entre aquilo que, em nossa vida, é claro como o dia e aquilo que
mora nas noites mais misteriosas do coração. Nesse sentido,
não deve ser coincidência que vocês, de cultura judaica,
ensinaram-nos que o dia litúrgico se inicia na tarde da véspera.

Assim sendo, é simbólico que eu comece esta carta para vocês e toda a reflexão deste livro como em uma celebração de primeiras vésperas. Provavelmente, vocês também viviam um momento como de outono ou de final de dia em que as luzes desaparecem e é preciso descobrir uma nova luz para clarear nossas trevas. O Evangelho de vocês parece uma destas belas celebrações da luz que as comunidades latino-americanas gostam tanto quando se encontram para celebrar a vida. Mas, antes de conversarmos sobre a experiência de vocês, reparto algo da tarde que está caindo sobre o mundo.

1. Um olhar sobre a tarde do mundo

Seria difícil resumir o que está acontecendo no mundo atual e, especialmente, na América Latina nestas primeiras décadas do século XXI. A humanidade conquistou um alto nível de desenvolvimento técnico e científico. Os estudiosos conseguiram fecundar mulheres em laboratório, multiplicar células vivas e produzir plantas e animais clonados. Em um instante, a Internet nos comunica com o mundo inteiro. Entretanto, a sociedade dominante não deixa de planejar e realizar guerras e extermínios. Enquanto o norte do mundo se torna cada dia mais uma verdadeira ilha da fantasia, milhões de seres humanos morrem de fome em continentes como a África, a América Latina e algumas regiões da Ásia. Mas, mesmo no chamado mundo rico, uma multidão de migrantes e estrangeiros jaz à margem da sociedade e vive uma pobreza crônica.

Um dos fenômenos mais importantes deste começo de século tem sido a emergência de movimentos sociais que começam a mudar este mundo. O movimento indígena nos Andes e no México, o dos lavradores sem-terra no Brasil, assim como os movimentos negros, grupos de promoção da mulher e tantos outros são sinais de uma caminhada dos pobres, que cresce e exige uma transformação da sociedade. Na Venezuela, Bolívia,

Equador e outros países, um processo social e político novo, mais popular e na linha de um socialismo latino-americano e democrático, está emergindo no continente e é fonte de esperança para muitos setores populares.

Jônathan:
Podemos confiar nesses novos movimentos sociais e nesse processo político que está ocorrendo na América Latina?

Marcelo:
Penso, Jônathan, que não somente confiar, mas participar na medida em que podemos. É importante criar entre nós uma consciência de que somos todos latino-americanos e participamos todos da pátria grande com a qual Simon Bolívar e José Marti sonharam.

Rita:
Dizem as agências internacionais da ONU que a América Latina é o único continente em que, nos últimos anos, a pobreza não aumentou. A desigualdade social sim. Alguns países conseguiram diminuir a pobreza e a desigualdade. Isso é muito importante.

Marcelo:
É claro que isso não aparece na imprensa. Mas, ao olhar o mundo, na maioria dos conflitos atuais, um dos fatores mais importantes parece ser o religioso. Em mais da metade dos conflitos internacionais, a religião tem sido usada como fator de ódio e violência. Em Israel, confrontam-se judeus e islamitas. No sul da Índia, hindus e islamitas. Na Irlanda do Norte, embora a guerra tenha acabado, ainda existem tensões e conflitos entre protestantes e católicos. Na Argélia e outros países, fundamentalistas matam pessoas da mesma religião, consideradas hereges ou traidoras da fé. Enquanto o mundo se

torna cada vez mais pluralista e diversificado, as religiões não aprenderam a conviver com o diferente, cultivar a tolerância e construir a paz. Trago aqui esses dados porque, de outro modo e em outro contexto histórico, vocês, da comunidade evangélica de Mateus, viveram alguns problemas semelhantes.

2. As tradições sobre Mateus

Apesar de o Evangelho de Mateus ter sido, provavelmente, completado no final do século I, em uma época em que os apóstolos já não estavam nas comunidades, o grupo de vocês tem Mateus como ponto de referência, e, conforme as mais antigas tradições, ele foi quem iniciou e foi a alma desse projeto. Sobre Mateus e sua missão, desde os tempos antigos, os cristãos contam algumas lendas e histórias. A tradição dos primeiros séculos conta que São Mateus foi pregar o Evangelho na África (região da Etiópia). Na época, aquela região ao sul do Egito era muito selvagem e difícil. Contam que lá ele fundou uma comunidade cristã e dialogou com as pessoas e grupos das religiões nativas. Havia chefes que não gostaram de sua atuação. Ele reunia o povo em comunidades, e estas revelavam a dignidade de todas as pessoas, fossem nobres ou servas. No Evangelho, ele insiste muito na igualdade de todos. Isso provocou dificuldades para sua vida. Batizou Santa Efigênia, a quem o povo simples tem grande devoção. Perseguido pelos nobres da corte, deu a vida pelo Evangelho.

Júnior:

Esse dado nos é muito simpático pelo fato de que, hoje, no mundo, a sociedade branca tem uma dívida moral e social com os povos africanos, e, em um mundo pluricultural, é preciso valorizar e aprender mais os valores das culturas africanas.

3. A realidade da comunidade de Mateus

Hoje, muita gente acredita que, mais do que outros textos bíblicos, o Evangelho de Mateus é fruto não de um único autor, mas de uma escola. "Reflete a visão de um novo judaísmo, elaborado dentro de uma comunidade em torno da fé do messias, Jesus."[1] Parece que a comunidade da qual saiu o Evangelho de Mateus é formada por cristãos e cristãs, cuja maioria é de origem judaica. Provavelmente, vivem no sul da Síria, próximo das colinas e planícies de Golã. Ou será que, como pensam outros, são do ambiente urbano de Antioquia? Lendo o texto de Mateus, percebemos o conflito com a cidade. Ela é sempre malvista (Mt 19,14 e 15; 14,13; 21,17). Por isso, há quem interprete que vocês são do campo e têm dificuldade de relações com o pessoal da cidade. Mas também pode ser que, na periferia de uma cidade como Antioquia, sofressem por serem pobres e estrangeiros, residentes em uma cidade grande do Império Romano.

Rita:
Por que essa ideia de que a comunidade de Mateus vivia na região da Síria?

Marcelo:
No Evangelho, vocês encontram um jeito de dizer que a fama de Jesus chegou até a Síria (Mt 4,24). Revelam que conhecem a região norte da Galileia e têm simpatia por ela (Mt 4,12-16). E, quando falam da Judeia, dizem que ela fica "além do Jordão" (Mt 19,1). Aludem à destruição do templo de Jerusalém (nos anos 70) e a uma possível reorganização das

---

[1]JOSÉ COMBLIN. As linhas básicas do Evangelho segundo Mateus. In: *Estudos Bíblicos*, n. 26. Vozes e Imprensa Metodista, 1990, p. 18.

comunidades judaicas. Por isso muitos pensam que Mateus e sua comunidade escreveram o Evangelho entre os anos 80 e o início da década de 90[2]. Imagino que o texto por eles composto é de tradições mais antigas. Eles o organizaram e completaram. Lendo o Evangelho e comparando com Marcos e Lucas, percebemos isso. Mateus e sua comunidade retomam as tradições sobre Jesus e as reorganizam de uma forma própria para responder aos problemas e desafios que enfrentavam naquele momento.

Em conversa com a comunidade de Mateus:
Certamente, vocês das comunidades que elaboraram o texto, o qual, desde o século II, os cristãos chamam de "Evangelho segundo Mateus", viveram em um ambiente marcado por um tipo de judaísmo que comumente era chamado de "judaísmo rabínico" e coordenado pelos rabinos, fariseus de Jamnia. Para sobreviver com extrema minoria no Império Romano inimigo, os rabinos desenvolveram uma interpretação da lei mais rígida e fechada. Esse tipo de judaísmo foi dominante após a destruição do templo de Jerusalém (70 d.C.).

Depois da guerra, em que Roma destruiu Jerusalém, a Síria e os países vizinhos tiveram de acolher muitos refugiados judeus. Vocês, sendo ao mesmo tempo judeus e cristãos, foram marginalizados tanto pelos cidadãos do país, onde se refugiaram, como pelos próprios líderes das sinagogas. Hoje, os refugiados africanos e asiáticos na Europa e os latino-americanos nos Estados Unidos não são queridos nem integrados à vida social do país.

---

[2]Muitas das informações que estão neste primeiro capítulo estão muito bem resumidas em: LUIS MOSCONI. *Evangelho segundo Mateus*. 2 ed. São Lepoldo: Ed Cebi, Série "A Palavra na Vida", n. 29/ 30. 1990. p. 24-25.

Rita:

Na época dos evangelhos, cada grupo ou tendência do judaísmo considerava-se a única comunidade legítima que interpretava a lei de modo correto. Todos os outros eram considerados errados e traidores. Vocês, como comunidade que aceitava o profeta Jesus de Nazaré, interpretavam a Palavra do Senhor diferentemente da maioria de seus correligionários e denunciavam os perigos de uma interpretação literal e legalista da lei e da fé.

Marcelo:

Em sua oração, o judaísmo passou a proferir uma maldição contra os "hereges". Durante algum tempo, muitos autores contemporâneos pensaram que essa maldição era dirigida diretamente aos cristãos. Hoje, isso é contestado. Não há nenhuma evidência de que aquela oração se referisse aos chamados "nazarenos"(cristãos)[3]. De qualquer forma, é certo que o ambiente era difícil para vocês. Viviam como residentes em um país estrangeiro, sem direito de ser cidadãos, marginalizados pelos próprios parentes e dirigentes da religião em que seus avós e pais haviam nascido e crescido.

Sem saber, criaram um problema para nós. Até hoje, muitos leitores do Evangelho interpretam as palavras de vocês como se fossem contra o judaísmo em si mesmo.

4. Questões da realidade atual

Atualmente, um dos problemas mais graves é o fato de que politicamente a humanidade viveu decepções, e o sistema socioeconômico que domina o mundo atual é mais cético e cínico do que nunca. Não crê em nada. Só valoriza o mercado. Os únicos

---

[3]KIMELMAN, citado por J. ANDREW OVERMAN. *O Evangelho de Mateus e o judaísmo formativo*. São Paulo: Loyola, 1997, p. 59.

agrupamentos incentivados são "as comunidades econômicas", que só têm em comum o dinheiro e os interesses de lucro. Pouco importa se milhões de pessoas e grupos (países inteiros) são excluídos do mercado.

Cladilson:

As gerações mais novas ou entram nesse mundo individualista e sem amor, ou buscam alternativas. Há quem as busque nas drogas, ou em comportamentos antissociais. Outros buscam em propostas religiosas novas e diferentes. As Igrejas não conseguem dizer uma palavra adequada a esses grupos.

Comunidades cristãs, que estavam no início dos novos processos sociais e políticos que têm ocorrido na América Latina, nem sempre têm conseguido acompanhá-los. Por outro lado, infelizmente, setores importantes da hierarquia, os mesmos que, quando nossos países viviam sob uma terrível ditadura militar, se calavam, agora se posicionam contrários a governos que foram eleitos, pessoas que defendem os mais pobres e garantem esse processo social tão importante para o povo. Talvez a leitura do Evangelho de Mateus, que revela a vinda oculta do reinado divino, possa esclarecer qual deve ser nossa posição profética e inserida neste contexto de mundo.

Queridos irmãos e queridas irmãs, amantes da verdade que me acompanham hoje nesta conversa,

Quando eu era criança, cada noite eu esperava meu pai voltar da fábrica onde trabalhava como eletricista. Depois de consertar ligações e acender pequenas luzes pelas ruas da Vila da Fábrica de Camaragibe, ele vinha acender as luzes da inteligência e da imaginação dos filhos, contando-nos histórias bonitas e nos fazendo adormecer com músicas românticas da época. Hoje, percebo que a televisão e os livros não nos dão o aconchego desses encontros afetuosos que nos educavam melhor, porque tocavam mais o coração do que a mente. Se eu pudesse, faria deste livro um instrumento de encontro com as pessoas e partilha dos desejos e experiências. Imagino que ler um comentário sobre um Evangelho, como este que vocês estão lendo, ainda é visto por uma ou outra pessoa como tarefa de quem estuda teologia ou está a fim de ser agente de pastoral. De fato, a maioria desses livros usa uma linguagem erudita ou restrita a grupos de iniciados. Neste, proponho-me a conversar com vocês a partir da vida e ir relendo o texto de Mateus do modo mais simples possível. Vocês vão ver como é lindo e envolvente.

Como o Evangelho foi escrito como um testemunho da ressurreição de Jesus, proponho que, como uma espécie de introdução geral ao Evangelho de Mateus, leiam um texto que encerra a mensagem dada pelo Evangelho: Mt 28,16-20. Imaginem a cena e releiam vagarosamente, como em uma leitura orante, na qual mastigamos o texto que lemos, palavra por palavra. Esse monte para o qual Jesus convoca os discípulos (a Igreja é a comunidade dos discípulos convocados pelo Senhor) não é designado. Ele fica na Galileia dos pobres e dos "outros" (as nações). Não é um lugar geográfico. É uma indicação espiritual. Recorda o monte da aliança (o Sinai), o lugar onde Jesus proclamou as bem-aventuranças do Reino (cap. 5−7) e o monte onde viveu com Moisés e Elias a transfiguração (cap. 17).

Agora, quem sabe, cada um (uma) possa responder:

1. Será que esse texto nos ajuda a solucionar algumas das questões atuais ou antigas (da época de Mateus) levantadas em nossa conversa?

2. Qual a revelação, a promessa e a missão que você como pessoa e/ou a sua comunidade recebem nessa palavra do Evangelho?

II

O segredo de Jesus

(Conversa sobre os capítulos 1 e 2)

Irmãos e irmãs da sábia e prudente comunidade de Mateus,
É noite de inverno. Olho o céu estrelado e procuro qual destas luzes cintilantes seria a mesma estrela que conduziu os santos Reis ao presépio do Senhor. Nem tenho certeza se a estrela que brilhou para os magos era um astro do céu. Talvez fosse uma Luz que aparecia na terra em forma de gente dizendo: "Eu sou a brilhante estrela da manhã" (Ap 22,16).

Nesta noite, escrevo-lhes como em uma dessas vigílias, em que vamos acendendo fogos, que iluminam as noites e nos protegem do vento frio. Imagino que vocês, cristãos do final do primeiro século, também tenham meditado sobre essas histórias lindas que nos transmitiram, dando o testemunho sobre Jesus e o Reino dos céus, a partir de vigílias como esta que faço agora. Afinal, desde os primeiros tempos, vocês começaram o costume de reunir-se durante a noite para meditar a Palavra e celebrar a Ressurreição do Senhor.

Há anos, procuro ajudar as comunidades com as quais trabalho a compreenderem que o Evangelho não visa contar uma história da vida de Jesus. É um anúncio do Reino de Deus e de como, por sua morte e ressurreição, Jesus abriu para todos as portas do Reino. Por que, então, vocês incluíram no Evangelho esses dois capítulos iniciais com características diferentes do conjunto e contendo informações divergentes das de Lucas?

Compreendo que uma obra literária comece contando a vida adulta de alguém e, de repente, possa lembrar sua infância. É um processo de "voltar atrás" (*flashback*), que ajuda a aprofundar as raízes das questões que se discutem. Certamente, foi o que vocês fizeram. Desde que li mais profundamente os relatos dos capítulos 1 e 2, percebi que vocês os escreveram à luz da ressurreição de Jesus e da vida das comunidades cristãs.

Vocês da comunidade evangélica revelaram como a obra de Deus foi se manifestando desde o início da vida de Jesus. Fazendo isso, estimulam-nos a reler o testemunho da ressurreição à luz dos desafios que hoje enfrentamos.

Vamos, então, resumir:

Esses dois primeiros capítulos procuram iluminar, com a experiência de Jesus, certas questões que as comunidades da época estavam vivendo e às quais os textos anteriores, que tinham sido escritos antes do Evangelho, já não conseguiam mais responder.

1. Problemas para a comunidade de Mateus responder

Contam que, após a destruição de Jerusalém, lá pela segunda metade do século I, alguns fariseus assumiram a liderança das comunidades judaicas. O partido que antes estava no poder (saduceus) não existia mais. Esses novos líderes do judaísmo avisaram que os membros da comunidade, homens e mulheres, que continuassem a proclamar que o tal Jesus de Nazaré era o Messias não podiam mais participar da sinagoga.

Vocês da caminhada consideram-se judeus e amam o judaísmo. Entretanto, deviam olhar a sinagoga e o sagrado rolo da Torá pela última vez. Nunca mais poderiam pôr os pés naquela casa santa, onde cresceram e que, durante tantos anos, frequentaram assiduamente.

Um conto que pode nos ajudar a compreender como nasceu a comunidade de Mateus:

Estávamos no primeiro mês do terceiro ano do imperador Domiciano. Contam que ele era muito cruel. Graças a Deus, moramos longe de Roma, na província da Síria, em um lugarejo no campo, cujo nome, por segurança, prefiro não revelar. Naquela noite, reuniram-se na casa de Mateus. Com a idade avançada, Mateus vivia meio doente, com uns problemas respiratórios. Sua esposa, Ana, filha de Isaac, tinha achado melhor que os irmãos não contassem o que, de manhã, acontecera na sinagoga. Mateus conhecia bem o rabino Isaías, seu primo por parte de pai. Fazia dez anos, viera com a mulher e os dois filhos para aquela aldeia do sul da Síria. Isaías os hospedara em sua casa durante quase um mês. Ultimamente, as relações tinham ficado tão frias que, mesmo quando Mateus ainda frequentava a sinagoga, o rabino não o cumprimentava mais. Mateus deixou de ser convidado para proclamar a leitura dos profetas na sinagoga. Menos ainda comentá-las. Isso não o fez deixar a comunidade. Cada vez, mesmo de longe, cumprimentava o rabino com o respeito devido ao mestre. Só daquela vez, a saúde não o permitira sair de casa.

Após o *shabbat*, os irmãos da caminhada se reuniam na casa de alguém do grupo e continuavam o louvor do sábado pela celebração da ressurreição de Jesus. Assim que os irmãos foram chegando, Mateus adivinhou o que havia acontecido e chorou com eles a tristeza daquela excomunhão. Alguns pensavam em discutir com os escribas, tentando mostrar que a fé de Jesus não era oposta à tradição de Israel. Um judeu poderia ser cristão sem deixar de ser judeu. Outros pensavam em uma estratégia: voltariam à sinagoga e diriam ao rabino Isaías que tinham renunciado ao seguimento do Cristo. Entretanto, continuariam se encontrando para a vigília da ressurreição e pondo o fruto de seu trabalho em comum no grupo da caminhada. Escondidos e sem que ninguém da sinagoga soubesse. Mateus não aceitou. Quase chorando, lembrou:

– O Mestre nos disse que quando uma comunidade não nos recebesse, sacudíssemos o pó das sandálias e nos fôssemos dali. Não é justo enganá-los e não podemos esconder o testemunho da ressurreição de Jesus. Somos judeus. Nessa fé, permaneceremos por toda a vida. Mas cremos que Jesus é o Messias enviado pelo Senhor, conforme nos tinha prometido por meio dos profetas. Isso não podemos esconder de ninguém. Não rompemos com nossos irmãos. Se eles rompem conosco, continuaremos a nos reunir e testemunhar à espera do Senhor.

Todos ouviram calados. Ana contou que, do lugar onde as mulheres assistiam ao culto do sábado, Débora, a esposa do rabino, havia-lhe sussurrado que seu marido dizia:

– "Da Galileia não nascem profetas".

Elias e Salatiel também escutaram irmãos que provavam que o Messias, quando viesse, nasceria da família de Davi e, portanto, não poderia ser galileu. Alguns se lembravam de terem conhecido Maria, mãe de Jesus, quando, há muitos anos, ela tinha passado por ali, acompanhada por João e alguns de sua equipe missionária, a caminho de Éfeso. A discussão começou sobre esse assunto, mas o ponto mais importante era a pergunta:

– Como ser discípulo de Jesus e não obedecer aos mandamentos de Moisés, principalmente ao preceito do Sábado? A tradição não diz que a rainha "Shabbat" é a noiva de Israel?

Mateus reagiu:

– Mas quem disse que não queremos obedecer ao preceito do Sábado? Não é verdade. O comentário rabínico ao Êxodo ensina: "O Sábado foi dado a vocês, e não vocês ao Sábado". Obedecemos mais do que outros. Fazemos do Sábado um dia de libertação e solidariedade, sem deixar de vivê-lo na oração e na consagração ao Senhor.

Naquela noite, os irmãos oraram insistentemente, pedindo a luz do Senhor. No final da oração, em meio a uma crise de asma, Mateus disse ao grupo:

– Vamos relembrar tudo o que José e Maria nos contaram sobre a infância de Jesus e mostrar que Ele nasceu segundo a carne da família de Davi, como, há trinta anos, já escreveu Paulo aos romanos. Vamos contar o pouco que nos lembramos de sua infância, à luz das tradições do Êxodo. Isso nos ajudará a ver que Jesus retoma o espírito de Moisés e resume em sua pessoa o Israel fiel à promessa do Senhor.

2. Apresentação de Jesus, judeu e filho de judeus

2.1. A respeito de Mateus 1,1-17

Vocês começam o Evangelho respondendo a alguém que possa ter alguma dúvida: "Querem saber qual foi a origem e a religião de Jesus? Tanto por raça, como principalmente por fé, Jesus foi um judeu fiel".

Para mostrar que Jesus é da descendência de Davi, começam seu relato pelo gênesis ou a genealogia de Jesus. Para a cultura judaica, a genealogia de alguém revela muito daquela pessoa. A lista dos antepassados de Jesus, que Mateus coloca em seu Evangelho, é resumida (vários reis de Judá que fariam parte dessa lista não estão ali). Assim, a lista não traz Jecoaz, Eliakim ou Joaquim (ver 2Rs 23,31 a 24,6). Isso para manter o número certo em cada um dos três blocos de 14 gerações. A referência inicial é a Abraão e a Davi. Isso significa que toda a história é centrada na promessa de Deus. Jesus é filho da Promessa. É pela promessa divina que essa história aconteceu. A Abraão, a promessa foi de descendência numerosa e de bênção para todos (Gn 12,1-3), e a Davi, foi a promessa do Reino eterno (2Sm 7). A genealogia de Jesus mostra que, embora muitos reis tenham sido injustos e tenham transgredido a aliança, Deus permaneceu fiel a seu povo e à promessa que fez aos primeiros pais e mães.

É verdade que, quando Mateus escreve, a promessa divina não está se realizando. Uma situação de dominação romana e de submissão de Israel como província do Império parece o contrário de tudo o que Deus prometeu a seu povo. Depois do cativeiro da Babilônia (século VI a.C.), o reino de Judá se acabou, e a descendência de Davi não pareceu ter se mantido. Nem a bênção de Deus a todas as famílias da terra era visível em uma situação de domínio romano sobre todo o mundo conhecido. Mas aí é que entra o fato de Jesus ser filho de Abraão e filho de Davi (Mt 1,1). Ele vem para realizar as promessas divinas a seu povo. Na genealogia de Jesus, não existe alusão ao Império Romano, nem a poderes do mundo. A origem de Jesus está ligada a uma reivindicação da soberania de Deus. Ele é o Messias, o Ungido.

Agostinha:
Ao olhar melhor a lista de reis ali descritos, compreende-se que Jesus descende de um povo de pecadores. Muitos reis, que a Bíblia critica e chama de maus, estão nessa lista dos avós de Jesus. E as mulheres? Por que, no meio da lista dos homens, incluem-se cinco mulheres e, com exceção da última, Maria, as outras são todas marginais? Comumente, nas genealogias judaicas, não entram nomes de mulheres. No caso da genealogia de Jesus, é por essas mulheres que os patriarcas e reis continuam a linhagem. E elas não são mulheres comuns, fiéis. São pessoas que agiram de forma diferente, até ilicitamente, para engravidar ou fazer parte do povo de Deus. Tamar fez-se de prostituta para ter um filho do patriarca Judá (Gn 38,14). Raab, estrangeira e prostituta, ajudou os espiões hebreus em Jericó (Js 2). Rute era moabita e se tornou avó do rei Davi. A mulher de Urias, o heteu, podia também ser estrangeira, além de adúltera. Elas são ascendentes de Jesus. Mulheres que entraram na ascendência de Jesus de modo ilícito, mas que acabam colaborando para o cumprimento da promessa divina a seu povo. Maria entra nessa lista não como ascendente, mas como aquela com a qual José casou, da qual nasceu Jesus, chamado o Cristo. A lista de antepassados termina com José. É José que dará seu nome a Jesus. Sendo reconhecido como filho de José, Jesus pode ser chamado legalmente de "Filho de Davi".

Rita:
A genealogia de Jesus tem, então, duas partes: uma vai até José, esposo de Maria. A outra revela que Jesus é filho de Maria, por ação direta do Espírito de Deus. Jesus é assim: filho de Israel e filho de Deus, fruto de seu povo e, ao mesmo tempo, resultado de uma ação direta de Deus. Talvez, dessa história, possamos deduzir que, desde o nascimento, Jesus já começa a redimir e libertar a mulher, tão discriminada e que deve se tornar símbolo da nova humanidade.

2.2. Sobre Mateus 1,18-25

Enquanto Lucas conta que o anjo anunciou a Maria, a comunidade de Mateus conta que o anjo apareceu em sonhos a José. O fato de ser "em sonhos" se liga à tradição dos patriarcas: o próprio José, filho de Jacó. Quem aparece não é um anjo como em Lucas. É o próprio "Anjo do Senhor", expressão para dizer "a Palavra do Senhor", "a Glória do Senhor", uma visibilidade do próprio Deus. José é apresentado como um justo que percebe na mulher a obra de Deus e quer se retirar para não atrapalhar uma obra de Deus, que ele não pode compreender.

Jônathan:
O sonho não é apenas o momento no qual as frustrações do inconsciente se soltam. Por meio do sono, a pessoa convive com uma dimensão interior mais profunda de si mesma e pode ouvir de modo mais puro sua vocação.

Marcelo:
Na sociedade do tempo de Jesus, havia uma prática cultural chamada do *desposório*. Por meio dela, dava-se início ao contrato de casamento no qual as famílias ingressavam. O casal era considerado *marido* e *mulher*. Mas, durante um tempo, ela permanecia na casa de sua família e eles não tinham ainda relações sexuais. Quando o texto diz: "antes de coabitarem, ela engravidou", está dizendo que eles ainda não moravam juntos nem tinham tido relações sexuais. Seria, então, compreensível que José concluísse que ela teve relações com outro homem. Na época, isso seria um adultério, porque eles dois (Maria e José) já estavam comprometidos em casamento. Assim, segundo padrões culturais convencionais, Maria está exposta à marginalização social, econômica e religiosa. (Existe na Bíblia maldições para mulheres em situações como essa e para seus filhos. Ver Eclo 23,22-26 e Sb 3,16-19 e 4,3-6.)

"Ao dizer que ela concebeu '*através do Espírito Santo*' (ou do 'sopro divino'), o Evangelho fala de uma forma estranha para sua geração e para todos os tempos. Seja qual for a interpretação que se dê a essa tradição, o fato é que, ao falar assim, o Evangelho mostra: Deus rompe com a genealogia patriarcal. (A geração se dá sem ser por um homem macho. Isso naquela cultura era considerado ainda pior do que seria hoje em dia. Jesus e a comunidade dele começam rompendo com o patriarcalismo.)"[1]

José ouve o anjo em seu sonho e tem um papel próprio nesta obra da salvação. O Senhor lhe pede que assuma essa função. José deve dar a Jesus seu nome para que Jesus possa ser reconhecido como "Filho de Davi". É José que ligará Jesus à tradição messiânica davídica.

O filho, que nascerá de Maria, será a realização das mais profundas promessas de Deus a seu povo. Será a visibilidade da presença do Senhor, que virá morar com seu povo (Emanuel). Que forma bonita de falar da ressurreição de Jesus, o que já lemos no capítulo final do Evangelho.

Júnior:

Seria bom nós cristãos ouvirmos a interpretação que as comunidades judaicas fazem dessa promessa de Deus em Isaías 7. Historicamente, referia-se ao rei Acaz, que, sem descendente e ameaçado pela Síria e pela Samaria, teria como sinal de Deus o fato de uma moça engravidar e lhe dar um filho. Seria Ezequias: um rei justo e bom, sinal da presença de Deus junto a seu povo. É claro que, mais tarde, as comunidades judaicas releram esse texto, dando-lhe sentido messiânico. Mas o fato de interpretar que essa palavra se referia ao Messias, que virá, não nega que ela tenha tido um primeiro cumprimento no nascimento de Ezequias. Ele não foi o Messias, mas foi uma figura do Cristo.

---

[1] Cf. WARREN CARTER. *O Evangelho de São Mateus*. São Paulo: Paulus, 2002, p. 99.

Nós, cristãos, cremos que Jesus é o Messias que devia vir. Mas, como Ele mesmo deixou claro: aquela não era ainda a sua vinda na glória. Nesse sentido, os cristãos também esperam com Israel a vinda do Messias.

Marcelo:
No tempo de Jesus, havia muitas correntes messiânicas em Israel. Jesus sempre se ligou à tradição profética. Ele se revelou como "Servo do Senhor". Ao menos, é assim que vocês, comunidade de Mateus, mostram-no no batismo, bem como no capítulo 12 e no relato da Paixão. Por que, então, nesse primeiro capítulo, frisar esse título de "Filho de Davi"?

De qualquer maneira, a comunidade de Mateus deixa uma luz sobre isso quando encerra o capítulo dizendo: "José, despertando do sono, fez como o anjo lhe ordenara e recebeu sua mulher. E o Evangelho salienta que José não a conheceu até que deu à luz seu filho, o primogênito, ao qual deu o nome de Jesus" (1, 24-25).

Palavras de um cabalista:
Uma leitura desse texto a partir da tradição simbólica da Cabala veria José como aquele que trabalha a madeira ou a obra de suas mãos. Isso significa: trabalha para desenvolver o mais profundo de seu ser. E essa dimensão mais profunda de si é fazer aparecer ao Senhor como único esposo. Ele é o único verdadeiro esposo de Maria, símbolo da comunidade nova. É pela força do Espírito que ela concebe e dá à luz seu filho Jesus.

Marcelo:
Como nos livros antigos, o prólogo resume todo o livro. Aqui, vocês deixam claro: Jesus é o herdeiro verdadeiro das promessas de Deus a Davi, mas veio ao mundo por obra direta de Deus. Assim Ele recebeu o nome que resume sua missão. É o mesmo nome de Josué, o patriarca que introduz o povo hebreu

na terra prometida. Jesus (ou Ioshuá) é a expressão humana de que Deus é Salvador. O menino, que nasce assim, é o verdadeiro Messias de Israel. Vocês não sublinham o que outros textos cristãos dizem: que Ele ainda virá como Messias. De fato, cremos que, desde que ressuscitou, Ele está conosco todos os dias até a consumação dos séculos. Mas tanto nós, cristãos, como, de outra forma, nossos irmãos judeus esperamos unidos essa "plenitude dos tempos prometida por Deus".

3. A abertura às outras culturas: conversa sobre Mateus 2,1-12

Em muitos lugares do Brasil, o povo católico tem uma devoção especial aos santos Reis. Pedro Ribeiro de Oliveira diz que os santos Reis são os padroeiros de todos os intelectuais que servem ao povo e não descansam na busca da verdade. Isso me fez gostar mais ainda dessa história. Quem também me parece apaixonado pelos Reis Magos e pela folia de reis é o querido irmão Carlos Brandão, que pesquisou esse tema como antropólogo e estudioso da religião popular, mas principalmente como homem de fé.

Cladilson:

Ao contar a visita dos magos a Jesus Menino, vocês da comunidade de Mateus não pretendiam narrar um relato histórico ou um fato jornalístico. Quiseram significar o encontro de Jesus com os outros povos e culturas. Fizeram isso comentando textos bíblicos como Isaías 60, o Salmo 72 e a profecia de Balaão (Nm 22-24). Vocês os comentam como os rabinos faziam contando histórias (*targum*) e nos presentearam com esse relato tão bonito. O poema do discípulo de Isaías (Is 60) e talvez mesmo o Salmo vêm de uma época em que Jerusalém estava sendo reconstruída. Os recursos eram pobres e, em comparação ao que era antes de ser destruída pelos babilônios, era uma aldeia. O profeta vê o sol nascer sobre a cidade e proclama a promessa de Deus de que, um dia, Jerusalém será luminosa e cheia de glória, e os reis das nações a ela acorrerão trazendo presentes. Em um contexto de sofrimento e de revalorização da identidade do povo pobre, aquela visão nada tinha de etnocentrismo. Era universalista. Aplicando essa profecia aos magos, que vêm homenagear a criança pobre, que nasceu em Belém, vocês a tornam mais universal ainda.

Embora não tenham dito que os magos eram reis e santos, como a tradição soube acrescentar, vocês contaram que eles gostavam das estrelas e vieram de longe, do Oriente, atrás de uma estrela e em busca do Rei dos judeus, que acabara de nascer neste mundo.

Com esse novo comentário narrativo de textos bíblicos (*midrash*), desde o início do Evangelho, vocês associam as culturas e religiões diferentes à busca de Deus, ao reconhecimento de Jesus como Rei dos judeus e ao acolhimento do Reino de Deus (ou os céus, como vocês o chamam).

Marcelo:
Este texto começa dizendo: "Quando Jesus nasceu em Belém da Judeia, nos tempos do rei Herodes..." Assim, situa o nascimento de Jesus em uma pequena cidade do sul da Judeia, fora do centro e das cidades importantes. Para confirmar essa tradição, Mateus se apoia em um texto do profeta Miqueias, que liga Belém à casa de Davi. O rei Herodes é apresentado neste texto como uma espécie de novo faraó. De fato, ele foi um estrangeiro (indumeu), que se tornou governante da Palestina para os romanos e ganhou do Império o título de rei. Segundo os cálculos históricos, ele teria morrido no ano 4 antes de nossa era, o que coloca o problema da data do nascimento de Jesus. Se foi "nos dias do rei Herodes", Ele nasceu ao menos quatro anos antes do que o calendário oficial denomina ano 1.

Testemunho de um amigo astrólogo

Na cultura judaica, não era fácil reconhecer que até a astrologia e a interpretação dos sonhos podem conduzir pessoas como os magos ao Senhor (Chouraqui chama os magos de "astrólogos"[2]). Na região da Síria e da Ásia Menor era a do deus Mitra. Era um sincretismo de antigos cultos ao sol. Os fiéis de Mitra contavam que seu deus nasceu em uma caverna na noite de 25 de dezembro (solstício do inverno e festa do sol, que renasce do frio e da escuridão das noites cada vez mais longas). Aliás, por acaso, os sacerdotes de Mitra se chamavam "magos" porque eram homens que lidavam com os astros e com os mistérios da vida. Será que, ao contar a bela história dos magos, que vieram a Belém adorar o menino Jesus, Mateus quis assumir algo da história de Mitra e transpô-la para o contexto cristão?

Marcelo:

Hoje, falamos muito de inculturação. Mas ainda há muitos bispos e pastores que têm preconceito do sincretismo. Talvez, nessa história, a comunidade de Mateus tenha querido nos ensinar que há um tipo de sincretismo que é válido e compreensível.

Jônathan:

Esse Evangelho (Mt 2,1-12) pode ser interpretado de modo ainda meio estranho: os magos vêm de longe para adorar a Jesus. No fundo, tudo converge para a fé cristã.

Marcelo:

Compreendo o que você está dizendo. O cristianismo é uma religião universal, aberta a todos e acolhe a todos, mas ainda seria

---

[2] A. CHOURAQUI, op. cit., p. 57.

em uma linha inclusiva. Isso significa que todos são chamados a ser cristãos. Uma leitura mais profunda do texto poético, parabólico de Mateus, pode nos levar a uma interpretação mais aberta e pluralista.

Cladilson:
Como seria essa interpretação mais pluralista e mais aberta?

Marcelo:
Cada um de nós vive uma busca interior. Uns com mais intensidade e coragem. Outros deixam sua busca meio adormecida, se acomodam no já encontrado e se deixam levar pela banalidade do dia a dia, sem tantas questões e sem ousar novas interrogações. A história dos magos é uma parábola que nos faz retomar nossa peregrinação atrás da estrela. Qual tem sido a estrela guia que nos orienta e nos conduz na noite escura da fé e da busca pessoal?

Agostinha:
Se fôssemos pensar na história dos magos como um relato real, sem dúvida, para os magos do Oriente, não foi fácil reconhecer um novo chamado através da luz da estrela e caminhar não na direção de algum centro de peregrinação importante, mas de uma aldeiazinha perdida nas montanhas da Judeia chamada Belém.

Jônathan:
Mas a história diz que os magos foram sim ao centro do poder religioso e político. E esse contato com Herodes e com os sacerdotes só deu problema. Eles acabaram involuntariamente provocando o massacre dos inocentes e a perseguição de Herodes ao menino Jesus.

Marcelo:
Os sacerdotes da religião correta sabiam muito bem a verdade, interpretaram corretamente a profecia, mas isso não os

levou a Deus. Os pagãos, que não tinham Bíblia e não sabiam nada da verdadeira fé, foram adorar e reconheceram em uma criança pobre a presença divina.

Deus se encontra na casa da periferia, na gruta que não tem portas nem muros. Adorar é admirar-se, é reconhecer o divino no humano, em todo ser humano, mas especialmente no mais pequenino e pobre.

Rita:
E os presentes dizem que também são simbólicos?

Marcelo:
Sim, podemos vê-los como simbólicos. Com o ouro, os magos reconhecem a dignidade e o valor inestimável, a realeza de todo ser humano ali representado naquele menino de Belém. Toda criança merece que se ponham a seus pés toda a riqueza do mundo. O incenso significa o desejo de que a vida dessa criança desabroche e se eleve até Deus. Todo ser humano é chamado a ser divino, a se divinizar. A mirra é medicamento para aliviar os sofrimentos e significa que todo ser humano é frágil e merece um cuidado atencioso. O menino de Belém é símbolo de que Deus introduz no mundo uma nova magia: o que o papa Francisco tem chamado de misericórdia. É esse caminho que devemos retomar e reacender como luz da estrela nas estradas de nossa vida.

4. Jesus refaz o caminho de Moisés e do antigo povo de Deus (Mt 2,13-23)

O Evangelho de Mateus liga José, o pai de Jesus, a José, o patriarca, por meio do qual o povo hebreu foi para o Egito. Jesus refaz a experiência do exílio e do Êxodo, assim como o povo antigo viveu no estrangeiro e voltou para a terra prometida. O Egito era o refúgio das pessoas que fugiam de reis dominadores.

Jeroboão, quando líder dos trabalhadores, fugiu do rei Salomão se refugiando no Egito (1Rs 11,40). O profeta Urias fugiu do rei Joaquim se refugiando no Egito (Jr 26,21).

José Saramago, em seu "Evangelho segundo Jesus Cristo", acusa José de não ter avisado aos vizinhos para que estes também fugissem e protegessem assim seus filhos. Ele teria deixado os outros morrerem e protegeu só o seu. De fato, essa visão crítica é boa, porque nos pergunta sobre a imagem de Deus que nós cultivamos. Nessa história, como sabemos que é um *midrash*, ou seja, uma espécie de parábola ou história simbólica, que não é um fato histórico, não podemos procurar coerência em todos os detalhes. Mas, de fato, Saramago tem razão em nos recordar disso.

No Egito, o faraó tinha ordenado o massacre dos meninos hebreus. Agora, Herodes manda matar todas as crianças de menos de dois anos. A expressão grega usada no Evangelho é masculina: *pantas tous paidas*. Pode denotar só os meninos. Mas, como o termo pode ser inclusivo, alguns traduzem como crianças. E, de qualquer forma, como não parece ter sido um fato histórico, o importante é o sentido disso: Mateus explica com um verso do profeta Jeremias, que fala da dor do exílio (político). Em Jeremias, Raquel, símbolo do povo da Judeia, é consolada. Mateus muda um pouco o sentido do final do versículo para harmonizar com o choro pela morte das crianças. É preciso uma nova intervenção divina.

Júnior:
Vocês da comunidade de Mateus apresentam Jesus como um novo Moisés. Há pessoas que leem isso no sentido de que então Moisés e o judaísmo estão superados. Não é essa a intenção de vocês. Mais tarde, quando, sobre o monte, Jesus dá ao povo o programa do Reino dos céus, Ele diz claramente: "Eu não vim abolir a lei, mas vim levá-la a sua plenitude" (Mt 5,17). Jesus é um "novo" Moisés, no sentido de que Ele continua a função

que Moisés teve de reunir o povo de Deus e ajudá-lo a escutar e obedecer à lei. Mas não no sentido de alguém que o substitui.

"O fato de Jesus ter sido, quando criança, um refugiado político em solo africano (o Egito) deveria ensinar-nos muitas lições. (...) Ao participar da sorte e da luta de tanta gente sem pátria, Jesus honrou todos os que sofrem por não ter onde morar, em razão da guerra, da fome, da perseguição e de outros desastres. Existem milhões de refugiados no continente africano e em outras partes do mundo. A maioria leva uma vida miserável. (...) Os governos não se sensibilizam para o drama da vida dessas pessoas. O resultado é a multiplicação de pessoas sem pátria, condenadas a viver como prisioneiras virtuais, sem direitos de cidadãs, em um pedaço de terra que não é o seu. O triste é que muitos cristãos não se preocupam com o assunto ou até creem na mentira de que toda pessoa refugiada cria problemas. Entretanto, a Bíblia está cheia de homens e mulheres que viveram como refugiados: Abraão, Moisés, José, bem como grande parte da nação de Israel no Egito e depois na Babilônia. (...) Onde está o povo de Deus para mostrar sua compaixão?."[3]

Palavra de um rabino:
"A questão do exílio é central na mística do judaísmo. Desde o exílio no Egito, passando depois pela Babilônia, exílio romano e tantos outros, esse conceito passou a representar o afastamento absoluto da natureza ideal. O fim do exílio tornou-se

---

[3] JOE KAPOLYO. Mateus. In: *obra coletiva*: comentário bíblico africano. São Paulo: Mundo Bíblico, 2010, p. 1140.

representativo dos tempos utópicos, messiânicos, em que se daria um retorno à própria casa, ao próprio ser, à própria natureza."[4]

Marcelo:

O Evangelho aplica a Jesus a profecia de Oseias, em que Deus relembra a experiência do Êxodo e se revela como uma mãe, que ensina o filhinho a andar e a não cair quando engatinha (cf. Os 11). Como Mateus quer ligar cada acontecimento da vida de Jesus ao cumprimento das profecias, no final do cap. 2, diz que Jesus foi viver na Galileia para se cumprir o que os profetas disseram. Ninguém conseguiu descobrir com certeza uma citação concreta de algum profeta bíblico a que essa palavra se referia. Entretanto, como o texto está no plural ("para se cumprir o que foi dito pelos profetas"), certamente, significa que era para cumprir as profecias, no sentido geral. Nazareno pode significar simplesmente uma pessoa de Nazaré, lugar pouco considerado e até de má fama (ver Jo 1,45-46). Mas também lembra a tradição dos nazireus, consagrados (recorda-se do nascimento de Sansão, que deveria ser nazireu, isto é, consagrado, Jz 13). De todos os modos, o tipo de expressão "para se cumprir o que foi dito pelo profeta..." volta 11 vezes nesse Evangelho. Vocês da comunidade de Mateus queriam conferir aos fatos seu caráter de realização da Palavra de Deus. Às vezes, as pessoas que, hoje, leem esses textos os interpretam em um sentido fatalista. Por exemplo: "Judas traiu Jesus porque ele tinha de cumprir o que dele estava escrito nas profecias". Precisamos ajudar as pessoas a compreender que o sentido desses textos é mostrar que Jesus realiza livremente o plano de Deus, obedece ao que a Escritura diz; mas Ele obedece porque quer, e não porque é obrigado a seguir um destino prefixado.

---

[4] NILTON BONDER. *A Cabala da comida, do dinheiro e da inveja*. Rio de Janeiro: Imago, 1999, p. 40.

Irmãos e irmãs das comunidades de hoje que me acompanharam neste capítulo,

Como foi a experiência de nos seguir e acompanhar a conversa com a comunidade de Mateus por meio desses dois capítulos iniciais do Evangelho? Estão cansados ou concordam que o texto nos faz vibrar de alegria e nos reconduz ao mais profundo de nós mesmos?

Hoje, relendo esse texto, penso na multidão de pessoas que procuram a Deus fora das estruturas de igreja e de religião, atrás de estrelas ou de outros fenômenos da natureza.

Na história dos magos, Mateus alude que todas as pessoas que procuram a verdade de Deus são inspiradas pela luz divina e conduzidas a ela. Entretanto, o Evangelho parece frisar que a luz revelada às pessoas e comunidades de outras religiões passa por Israel. Para chegar ao menino, os magos têm de passar por Jerusalém, cidade escolhida, que amanhece sob a luz de Deus, mas não precisa mais da luz do sol ou da estrela porque o próprio Senhor é sua luz (cf. Is 60).

No entanto, a verdade não é bem essa. A tragédia é que, naquele momento, os representantes do judaísmo oficial de Jerusalém sabiam onde deveria nascer o menino e compreenderam. Mas estavam ligados ao rei Herodes. E não se incomodaram em buscar algo além do convencional que já sabiam.

Júnior:
Essa é a tragédia da religião ligada ao poder. O texto do Evangelho fala isso do judaísmo de Jerusalém na época de Jesus, mas pode-se dizer isso de qualquer religião. O judaísmo dos escribas de Jerusalém tem a luz e até a indica aos magos. Tem a Bíblia e conhece as profecias. Mas não se alegra e não vai adorar o acontecimento de Deus. Ao contrário, torna-se cúmplice do rei que manda matar a criança, e não só o menino, mas os próprios filhos de Israel que nascem com Ele.

Agostinha:
A cruz de Jesus já começa quando Ele nasce. Já nasce perseguido e tendo contra si uma sentença de morte dada pelos poderosos e apoiada pelos chefes religiosos de seu povo. Hoje vivemos em um continente assim: milhões de crianças nascem já marcadas pela violência e pela morte. Será que os Herodes de hoje não são os governos e organismos responsáveis pela política econômica, que destina à morte milhões de excluídos?

Jônathan:
A comunidade de Mateus reconhece que, mesmo dentro de um contexto desses, partindo daqueles escribas que são diferentes dos verdadeiros rabinos de Israel, há neles o conhecimento da Bíblia e a possibilidade de receber deles a Palavra de Deus. Eles não se abrem à procura de Deus e se tornam cúmplices da injustiça e da morte, mas estão com a verdade da revelação de Deus. Apesar de tudo, como escribas e sacerdotes de Jerusalém, a Bíblia lhes pertence. A palavra deles deve ser escutada porque o que dizem continua válido e ajuda todas as nações a virem ao Senhor. ("Façam o que eles dizem e não o que eles fazem", Mt 23.)

Marcelo:
O uso da expressão "Antigo Testamento" para designar a Bíblia hebraica se presta a mal-entendidos. É uma expressão que, na história, nasceu em época de polêmica do cristianismo com a fé judaica, para a qual esses livros constituem sua Bíblia e que os cristãos herdaram como sendo a Palavra de Deus sempre atual. Por isso, em anos mais recentes, muitos ambientes cristãos passaram a usar os termos: Primeiro e Segundo Testamento.

Gostaria de perguntar a vocês, das comunidades eclesiais de hoje:

1. Lendo o primeiro capítulo de Mateus, como vocês avaliam nossa forma de lidar com a tradição viva da fé?

2. Por meio da visita dos magos ao menino Jesus, Mateus contou a abertura e o acolhimento de Jesus às outras culturas e religiões. Como vocês, na comunidade, vivem isso?

Testemunho atual da abertura de cristãos a outras religiões:

Em 1989, a Conferência dos Bispos Católicos da Índia publicou um documento sobre o Diálogo Inter-religioso, no qual escrevem: "Mesmo que a expressão externa seja divergente da fé cristã e as orações do grupo utilizem nomes ou símbolos oriundos de uma religião determinada, para nós estranha, o cristão pode interna e externamente compartilhar essa oração e culto, ligando-se à intenção íntima destes orantes, desde que sua participação não implique uma renúncia à fé em Jesus e à pertença à Igreja. Ora, na Índia, normalmente, essa exigência de renúncia não ocorre."[5]

"Judeus e cristãos: deixemos de lado nossas disputas. Todos adoramos a um só Deus. Não consideramos nenhum outro ser igual a ele. Só a ele temos como senhor. Vós, que tendes a Escritura, porque disputais sobre Abraão? Esqueceis que o Pentateuco (judaico) e os evangelhos (cristãos) foram escritos depois dele? Abraão não era nem judeu nem cristão. Era um crente e adorador de um só Deus" (Livro sagrado do Corão, sura III).[6]

---

[5] CONFERÊNCIA DOS BISPOS CATÓLICOS DA ÍNDIA. Nova Déli, CBCI Center, 1989, n. 84, citado por M. AMALADOSS. *Pela estrada da vida*. São Paulo: Paulinas, 1996, p. 140.

[6] Cf. GIOVANNI VANUCCI. *Il Libro della Preghiera Universale*. Firenze: Librería Editrice Fiorentina, 1978, p. 118.

III

Proclamação do Reino dos céus
(Conversa sobre o primeiro livrinho de Mateus – Mt 3 – 7)

Irmãos e irmãs da esperançosa comunidade de Mateus, O despertador insiste em não me deixar dormindo. São 4 horas e devo continuar esta conversa com vocês.

Do tempo em que morei em Goiás, lembro-me de que, quando a noite dá lugar ao dia e o sol desponta sobre a serra, podemos ver quase a um palmo de nossa mão uma família de tucanos a buscar sementes na árvore mais próxima. Mais acima, se levantamos o olhar, duas ou três garças voam com o vento da manhã na direção das fontes de água ainda livres dos agrotóxicos.

Sinto-me como essas aves desconcertadas, que se aproximam das casas e dos humanos, não porque se sintam seguras ou porque gostem desse convívio incômodo e perigoso, mas porque é o único pedaço de terra que não queimarão e onde, quem sabe, elas ainda possam, com seus gorjeios, conquistar o alimento necessário ao dia.

Será que, nesse mundo das perdidas ilusões, o próprio cristianismo não se encontra como essas garças, voando abaixo de sua natureza e se alimentando daquilo que não sustenta? Onde ficou a força das bem-aventuranças como fonte de vida nova e roteiro de uma nova ética que renova o mundo e a nós mesmos? Como podemos ser "sal da terra e luz do mundo" sem nos transformarmos simplesmente em terra e mundo? Como viver e testemunhar ainda hoje o Reino de Deus?

É com essas inquietações e perguntas que, com os irmãos e irmãs que me acompanham, embarco na releitura do Evangelho de Mateus, na primeira parte depois do prólogo dos dois capítulos iniciais.

Agostinha:
Um dos pontos que mais me tocou relendo agora o conjunto do Evangelho foi o fato de que a linha que perpassa o texto inteiro é a proclamação do Reino de Deus. Vocês da comunidade de Mateus usam a fórmula "Reino dos céus" para não pronunciar o nome santo do Senhor, como os outros evangelistas, que chamaram "Reino de Deus". De fato, o termo "Evangelho" só tem sentido enquanto "boa notícia" do reinado divino, que Jesus veio testemunhar e que a sua morte e ressurreição praticamente inauguram.

No caso de Mateus, essa proclamação do projeto de Deus é mostrada como realização de todas as promessas bíblicas. Um recurso usado para isso foi organizar o testemunho sobre Jesus em cinco livrinhos, certamente para lembrar os cinco livros da Torá, a lei. Isso foi bom. Às vezes, as pessoas que releem o texto têm dificuldade de compreender que vocês agruparam palavras que Jesus teria dito aqui e ali e as reuniram em cinco grandes discursos bonitos e bem construídos. Acho também uma beleza como vocês agruparam relatos de cura e sinais que Jesus fez preparando cada discurso e ligando teoria e prática.

Cada um dos cinco livrinhos, nos quais vocês agrupam a atividade de Jesus, é composto por uma primeira parte, que conta o que Jesus fez (antes de tudo a prática), e depois outra contendo um discurso.

Marcelo:
Neste primeiro livrinho que agora começamos, a parte narrativa ocupa os capítulos 3 e 4, e o discurso é o sermão da montanha (Mt 5-7).

1. A proximidade do Reino no Jordão

Talvez, no início, o relato de Mateus começasse pelo capítulo 3. "Naqueles dias...". Isso parece com o nosso "era uma vez", mas situando os acontecimentos não em uma história de fadas, e sim na história real. Muitas profecias bíblicas contêm essa frase: "Naqueles dias..." (cf. Am 5,18-20; Os 6,1-3; 9,7-9; Mq 4,6-7; Jr 4,9-12). Referem-se todas ao que os profetas chamavam "O dia do Senhor", ou o dia em que o Senhor virá instaurar seu Reino.

Júnior:
Mesmo depois de familiarizado com o texto de Mateus, ainda me surpreendo com o fato de o Evangelho dizer, assim tão claramente, que o reinado divino se manifesta não no centro da cidade, onde se expressam os reinos do mundo, mas no deserto e a partir de pessoas marginalizadas e excluídas da sociedade. O centro desses dois capítulos (3 e 4) é o relato do batismo ("e eis que..."). Essa cena é colocada antes de duas passagens opostas: o encontro de Jesus com João Batista (Mt 3,5-15) e o desencontro com o diabo (Mt 4,1-11). Depois, a narrativa resume toda a atividade seguinte de Jesus: Ele chama e reúne discípulos, ensina nas sinagogas e cura toda doença e pecado (Mt 4,18-25).

2. João Batista, o primeiro evangelista do Reino (Mt 3)

Ao reler o testemunho do Evangelho de Mateus sobre o profeta João, penso que uma realidade, que estava por trás do relato da comunidade dos primeiros tempos do cristianismo, era a presença ainda forte de discípulos de João Batista nas comunidades da época do Evangelho, ou em sua vizinhança.

Júnior:
Sim, certamente é por isso que Mateus sente a necessidade de lembrar que João foi profeta do Reino, assim como o profeta

da consolação (o 2º Isaías), que anunciou a volta do povo do cativeiro da Babilônia, e o grande profeta Elias (ele se veste tal qual Elias – 2Rs 1,8). Muitos judeus esperavam a volta de Elias como o profeta que antecederia a vinda do Messias.

Cladilson:
O Evangelho coloca na boca de João o testemunho sobre Jesus de modo que ele mesmo esclareça que há uma grande semelhança entre os dois (João e Jesus), mas há uma diferença fundamental: "Eu batizo com água. Quem virá atrás de mim (como aquele que me segue, isto é, como discípulo) passa na minha frente" (Mt 3,11).

Marcelo:
João é apresentado como profeta enviado a pregar (*kerissein*). Sua missão se realiza no deserto da Judeia, distante dos centros sociais e políticos. Ele anuncia que o reinado (*basileia*) divino está perto ou próximo (*engiken*). Há uma dimensão de proximidade no tempo e no espaço (Mt 3,2).

Rita:
As palavras de João parecem muito atuais.

Marcelo:
As palavras de João Batista retomavam as advertências dos profetas. Para falar do julgamento de Deus, ele usava imagens como a da fogueira, que queima e limpa tudo, e a do machado, que corta as árvores. São imagens que os profetas antigos já usavam (cf. Dt 30,2-10; Os 2,7; 3,5; Am 4,6-9; Jr 2,13.27 e muitos outros textos).

Mas os profetas antigos dirigiam isso a Jerusalém ou a uma classe de pessoas. João as dirige a todos, judeus e não judeus, pobres e ricos. Chegou a ameaçar até o rei Herodes Antipas, e, por isso, ele o mandou matar. As palavras de João, pedindo conversão e justiça (e não apenas ritos), são atuais. Ele pede arrependimento, conversão (Mt 3,2). Na Bíblia, isso significa "voltar atrás" e regressar a uma relação de aliança, de fidelidade e de compromisso com Deus. Mais tarde, o próprio Jesus vai dizer: "Não é quem me diz: Senhor, Senhor, que entra no reino, mas quem, de fato, realiza a vontade do Pai" (Mt 7,21). De qualquer modo, João acolhe a todos e não se considera a realização das profecias. Ele as aponta para o que "virá após": o Cristo. Esse "virá após mim" (v. 11) designa um "seguir-me como discípulo"?

Rita:
Sempre me impressionam as palavras do profeta João: "Não sou digno de desatar as sandálias dele". Que senso de humildade.

Marcelo:
De fato, com essa frase, João Batista se refere a costumes orientais, que, até hoje, quem viaja por países árabes pode ver. Entretanto, os evangelhos aproveitam esse gesto de desatar as sandálias no sentido simbólico. Não significa apenas uma declaração de humildade da parte de João. "O texto alude claramente à lei judaica do levirato, segundo a qual, quando alguém morria sem filhos, um parente deveria casar com a viúva para fazer filhos ao falecido. Se este homem que tinha direito e obrigação de casar com a viúva não o fazia, outro podia ocupar seu lugar. Havia uma cerimônia para declarar a perda do direito do parente casar com a viúva: consistia em desatar as sandálias (cf. Dt 25,5-10; Rt 4,6-7)."[1]

Rita:
Não compreendi bem essa história. Então, o que significa concretamente essa história de desatar os laços da sandália do outro?

---

[1] JUAN MATEOS; JUAN BARRETO. *O Evangelho de João*. São Paulo: Paulinas, 1989, p. 85.

Marcelo:
Desatar as sandálias do outro (do irmão ou parente de um defunto) era o modo de manifestar que, a partir daquele momento em que tivesse sua sandália desamarrada, aquele parente do morto não poderia mais, legalmente, exigir seu direito de casar com a viúva. Não fez isso no tempo correto. Agora, quem poderia casar com ela era aquele a quem ela desatava as sandálias.

Rita:
E, nesse caso, João Batista declara que não é digno de desatar as sandálias do Cristo. Por quê?

Marcelo:
Profetas como Isaías, Jeremias e Oseias apresentam a aliança do Senhor como um casamento de Deus com seu povo. Agora, João diz que o povo rompeu com esse casamento e que Jesus é o Esposo, que vem reatar esse casamento do Senhor com o povo. No Evangelho, João afirma que não precisará desatar as sandálias de Jesus porque Jesus é o Esposo da humanidade.

Jesus foi discípulo de João e recebeu dele a formação de profeta. João retoma a figura dos grandes profetas do povo. A ele vêm as autoridades religiosas e sociais de Israel (no tempo de vocês, os saduceus perderam o poder para os fariseus). Será que, contando a atuação do Batista no deserto, assim próximo ao Jordão, vocês queriam mostrá-lo, de algum modo, ligado ao movimento dos essênios, à comunidade de sacerdotes e monges que, no deserto (Qumran), viviam um judaísmo mais radical e alternativo, contra o templo e os sacerdotes de Jerusalém?

Foi pelo rio Jordão que, segundo a Bíblia, os hebreus entraram na terra prometida (Js 3,14-17). Então, o Jordão tem uma dimensão simbólica na história de Israel. Pelo batismo, era como se passasse de um império do mal (de Roma) ao reinado divino. O banho por mergulho (batismo) era comum entre os essênios e algumas correntes de judaísmo como um rito de purificação e de esperança, em um renascimento espiritual e social. Um tratado judaico (*mishna*) diz: "Se o banho por imersão (batismo) purifica os impuros, então, o Santo purifica Israel"[2]. "A palavra usada para significar 'banho' (*miqweh*) tem duplo sentido: *banho e esperança*"[3]. Daí que o batismo de João podia ter um sentido de anúncio do Reino futuro.

Júnior:
E esse tipo de interpretação que João teria pertencido a alguma comunidade religiosa oriental? Isso tem alguma verdade?

Marcelo:
Mateus acentua alguns traços comuns entre João e os essênios, mas João era muito diferente. Era um profeta e tinha uma posição original. João foi o único homem que impressionou Jesus (Mt 11,7-12).
Para Jesus o batismo que recebeu de João significa sua consagração na missão de profeta. Vamos ver isso no relato do batismo.

3. O reinado divino se aproxima de Jesus no batismo (Mt 3,13-17)

O relato faz Jesus vir da Galileia para receber o batismo. Como isso poderia ser interpretado como uma dependência de Jesus em relação a João, vocês incluíram um diálogo entre João e Jesus: "Sou eu que preciso ser batizado por ti e tu vens a mim?" Jesus responde: "Deixa que se cumpra toda a justiça". A ação divina passa pela etapa da ação de João para chegar a Jesus. Mais tarde,

---

[2] Cf. SCHALOM BEN-CHORIN. *Fratello Gesù*. Brescia: Morcelliana, 1985, p. 52.

[3] Ibidem, p. 52.

as autoridades judaicas de Jerusalém viram que Ele ensinava no templo e lhe perguntaram: "Que autoridade você tem para fazer isso?" (Quer dizer: para agir como os antigos profetas que ensinavam na porta do templo.) "Quem lhe deu essa autoridade?" (Ou: "Quem fez de você um profeta?") Jesus respondeu: "Vou lhes fazer uma pergunta. Se me responderem, poderei lhes dizer com que autoridade eu faço isso. Quando João batizava, isso vinha de Deus ou dos homens?" Eles não quiseram responder, e Jesus lhes respondeu: "Então, eu não tenho como lhes explicar com que autoridade faço isso" (cf. Mt 21,23-27). Assim, Jesus esclarecia definitivamente que sua autoridade profética vinha do batismo de João. No Jordão, Jesus foi investido da missão profética, e o próprio Pai o designa como o verdadeiro Messias, que preenche a expectativa do povo. Se as pessoas não reconheciam a legitimidade desse batismo, não podiam reconhecer a missão de Jesus.

Rita:
Tem algum sentido essa história de dizer que, "quando Jesus foi batizado, os céus se abriram"?

Indica um tempo novo. O tempo da chegada do reinado divino a este mundo. Naquela época, havia, no meio do povo bíblico, uma forte consciência de que, depois da volta do cativeiro da Babilônia, por causa do fato de que Israel rompeu a aliança com o Senhor, "os céus se fecharam". Deus guardava silêncio. Quando muito, podia-se apenas ouvir o eco de sua voz, mas não escutar sua Palavra por meio dos profetas. Alguns Salmos dizem isso claramente: "Não vemos mais sinais de tua presença, não há mais profetas e ninguém sabe até quando" (Sl 74,9; cf. também 1Mac 14,41-46). Os profetas prometiam o tempo novo e maravilhoso no qual os céus se abrissem (cf. Is 64,1; Ez 1,1). Agora o Evangelho diz que esse tempo chegou e os céus se abriram... A partir do batismo no Jordão, Jesus recebeu sua missão, e aí o céu e a terra não estavam mais divididos. Um está aberto ao outro.

Agostinha:
Muita gente estranha essa questão de representar o Espírito de Deus como uma pomba.

Marcelo:
Na tradição bíblica, a pomba é a imagem de Israel, a esposa do Cântico dos Cânticos (cf. Ct 2,14; 1,15 e outros). O que o Evangelho diz é que o Espírito desceu sobre Jesus suavemente, como uma pomba. Como o Gênesis dizia que "o Espírito pairava sobre as águas". Mas, à medida que as comunidades interpretaram que o Espírito desceu em forma de pomba, para nós, hoje, é bom escutar esta interpretação que o Espírito vem na forma de Israel, isto é, por meio da comunidade.

Júnior:
E o fato de Deus falar diretamente a Jesus ou à comunidade sobre Ele como filho predileto e amado do Pai?

Marcelo:
Poucas vezes, na Bíblia, Deus fala diretamente. Em geral, Ele fala pelos profetas e profetizas. Aqui a voz divina identifica Jesus: "Este é o meu filho, o amado, em quem ponho minha afeição". Essa palavra alude à profecia do Servo Sofredor (Is 42,1-5). O servo (*pais*) de Isaías se torna aqui *huios mou* (meu filho). O *ekkletos* (escolhido) de Isaías se torna *agapetos* (amado) no texto de Mateus. Há quem visse no "filho amado" uma referência à passagem de Abraão levando Isaac, seu único filho, para o sacrifício (Gn 22). Por mais que essa passagem não seja histórica e possa ser questionada sobre a imagem de Deus que ela nos dá, em toda a tradição judaica, foi usada como profecia do Messias. O batismo de Jesus reinicia uma nova época profética e de manifestação da presença do Senhor junto a seu povo.

A manifestação do Pai no batismo de Jesus nos faz lembrar expressões semelhantes em outras religiões.

Palavra da sabedoria religiosa do povo guarani

"O verdadeiro Pai Ñamandu, o primeiro, estando para fazer descer à morada terrena o bom conhecimento para as gerações dos que levam a insígnia da masculinidade e o emblema da feminilidade, disse a Jakirá Ru Eté: (...) Olha meu Filho Tupã Ru Eté, aquele que eu concebi para o meu refrescamento, faz com que Ele se aloje no centro do coração de nossos filhos. Unicamente assim, os numerosos seres que se erguerão na morada terrena, ainda que queiram desviar-se do verdadeiro amor, viverão na harmonia."[4]

4. A proclamação do Reino e a vida "tentada" de Jesus (Mt 4)

O povo de Deus foi tentado no deserto. Durante toda a sua vida, Jesus também teve de enfrentar tentações. Só não é tentado quem não precisa fazer opções. Jesus sempre teve de escolher. Cada escolha tinha suas vantagens e seus limites. Cada escolha poderia até ser vista como sendo agradável a Deus. Para Jesus, a pior tentação não foi a de escolher entre o bem e o mal, mas entre como fazer o bem. Ou ao menos assim, vocês, que escreveram os evangelhos, contaram as tentações de Jesus. Para vocês, foram tentações quanto ao modo de Ele cumprir sua missão.

Cladilson:

Vocês contaram que, no batismo, Jesus descobriu que seu modo de ser anunciador do Reino era não como um Messias poderoso, ou como Rei de Israel (Filho de Davi), e sim como o servo sofredor de Deus (Is 42). Então, é normal que vocês tenham

---

[4]LEÓN CADOGAN. *Ayvu Rapyta*: textos místicos dos Mbyá-Guaraní del Guairá. Asunción del Paraguay, Biblioteca Paraguaya de Antropologia, vol. XVI, 1997, p. 57.

ligado a tentação ao batismo. Para vocês, a tentação era não ser tão fiel ao que o Pai revelou a Jesus no batismo.

Rita:
Por isso, a comunidade de Mateus escreve que, após o batismo, o Espírito leva Jesus ao deserto para ter de optar, verdadeiramente, por aquele caminho que o Pai lhe propunha.

Júnior:
É claro que, para Jesus, a tentação não foi apenas um momento. Foi um clima que percorreu toda a sua vida e missão.

Marcelo:
É verdade. E quem está por trás do diálogo de Jesus com Satanás é o próprio Pai. Por isso Jesus sempre responde ao diabo com a própria Palavra de Deus. Jesus aceita a insegurança no futuro, tanto para si mesmo como para o que é mais difícil para Ele: sua causa. É sua fé que, como entrega total nas mãos do Pai, é sua vitória na tentação.

Mateus conta essas tentações de Jesus no deserto como uma espécie de *haggadá* (reflexão em forma de um conto) sobre as tentações de Israel no deserto, vistas à luz das tentações que Jesus teve de enfrentar em toda a sua vida. O Evangelho mostra que as tentações de Jesus são as mesmas que, no tempo do deserto, o povo de Israel viveu. Como o povo viveu 40 anos no deserto, Jesus passa ali 40 dias. Como o povo teve fome, Jesus também enfrenta essa provação. Como o povo teve de confiar no Senhor, Jesus também é chamado a vencer as mesmas tentações de Israel no deserto, as mesmas da Igreja na época em que vocês escreveram o Evangelho e que podem ser, de outra forma, as mesmas da Igreja de hoje: a tentação do pão, do maná ou da garantia do sustento material.

Agostinha:
A comunidade de Mateus viveu em tempos de penúria e de escassez de alimentos. Buscar alimentos é responsabilidade humana, e o pecado não seria comer ou quebrar o jejum, seria mais obter o pão por uma sugestão do diabo.

Cladilson:
Hoje, há muitas formas de ceder, por exemplo, ao poder da propaganda, da publicidade enganosa. Hoje, o tentador toma outros rostos e outros jeitos de se apresentar. Jesus é tentado a usar o poder de Deus a serviço de si mesmo. Isso Ele não pode e não deve fazer. Nenhuma Igreja ou missionário deveria fazer isso: usar Deus e seus benefícios em função de si mesmo.

Júnior:
Minha impressão é que muitos homens de Igreja vivem fazendo isso. Até hoje.

Marcelo:
A tentação do templo é a de usar a religião e a fé para seu benefício próprio. Mesmo com a melhor das intenções. Uma forma dessa tentação é fazer de Deus tapa-buraco de nossas necessidades e aprofundar uma religião baseada em milagres.

Cladilson:
Quantas religiões parecem religiões de resultado: não vivem e atuam para buscar a Deus, mas para ter de Deus resultados concretos na vida.

Marcelo:
A terceira tentação é a mais profunda e perigosa de todas: é a tentação do poder. "Tudo isso te darei, se prostrado me adorares." Um dos mais importantes autores da Teologia da

Libertação escreveu: "O conteúdo concreto da tentação é o uso do poder que Jesus aceitaria ter para cumprir sua missão"[5].

Jônathan:

Lendo o relato das tentações de Jesus segundo Mateus, o Evangelho diz que o diabo mostrou para Jesus o mundo ali diante deles e disse: "Tudo isso me pertence e eu posso te dar..." Como o mundo pertence ao diabo? Que história é essa?

Marcelo:

Ao dizer que o mundo é do diabo, o Evangelho mostra que as sociedades têm seu poder a partir do desamor e do espírito de domínio. Não é a terra (o planeta) que pertence ao diabo. Nem em si a humanidade. Ao contrário, como diz o Salmo: "De Deus Amor é a terra e tudo o que ela contém, o mundo inteiro e todos os que o habitam" (Sl 24,1). Em seu comentário a esse Evangelho, Warren Carter diz: "O diabo se mostra como dono dos impérios do mundo. 'Tudo isso te darei, se prostrado, adorares-me!' Isso quer dizer que o diabo controla os impérios como Roma, no mundo antigo (e os impérios de hoje). Vários imperadores tentaram impor aos judeus o culto imperial. Calígula quis colocar no templo de Jerusalém uma estátua sua para ser adorada. Até hoje, os seguidores de Jesus são tentados a adorar os impérios do mundo"[6].

Agostinha:

Jesus confronta o diabo com a própria palavra bíblica e cita Moisés: "Porque está escrito: Adora o Senhor, teu Deus, e serve só a ele" (Mt 4,10). Ele cita o Deuteronômio, Dt 6,13, substituindo *teme* por *adora* e acrescentando *só a Ele*. Então, diz o texto: *o diabo o deixou e os anjos vieram e o serviram.*

---

[5] JON SOBRINO. *Cristologia a partir da América Latina*. Petrópolis: Vozes, 1983, p. 117.

[6] WARREN CARTER. *O Evangelho de São Mateus*. Paulus, 2002, p. 152-153.

Marcelo:
Aí o verbo *"diakoneó"* indica o servir comida. Era a função dos diáconos na Igreja primitiva: cuidar da mesa. Jesus, que rejeitou a comida proposta pelo diabo, recebe a comida vinda de Deus, que dá valor à comida e quer que comamos. A tradição simbólica do judaísmo veria, nesse relato da tentação, a descrição de como Jesus enfrentou a luta interior com seus próprios demônios e nos ajuda a vencer a permanente luta contra o que dentro de nós é demoníaco (fator de divisão interior).

Agostinha:
É importante que a meditação das tentações de Jesus e de como Ele as venceu possa ajudar as Igrejas cristãs de hoje a retomarem o caminho do deserto e refazerem as opções fundamentais da fé.

Testemunho de um velho índio bororo

"Para meus pais bororos, a tentação do mal veio por intermédio do branco, dos soldados do tempo de Rondon e, infelizmente, do missionário. Mesmo sem precisar dizer, eles convenceram meu povo de que ser bororo é ser atrasado. E, hoje, nem somos bororo, nem branco. Nem cristão, nem fiel ao que Deus revelou para nossos antepassados e que só nós nos tratávamos com Deus daquela maneira bonita. Agora, tudo foi perdido. Ou será que ainda tem jeito?" (Umero, índio bororo de Meruri – entrevista em 1981).

---

5. O anúncio do Reino começa em Cafarnaum (Mt 4,12-17)

A comunidade de Mateus diz que a missão de Jesus começa ao saber que João tinha sido preso. Ele decide, então, ir para a Galileia. Isso não era uma decisão de procurar segurança. Ao contrário, era perigoso. Mas Ele foi, por missão, morar em Cafarnaum, uma pequena cidade pesqueira à margem noroeste do lago de Genesaré, dessas em que, conforme a legislação bíblica, os bandidos e todos os fora da lei podiam se refugiar. Não morou em Séforis, a capital da Galileia, nem em Tiberíades, uma cidade grande e mais romana.

Júnior:
Aliás, no tempo de Jesus, toda a Galileia era "a Galileia das nações", isto é, dos refugiados e estrangeiros marginais.

Marcelo:
O Evangelho de Mateus conta que Jesus fez de Cafarnaum sua cidade, para obedecer à profecia de Isaías, conforme a qual a região dominada pela sombra e pela escuridão das trevas (A Galileia dos pagãos) veria uma grande Luz (Is 9,1ss). Jesus assume sua missão de Servo de Deus, que deveria ser uma Luz para os não judeus (Is 42,1-7; 49,1-7). No tempo de Mateus, a divisão da terra pelas tribos não existia mais. Ao recordar que Cafarnaum ficava no território de Zabulon e Neftali, o Evangelho parece meio irônico. É como se estivesse dizendo que aquela terra é de Deus e Ele a deu ao povo de Israel, e não aos romanos. É o batismo e a tentação no deserto que fazem Jesus assumir a missão de ser profeta na Galileia, isto é, nas fronteiras da terra prometida. Assim realizava a proposta de Deus para que Ele fosse "luz para os que habitavam nas trevas", como dizia a antiga profecia (Is 9,1-6).

Sobre isso, escreveu o exegeta e pastor Milton Schwantes:

> "O Novo Testamento já relaciona Isaías 9,1-6 a Jesus (...) Mas é inegável que a esperança, que se articula em Isaías 9,1-6, é política. Espera por um governante que realiza paz (*shalom*), direito (*mixpat*) e justiça (*sedaqah*). Dentro da Igreja, essa esperança concreta e política nunca foi totalmente apagada. Mas, por certo, a História da Igreja também dá amostras suficientes de como essa esperança em prol da sociedade foi sendo relegada a um segundo plano. A acentuação unilateral

do além tende a eliminar a esperança para o aquém. Contudo, isso não significa que a esperança política deixou de existir. Ela foi, isso sim, marginalizada na Igreja. Mas desenvolveu-se com vigor fora da Igreja, em sistemas políticos. O marxismo é um tal sistema que reativa a esperança. Na esperança que propõe à sociedade reside, sem dúvida, uma de suas grandes forças. A pergunta é se a comunidade de Jesus necessariamente tem de marginalizar a esperança política e se a comunidade de Jesus tem de delegar a esperança política a sistemas ideológicos. (...) Seríamos infiéis ao texto bíblico de Isaías 9 se a esperança política – a esperança para o mundo – não voltar a ser reintegrada à fé em Jesus"[7].

Marcelo:

É uma tarefa urgente reintegrar a esperança messiânica da salvação trazida por Jesus e a mediação concreta da esperança social e política de que precisamos para o Brasil e o mundo de hoje. Certamente para toda pessoa que quer ser discípula de Jesus, a base dessa esperança é o apelo que Jesus faz a todos nós: convertam-se. Toda a base do anúncio do Reino para Jesus é o apelo à conversão (*metanoia*).

Sua missão era anunciar e testemunhar: "Mudem o modo de pensar (*Metanoien*)! O Reino dos céus está próximo!" (4,17).

Evitando pronunciar o nome de Deus, vocês da comunidade de Mateus revelam sua transcendência e como devemos buscar sua intimidade, mas, ao mesmo tempo, respeitando seu mistério. Ele se torna próximo, mas sempre por trás de uma nuvem escura.

Jônathan:

Mais do que nunca, seria importante, hoje, os cristãos recuperarem esse cuidado de não pronunciar o nome de Deus de

---

[7] MILTON SCHWANTES. *Da vocação à provocação*: estudos exegéticos em Isaías 1-12. São Leopoldo: Editora Oikos, 2011, p. 394-395.

qualquer maneira, não o usar, evitar banalizá-lo. O capitalismo faz isso quando coloca o nome divino até em uma célula de dólar e em agências de banco. Há pessoas que escrevem em seu carro: "Foi Deus quem me deu". E os pobres poderiam perguntar: "Deu um carro de luxo a você e a tantos não dá nem o que comer?" Deus não merece isso.

Marcelo:

Aprendi com o judaísmo a não pronunciar o NOME. Digo Senhor, o Eterno, mas não tento traduzir o tetragrama. Mais ainda, procuro cuidar muito de não falar dele mais do que seria prudente. Na Idade Média, o mestre Eckart dizia: "Tudo o que você disser de Deus estará falando mais de si mesmo do que de Deus".

6. Os primeiros quatro pescadores (Mt 4,18-25)

O chamado de Jesus às duas duplas de irmãos começa a mostrar o que é a conversão, a mudança de mentalidade e de coração que o Reino pede. Jesus chama as pessoas em comunhão. Cada vez, chama dois irmãos juntos.

Cladilson:

O Evangelho conta como se fosse imediato: Jesus chamou, os discípulos deixaram tudo e o seguiram. Com a gente, nunca é assim. Uma decisão de vida dessas é um processo, às vezes, lento... Será que foi assim mesmo com eles?

Marcelo:

Ninguém sabe como foi. O Evangelho não pretende contar historicamente como foi. Quando diz que Jesus chamou e eles o seguiram, está olhando a vocação deles sob o ponto de vista espiritual. Todo mundo sabe que, na realidade, uma vocação tem um processo mais longo para ser descoberta e atendida. Mas o importante aqui é que o Evangelho acentua o chamado de Jesus e a pronta resposta dos discípulos. O modo como esse episódio é contado se inspira na forma como Elias chamou Eliseu (1Rs 19,19-22). Assim, fica claro que a vocação dos discípulos é profética.

Rita:
Tem algum sentido o fato de Jesus ter chamado seus discípulos não em Jerusalém, e sim na Galileia?

Marcelo:
Penso que sim. Chamando os discípulos na Galileia, Jesus sabe que está chamando as pessoas mais influenciadas pela cultura pagã e estrangeira. Até seus nomes têm correspondentes judeus e gregos. Simão é o nome de um dos patriarcas, filhos de Jacó, e quer dizer "ouvinte", ou "aquele que escuta". Lembram-se da oração "Shema Israel..."? É a mesma raiz do nome de Simão. Pedro é seu apelido grego. André também é um nome grego e assim por diante.

Rita:
Mas e daí? O que significa isso concretamente para nós?

Marcelo:
Isso significa que, desde o começo, Jesus quis um diálogo de culturas em sua comunidade. Ele chamou os primeiros discípulos e já começou a percorrer toda a Galileia. O Evangelho diz que ensinava nas sinagogas. Isso também é significativo. Hoje, não parece, mas a sinagoga era o lugar onde se exercia um judaísmo mais laico e democrático. Jesus prefere esse tipo de culto e de anúncio. Anúncio em um ambiente de diálogo e de discussão.

Jônathan:
A sinagoga era, de fato, o lugar do círculo bíblico ou da comunidade que se reunia em torno da Palavra de Deus.

Marcelo:

Sinagoga quer dizer: "casa da reunião" (*beth ha-keneseth*). Jesus ensinava e curava as pessoas, como um rabino itinerante. Em sua época, era mais ou menos comum esses "mestres populares", que exerciam uma missão de sábios e uniam elementos da missão de profetas, como Elias e Eliseu, e de "agentes de pastoral leigos" que cuidavam do povo em nome de Deus, ensinando-os e curando suas doenças. Porém, Jesus imediatamente revelou ter uma autoridade própria e uma fama que vai além das fronteiras. "Muita gente da Galileia, da Decápolis, da Judeia e da Transjordânia o seguia."(v. 25).

Relendo esse Evangelho, pergunto a vocês da comunidade de Mateus:

1. Será que vocês contam que Ele era conhecido até na Síria para aludir à origem da comunidade de vocês? (v. 24).

2. Vocês apresentam Jesus anunciando o reinado divino como um rabino popular que ia de sinagoga em sinagoga. Ele vivia a fé judaica de um modo que esta se abrisse a todos, judeus e não judeus, e fosse, de fato, sinal do Reino dos céus. Como, hoje, fazer de novo da religião, seja o cristianismo, seja o judaísmo, uma proposta de fé universal, aberta a todos, "lugar de comunhão para toda a humanidade"?

7. O programa do Reino (Mt 5–7)

Vocês da comunidade de Mateus organizaram o primeiro discurso de Jesus como uma palavra na montanha, correspondente à Palavra de Deus no monte Sinai (Êx 19–20). Assim também Jesus sobe uma montanha (eleva-se), reúne a multidão, senta-se no chão, como um dos rabinos itinerantes de seu tempo e ensina o povo. É o mais famoso e característico discurso do Evangelho. O sermão da montanha contém muitas palavras que tanto Lucas como vocês (Mateus) contaram. Apesar disso, no conjunto, esse discurso é uma característica de vocês.

No mundo antigo, a montanha é considerada lugar sagrado. Conforme a Bíblia, Moisés subiu nove vezes à montanha do Sinai. Jesus também sobe à montanha, continuando seu papel de "novo Moisés" (repitamos: não para substituir Moisés ou a lei judaica, mas para ampliá-la para todo o mundo e explicitá-la como boa notícia do reinado divino).

Pelo contexto do Evangelho e conforme a tradição mais comum, Jesus disse o discurso da montanha em uma pequena colina perto do mar da Galileia, uma das maiores depressões geográficas da terra. É um forte contraste com o discurso do demônio, que o leva à montanha mais alta da terra.

Jônathan:
Gosto de saber disso: a Palavra de Jesus, que proclama a justiça do Reino, vem da depressão e do mais baixo.

A) As bem-aventuranças (Mt 5,1-12)

Carlos Mesters explica: "O sermão da montanha abre-se com oito bem-aventuranças. Elas são o portão de entrada deste e dos textos que seguem. Declaram felizes os pobres caracterizados de oito maneiras, pois neles o reinado divino já se faz presente como dom e graça no meio de nós e apesar de nós. Desse modo, as bem--aventuranças nos informam onde devemos olhar para descobrir os sinais da presença deste reino no mundo em que vivemos"[8].

Alguém chamou atenção para o fato de que, apesar de a tradição cristã sempre ter falado em oito bem-aventuranças, o texto repete nove vezes "Felizes". E sendo nove, bem no meio está a bem-aventurança dos misericordiosos. De fato, a

---

[8]Carlos Mesters. Ouvi o clamor do meu povo: Estudos Bíblicos de Mt 5 – 9. In: *Estudos Bíblicos* n. 26, p. 62.

misericórdia e o amor compassivo são os mais claros sinais da manifestação divina em nossa vida e se tornam, assim, o modo de progressivamente sermos divinizados.

O primeiro Salmo da Bíblia começa por esta palavra: "Feliz", "Bendito" ou "Bem-aventurado". Faz parte da piedade judaica a *Beraká*, a bênção, como proclamação da vida em nome de Deus para as pessoas e o universo. "O termo (*asherê*) ocorre 45 vezes no texto hebraico da Bíblia. As proclamações de bênçãos ('macarismos' vem do termo grego *'makarios'*) são muito frequentes em livros judaicos não bíblicos, como o Apocalipse de Baruc, o IV livro de Esdras e outros"[9]. Chouraqui rejeita a tradução tradicional: felizes, ou bem-aventurados. Ele mostra que, na base da tradução do hebraico para o grego, houve um engano de sentido das palavras e insiste em traduzir como: "Em marcha...". De fato, etimologicamente ele tem razão.

"Bem-aventurança, em hebraico, quer dizer *em marcha* e a infelicidade é *estar parado*, parado sobre a imagem, parado sobre os sintomas, parado sobre as memórias. Em hebraico, a palavra doença é *mahala*, que quer dizer *andar em círculos, estar preso*, fechado em seu sofrimento, em seus pensamentos ou até mesmo em suas emoções. Por isso a bem-aventurança consiste em dar um passo à frente. Essa é uma bela definição da espiritualidade, dar um passo a mais do lugar onde se está. (...) As bem-aventuranças do Cristo são, cada uma, um convite para nos recolocar em marcha, a partir de nossas lágrimas, a partir do caminho que já percorremos. Há ainda muito a caminhar"[10].

Jônathan:
Dá então para concluirmos: sem dúvida, o sentido das palavras evolui e um sentido engloba o outro. Quando, em

---

[9] ORTENSIO DA SPINETOLLI. *Matteo, Il Vangelo della Chiesa*. 5. ed. Assisi: Cittadella, 1993, p. 133.

[10] JEAN-YVES LELOUP. *Livro das bem-aventuranças e do Pai-nosso*: uma antropologia do desejo. Petrópolis: Vozes, 2004, p. 57-58.

português, alguém diz que está feliz, pode estar dizendo: "Estou progredindo (no caminho, nas finanças, ou no plano interior)". Mas como seria melhor traduzir: "felizes os pobre", "abençoados os pobres" ou "para frente os pobres"? Como você traduziria?

Marcelo:
Toda tradução revela um aspecto ou um lado, e não o todo. "Feliz" é mais simples e popular, mas pode conter o engano de sugerir que ser bem-aventurado é um sentimento ou uma emoção, e não é. É um dom divino, uma situação... "Abençoado" é mais de acordo com o termo de outros textos do Primeiro Testamento.... Mas a tradição guardou o "bem-aventurado". O cuidado que devemos ter é de lembrar os homens e as mulheres. Bem-aventuradas as pessoas...

Jônathan:
Mas poderíamos ficar com o sentido de bem-aventurança como felicidade.

Marcelo:
Tudo bem. Como um pobre rabino itinerante, que quer ajudar o povo a renovar a aliança com Deus, Jesus traz uma novidade imensa: parece que nenhum outro texto antigo sublinha tanto a gratuidade da proclamação do Reino. Enquanto os textos apocalípticos dizem: "Felizes os que temem ao Senhor, felizes os que fazem julgamentos justos", Jesus acentua a gratuidade do reinado divino e abre essa felicidade do Reino a todos, principalmente aos excluídos do mundo e do próprio sistema religioso (qualquer que ele seja).

Agostinha:
A maior produção do mundo atual é a exclusão de milhões de pessoas. Jesus começa a proclamação do reinado divino se

dirigindo a elas e lhes prometendo que, pela vinda deste Reino, se acabarão as injustiças responsáveis pela marginalização delas.

Marcelo:
"Na Bíblia hebraica, os termos mais usados para dizer que alguém é pobre é *ani* (75 vezes), *anaw* ou *anawin* (no plural) e *ebyon*. As duas primeiras têm o sentido de empobrecidos, explorados, oprimidos, e a última, de carente, necessitado, indigente. No Novo Testamento, o termo grego *ptochói* (usado 38 vezes) traduz esses termos"[11].
Chouraqui traduz a primeira bem-aventurança como: "Em marcha, humilhados do Sopro. Sim, deles é o reino dos céus". Quando alguém é oprimido e humilhado, a própria respiração é violentada, cortada. A liberdade e a vida dependem de uma boa respiração. Essa visão oriental está certamente incluída nessa bem-aventurança, que a tradição cristã traduziu por "pobres de coração" ou "pobres em espírito".
As promessas são o resumo de todas as promessas bíblicas. O Reino vem para as pessoas pobres. Então, quem chora será consolado, quem tem fome será saciado, as pessoas que têm fome e sede de justiça serão satisfeitas. Por quem? Por Deus.
O fato de falarem sempre no passivo ("serão satisfeitas") é sinal de que vocês da comunidade de Mateus estão falando de uma ação divina.

Cladilson:
Na América Latina, essas promessas têm sustentado a esperança de muitos irmãos e irmãs, dos quais um bom número deu a vida pelo Reino. E essas promessas se realizam, não porque essas pessoas (pobres, famintas ou as que choram)

---

[11]Cf. FRANCISCO OROFINO. A categoria *pobre* na Bíblia: permanência e mudança. In: PEDRO RIBEIRO DE OLIVEIRA, (org.). *Opção pelos pobres no século XXI*. São Paulo: Paulinas, 2011, p. 123-138.

sejam boas ou justas, mas porque Deus ama-as e não aceita que continuem sofrendo. É significativo que a proclamação do Reino comece pela indicação de caminhos para a felicidade: "felizes" ou "benditas"...

Cada vez mais, é importante esse testemunho: Jesus nos chama para sermos felizes no caminho do Reino.

Júnior: Outro dia, li uma piada a respeito de um cristão que morre e se surpreende quando quer entrar no céu e Jesus lhe diz que ele não está preparado. Ele insiste: "Mas por que, Senhor?" Jesus lhe responde imediatamente: "Porque você não fez tudo o que era necessário para ser feliz".

Marcelo: A luta da vida consiste em buscar a felicidade. Todo mundo quer ser feliz. Mas Jesus indica como caminho para sermos felizes o contrário do que o mundo propõe. Lucas havia transcrito as bem-aventuranças como bênçãos dirigidas diretamente aos pobres ("Felizes vocês que são pobres"). Vocês das comunidades de Mateus traduziram por "Felizes os que têm coração de pobre" (os que assumem com consciência o fato de serem pobres). No começo da caminhada das comunidades eclesiais de base, muitos se perguntavam se os pobres "de espírito" ou "de coração", que Jesus proclama bem-aventurados, seriam as pessoas humildes e sem ambição. Praticamente todos os comentadores latino-americanos têm insistido que, na tradição bíblica, a promessa divina é de salvar os pobres reais, no sentido de pessoas despossuídas, carentes e oprimidas (Lv 19,10.15; Pr 14,31; 28,15). Aqui se incluem o órfão, a viúva, o migrante, os que se sentem indefesos diante do malvado (cf. Dt 24,19; Jó 29,12-16 e Sl 10). Em sua versão dessas palavras de Jesus, Lucas diz simplesmente: "Felizes vocês que são pobres!" (Lc 6,20). Parece que essa versão seria mais primitiva. Ao acrescentar "de coração", Mateus acentua que não basta ser pobre econômica e socialmente (embora seja o elemento fundamental). Precisa assumir a pobreza e ter consciência de sua realidade. É bom ler as bem-aventuranças em seu contexto social. Hoje, quando dizemos "as pessoas que choram", muitas vezes, pensamos nas situações de sofrimento e infelicidade da vida pessoal. Jesus fala ao coletivo e parece referir-se aos que são vítimas do desgoverno dos opressores. Isaías 61 se referia aos que choram e prometia que Deus transformaria sua tristeza em alegria, pela volta do povo do exílio e pela libertação sociopolítica.

Chouraqui traduz a segunda bem-aventurança como: "Em marcha os enlutados. Sim, eles serão reconfortados!"

A tradição cristã tem traduzido essa bem-aventurança como se tratando dos aflitos em geral. Algumas traduções falam nas "pessoas que choram". De fato, há muitas formas de luto. Podemos estar de luto pela morte de alguém querido, pela perda de um trabalho, pela ausência de alguém que amamos, pelo fim de uma relação afetiva, pela decepção em relação a pessoas ou fatos e assim por diante. Assumir a perda e ficar de luto é não se manter passivo diante dos fatos. É justamente se pôr em marcha. É ir além da lamentação e não se deixar aprisionar pelo passado.

A terceira bem-aventurança Chouraqui traduz como: "Em marcha as pessoas humildes. Sim, elas herdarão a terra!"

O termo grego usado aqui é *"prayes"* e tem o sentido de uma pessoa que reivindica algo sem violência. Em Mateus 1,29, Jesus usa esse termo para si mesmo. Ele diz que é assim. Aqui Ele proclama que quem é assim deve se pôr em marcha, porque herdará a terra. O Salmo já dizia: "Os pequenos possuirão a terra" (Sl 37,10-11). A terra é de Deus e Ele a dá aos pequenos. Hoje, lutamos pelo direito dos lavradores à terra e para que a humanidade retome o cuidado com a Terra como planeta que nos foi entregue. A bem-aventurança dos pequenos e humildes (não apenas mansos) nos recorda, hoje, de todos os movimentos de ação não violenta. Esses movimentos e grupos têm sido importantes neste tempo de protagonismo dos movimentos populares, principalmente indígenas, negros e dos pequenos lavradores, em vários países da América Latina, assim como os da juventude, que se diz indignada e mobilizada por um novo mundo possível em vários países da Europa e de outras partes do mundo.

A quarta bem-aventurança diz respeito às pessoas que têm fome e sede de justiça e promete que serão saciadas. Essa bem-aventurança revela que são de Deus não as pessoas que invocam seu nome e pertencem a algum grupo religioso, mas as que vivem este desejo estrutural de vida, que é a justiça para todos. A justiça é a condição para a relação com Deus: justiça nas relações sociais, na relação com a terra e com a natureza (justiça ecológica) e a justiça do respeito com nós mesmos.

A quinta bem-aventurança, a meu ver, é traduzida por Chouraqui por um termo que, em português, não tem toda a força do original. O texto é "Em marcha os matriciais! Sim, eles serão matriciados".

Aqui, o termo base é *"matriz"* no sentido de útero. É uma concepção de matriz que não é comum em português. A tradução mais simples seria: "Em marcha as pessoas verdadeiramente maternais, porque elas encontrarão sempre em sua vida um colo de mãe que as protegerá" (é o colo divino). De fato, a referência do texto grego é ventre, entranhas, amor uterino, ou seja, amor maternal. É a bem-aventurança das pessoas que possuem um coração de mãe.

Sobre isso, Jean-Yves Leloup testemunha o seguinte: "O Dalai Lama me falou assim: *Se você quer saber o que é a compaixão ou a misericórdia, pense que é uma mãe, que você tem um ventre e que todos os seres que existem são seus filhos; filhos de seu útero, filhos de seu coração"*[12].

---

[12]Cf. JEAN-YVES LELOUP. *Livro das bem-aventuranças e do Pai-nosso.* Vozes, 2004, p. 77.

Agostinha:
Em nossas Bíblias, esse termo é traduzido por *misericórdia*. O sentido é de *amor uterino*. Jesus proclama bem-aventuradas as pessoas misericordiosas. A misericórdia ou *amor uterino* já é uma virtude aconselhada pela tradição bíblica (Pr 14,21; Os 6,6 e Tb 4,5-7). O próprio Jesus vai retomar Oseias ao dizer: "Eu quero a misericórdia, e não o sacrifício" (Mt 9,13). Os filósofos romanos não tinham em alta conta a misericórdia. Parecia uma atitude dos fracos. Jesus a acentua como uma espécie de contracultura, que continua muito atual, principalmente em um mundo de competição.

Marcelo:
A bem-aventurança das pessoas puras de coração recorda o Salmo 24,4 e diz respeito à totalidade do ser. O coração é o mais íntimo do ser. Ter o coração puro é tê-lo inteiro, íntegro e unificado. Uma tradução que eu amo do Salmo 86 diz: "Unifica meu coração no respeito a teu nome" (Sl 86,11 na tradução da Bíblia do Peregrino). O coração puro é o coração liberto de todas as projeções, que nos assaltam no dia a dia, de todas as seduções do mundo do consumo e do ter, das rejeições e dos afetos desordenados. É ver as coisas com o olhar divino do amor. A promessa de ver a Deus (na Bíblia se dizia que ninguém podia ver a Deus) é reservada a essas pessoas inteiras e totais em sua vida.

"Em marcha as pessoas que são artesãs da paz (pacificadoras). Sim, elas serão chamadas filhas de Deus."

A paz não é algo dado de uma vez por todas e de forma completa. É um processo a ser sempre de novo construído, como um artesão modela sua obra. Essa é nossa tarefa. As pessoas que constroem a paz fazem o que Deus faz. Por isso são chamadas "filhos e filhas de Deus", porque a paz é ação divina e fazer a paz é se comportar divinamente.

O Salmo 72 é a promessa de um Reino de paz verdadeira. A paz (*shallom*) é a plenitude da aliança e é algo a ser construído e vivido na relação com as pessoas e grupos humanos, na relação com a Terra e a natureza, assim como na relação com nós mesmos.

Um rabino dizia que, atualmente, na Palestina e em Jerusalém, especificamente, não haverá paz entre seus diferentes bairros, o bairro judeu, o bairro cristão e o bairro árabe, enquanto a paz não for estabelecida nos diferentes bairros de nosso próprio ser: a mente, o coração, o corpo e o espírito.

Finalmente, como uma espécie de síntese e conclusão das bem-aventuranças: "Em marcha as pessoas perseguidas por causa da justiça. Sim, delas é o reinado divino!"

Essa conclusão das palavras de bênção e de ânimo (em marcha), que Jesus pronuncia para a multidão, concretiza-se no termo "perseguidos por causa da justiça".

Jônathan:

Jesus viveu em um país e em um tempo de opressão política, no qual o imperialismo romano provocava muitas situações de perseguição social e política. Jesus conheceu certamente muita gente perseguida por causa da justiça, e Ele mesmo viveu essa perseguição, já que foi assassinado pelo poder romano em conluio com o poder religioso.

É então compreensível e bom que Ele associe seus discípulos e discípulas aos profetas e profetizas de toda a Bíblia, exatamente por causa dessa firmeza que faz com que sejam perseguidos por causa da justiça.

Marcelo:

Essa é a bem-aventurança do martírio que tantos da Igreja na América Latina viveram nos últimos anos, de forma concreta e total.

B) *"Vocês são o sal da terra"*

Continuando o discurso, Jesus alterna palavras dirigidas a todo o povo com outras que se endereçam mais especificamente aos discípulos e às discípulas: "Vocês são o sal da terra e a luz do mundo" (Mt 5,13ss). Há ainda conselhos dados a cada pessoa que o segue ("Quando orares, ou jejuares, ou deres esmola..." – Mt 6). Será que poderíamos distinguir o apelo do Reino dos céus dirigido a todas as pessoas (por exemplo, as bem-aventuranças) do ensino dado aos discípulos (à Igreja cristã)? Parece que alguns conselhos aplicam isso a situações concretas, que cada pessoa deve discernir. Por exemplo, o apelo "reconcilia-te com teu irmão" é dirigido à pessoa. Aí se concretiza: "Assim sendo, se (acontecer que...) estiveres diante do altar para apresentar tua oferenda e te lembrares que teu irmão ou tua irmã tem algo contra ti, deixa tua oferenda diante do altar e vai primeiro te reconciliar com teu irmão" (Mt 5,23-24). Então, há um critério fundamental e há tentativas de exemplos ou aplicações que são situações nas quais se deve obedecer ao espírito proposto. O importante é o espírito ou o propósito. A forma de agir pode ser de um jeito ou de outro. Não precisa ser compreendida ao pé da letra. (Por exemplo: "Se uma parte de teu corpo te escandaliza, arranca-a!")

Rita:
Se o discurso da montanha foi organizado artificialmente ou posteriormente pela comunidade de Mateus, então qual foi mesmo o contexto histórico em que Jesus teria dito essas palavras?

Marcelo:
Não sabemos o contexto exato no qual Jesus disse: "Vocês são o sal da terra..." A comunidade de Mateus colocou essa palavra de Jesus no contexto do sermão da montanha (Mt 5,13).

Essa questão que você levanta, Rita, é importante. Geralmente, por falta de compreensão do contexto histórico, muitas pessoas, tanto católicas como evangélicas, fazem uma leitura fundamentalista desse texto. Entendem o "sal" como sal da cozinha, enquanto vocês falam de "sal da terra". Sabemos que nas culturas antigas, por conservar a comida e temperá-las, o sal tornou-se símbolo de amizade e aliança imperecíveis. A Bíblia lembra um rito de aliança com sal: Berith Melah (cf. Lv 2,13; Nm 18,19).

Rita:
Mas, então, qual teria sido o contexto original dessas palavras na boca de Jesus?

Marcelo:
Alguns pensam que, na Palestina de Jesus, os pastores levavam as ovelhas para o campo e, durante o dia, deixavam--nas soltas pastando. À noite, elas tinham de voltar ao aprisco para não serem presas das feras. Voltavam comendo o sal da terra, que era frequente na beira do lago de Tiberíades e do Mar Morto. Como na história infantil de João e Maria, com o caminho das pedras, o sal da terra conduzia as ovelhas de volta ao rebanho. Assim, quando Jesus disse: "Vocês são o sal da terra", estava dizendo: "Vocês têm a função de reunir as pessoas dispersas no aprisco do Pai para que não se percam nem sejam presas das feras do mundo". A missão dos discípulos é a de unir a humanidade no Reino do Pai.

Outros comentadores se perguntam se não haveria no texto uma confusão entre o termo aramaico *"eres"* (terra) e o termo *"arsa"* (fogueira). Era costume na Palestina usar o sal para ativar as fogueiras (à noite, no campo), mas, quando o sal perdia seu material combustível, não conseguia mais ativar o fogo. Comparam com o texto dos outros evangelistas: "Todos devem ser salgados no fogo" (Mc 9,49). "O sal que perde a sua força não é mais útil nem para a terra nem para a cozinha" (Lc 14,34). Será que a recomendação de Jesus: "Tende sal em vós mesmos" (Mc 9,50) não significaria, de fato: "Mantenham em vocês o calor, a capacidade de aquecer a vida"? Sei que, depois, a imagem teria sido usada no mundo grego com outro simbolismo. O sal é o que dá sabor. O sabor da vida é adquirido pela sabedoria. "Ter sal" significaria "ter sabedoria". O sal se tornou símbolo da sabedoria[13].

Agostinha:

A insistência de Jesus é para que seus discípulos e discípulas assumam a função, que é de todo o povo de Israel, de ser sal e luz. Cada pessoa humana tem uma "reserva de luz". Esse potencial luminoso está como que inscrito em nossas células e precisa ser desenvolvido.

Marcelo:

É verdade. O sal seria o elemento que reúne, congrega e unifica no íntimo da pessoa a sua parte luminosa e a parte de trevas que cada um tem em si. A partir de agora, sal e luz não serão mais apenas os rabinos e doutores. Jesus proclama todos os discípulos sal e luz do mundo. E adverte: "Não enlouqueçam!" (o termo original "*morainein*" não quer dizer "tornar-se insosso", e sim "enlouquecer"). O símbolo da luz também era usado para a comunidade de Israel. Já os cânticos do Servo Sofredor diziam que o servo deveria ser luz para o mundo todo (Is 49,6). Agora, Jesus aplica-os à comunidade de seus discípulos. Toda a comunidade deve ser missionária nesse sentido de iluminar a humanidade com a luz do reinado divino.

C) A justiça da tradição e a do reinado divino (Mt 5,20-48)

Jesus anuncia que o Reino dos céus traz uma nova justiça. Entra em uma polêmica contra alguns escribas e fariseus. Há cristãos que entendem esses sete períodos como uma superação da lei que consideram "antiga".

---

[13]Cf. SCHNACKENBURG, citado por Ortensio da Spinetoli, op. cit., p. 150.

Cladilson:
Se fosse assim, esse texto se transformaria quase em uma espécie de "declaração de guerra" entre Jesus e o judaísmo.

Marcelo:
De fato, no texto, Jesus parece dizer: "A lei disse uma coisa. Mas eu digo outra". Entretanto, em uma leitura mais profunda do texto e contexto, Jesus tinha acabado de dizer que a lei não está superada. "Nenhum *i* ou *j* desaparecerão da lei, sem que tudo se realize. Quem desobedecer a um dos mandamentos da lei, por pequeno que seja, é considerado mínimo (quer dizer 'está fora') do Reino" (Mt 5,18-19).

De fato, fazia uns 30 anos que, para outras comunidades e outras culturas, Paulo e sua equipe haviam escrito que a lei mosaica não era mais normativa. "Não estamos mais sob a lei" (cf. Gl 3,25; 4,5.21-27; 5,1-4 e várias passagens da carta aos romanos). Se interpretássemos ao pé da letra o que está no texto evangélico, poderíamos entender que vocês da comunidade de Mateus estavam condenando Paulo e seu grupo. De fato, no que diz respeito à lei, vocês tomaram a posição contrária à dele. Quiseram, de todos os modos, evitar a ruptura, dentro do judaísmo, entre os chefes das sinagogas (muitos dos judeus fiéis) e os que aceitavam o profeta Jesus. Trinta anos antes, Paulo não tinha esse problema. Ao contrário, no mundo grego da Ásia Menor (atual Turquia), ele queria libertar as comunidades de uma interpretação fundamentalista da lei, que dava aos rabinos um controle muito grande sobre as comunidades.

Jônathan:
A comunidade de Mateus escreveu isso em um momento em que Jerusalém e o templo haviam sido destruídos?

Marcelo:

Exatamente. E é possível que os rabinos (fariseus e escribas aos quais o Evangelho se refere) tenham organizado uma sinagoga em Jamnia, e as relações entre esses rabinos e os judeus discípulos do profeta Jesus tornaram-se cada vez mais tensas. A comunidade de Mateus procurou ajudar os irmãos a compreenderem que a proposta de Jesus não era de ruptura. Ao mesmo tempo, era crítica em relação a uma religião que, baseando-se em uma interpretação rigorosa da lei, acaba sendo totalitária. Não se tratava de dispensar a lei, mas de interpretá-la de modo mais profundo e abrangente. O sentido mais profundo da lei é ir à mais profunda raiz de suas motivações. Por isso, para obedecer de modo verdadeiro à lei, é preciso ir à raiz da lei e a seu espírito mesmo quando é necessário superar sua letra.

A maioria das palavras de Jesus, que o Evangelho transcreve, deve ter recebido de tradições anteriores, às quais comunidades como a de Lucas também tiveram acesso. Mas só Mateus conta os seis casos em que Jesus se opõe à tradição judaica vigente na época das comunidades do Evangelho (anos 80 d.C.).

Cladilson:

Então, o problema é o judaísmo da época de Mateus, e não tanto o do tempo de Jesus?

Marcelo:

Sim, porque depois que o templo de Jerusalém foi destruído e os judeus foram expulsos pelos romanos de seu país, para preservar as tradições e manter a cultura, os rabinos insistiam mais na tradição oral. No Evangelho, Jesus se refere à tradição oral quando Ele diz: "Aquilo que foi dito aos antigos". Dizendo que ela "foi dita", Ele pressupõe que foi revelada por Deus. É um modo de falar comum nos rabinos que se chama "passivo divino". Usa-se a expressão "foi dito", "vossos cabelos estão contados", "os aflitos serão consolados" para evitar o uso do nome divino. Como judeu fiel à Torá, Jesus não pode dizer: "Deus disse", ou "Deus contará". Ele diz que a tradição "foi dita" e "os cabelos serão contados". Então, a primeira conclusão é que Jesus reconhece não somente a lei escrita, mas até a tradição oral como inspirada por Deus. Só que não é de uma forma fundamentalista. Nela, existe também a interpretação humana e cultural dos rabinos, e esta pode evoluir e ser plenificada pela Palavra do Evangelho do Reino, que não acrescentará nada, mas dará à lei e à tradição um sentido mais universal e amplo.

Jônathan:
Se é assim, não devemos ler superficialmente e compreender como se a lei antiga fosse sem amor?

Marcelo:
Ao contrário, não somente a legislação mosaica representa o que há de mais humano entre todas as legislações antigas, como também a interpretação dos rabinos já pedia amor e misericórdia. "A finalidade da lei do talião (olho por olho, dente por dente) era justamente limitar e controlar a possibilidade de vingança"[14]. Em alguns casos, as comparações que Jesus faz atingem mais alguns elementos da tradição oral dos antigos (não diretamente a Torá escrita). A tradição judaica e o dito dos pais contêm elementos muito diversificados e ricos, alguns em um sentido mais universal e humano, e outros que se podem interpretar em um sentido mais estrito e rigoroso. Jesus entra nessa polêmica e toma posição criticando algumas posições mais vigentes no judaísmo de então. Sua proposta não é cancelar ou mudar a tradição, e sim, aprofundá-la e universalizá-la.

---

[14]RINALDO FABRIS. *Matteo:* traduzione e comento. Roma: Borla, 1982, p. 144.

Assim, as duas últimas proclamações do Evangelho de Mateus, no capítulo 5, formam um conjunto sobre nossa relação com o próximo e o inimigo. Essas são mais transformadoras. De certo modo, mudam mesmo o que a tradição e a lei do Primeiro Testamento propõem: "Ouvistes o que foi dito..."; "Eu porém vos digo". Os três casos em que Jesus muda a tradição são: a lei quanto ao divórcio, quanto ao juramento, que a lei permitia e Ele proibiu, e a superação da chamada lei do talião: "Olho por olho, dente por dente". No lugar disso, eu lhes digo: "Não resistam ao malvado (...).

Jônathan:
Acho muito radical essa ordem de não condenar ou excluir ninguém. Jesus diz que o mandamento de Deus é não matar. Mas isso não basta. Existem outros modos de eliminar uma pessoa sem precisar assassiná-la.

Marcelo:
Exatamente. Quem quer viver a justiça nova do Reino não pode se deixar dominar pela ira, nem condenar um irmão ou irmã por uma palavra má (cf. Mt 5,21-26).

Cladilson:
Aparentemente, essa norma dada por Jesus parece muito rígida, porque não se pode nem insultar o outro. Será mesmo assim?

Marcelo:
Jesus viveu em uma sociedade na qual a palavra tinha muita importância e força. Hoje, a publicidade e a comunicação banal esvaziam a força das palavras. Entretanto, quantas vezes, nas comunidades, uma palavra falsa e injusta sobre alguém destruiu profundamente o outro e as relações. Já vi uma comunidade ser destruída apenas pelo uso irresponsável e imprudente da palavra contra o outro. Por isso, de fato, Jesus exige um cuidado

muito grande com as palavras que usamos com os outros. Ele diz para nem chamar o outro de "sem juízo". O termo usado no texto grego é "*raka*", "insensato".

> ### Um autor africano revela
> "O mal existe quando uma pessoa nutre rancor contra a outra. Todos os males, até a guerra e as tempestades, originam-se em nossas mentes, nos pensamentos de ódio ou inveja em relação a outra pessoa. Os europeus pensam que as doenças vêm dos micróbios. Mas os micróbios de onde vêm? (...) A ferida causada por uma palavra má é mais terrível do que um golpe no corpo. Uma palavra má pode, de fato, matar"[15].

Agostinha:
Parece um pensamento muito próximo ao que, neste Evangelho, Jesus ensina. Como seria bom se pessoas religiosas, e até muito conscientes e engajadas, pudessem velar melhor sobre o poder benéfico ou também maléfico de suas palavras sobre outras pessoas e sobre a vida.

Marcelo:
Outro assunto são o desejo e a libido especificamente masculina (Mt 5,27-30). Todas as religiões e caminhos espirituais lidam com o desejo. A própria pergunta fundamental da vida aponta para o desejo que nos domina. De certo modo, a saúde psíquica supõe que a pessoa se mantenha o mais próxima possível de seu desejo mais íntimo. Mas qual é esse desejo? O que verdadeiramente desejamos? Tomar consciência de nosso desejo é poder reorientá-lo e unificar o que cremos e o que queremos. No sermão da montanha, Jesus nos diz que o querer mal já é, de

---

[15] Nzuzi Bibaki. *La Stregoneria*. Bologna: EMI, 1998, p. 12.

certa forma, realizar o mal, desejar alguém sexualmente já tem algo de posse. A sexualidade é o lugar que a outra pessoa ocupa em minha vida. Nós não somos inteiros sozinhos. Precisamos do outro, mas não podemos fazer desse outro um mero objeto de nosso desejo. Temos de lidar com o desejo de modo que possamos respeitá-lo como outro. Jesus expressa isso na cultura da época e da maneira que Ele pode.

A seguir, o discurso da montanha trata da questão do divórcio (Mt 5,31-32). O divórcio já era praticamente proibido pelas escolas rabínicas mais conhecidas, a não ser no caso de o marido descobrir que a mulher o traiu sexualmente. O juramento em nome de Deus já era proibido desde o Êxodo (Êx 20,17). Os essênios consideravam tão culpável o juramento "verdadeiro" quanto o falso. A Igreja anabatista proíbe qualquer juramento, até juramento militar ou de formatura. Em suas cartas, Paulo emprega expressões de juramento: 1Ts 2,5.10; 2Cor 1,23; Rm 1,9 etc.

"Está escrito: 'Amem seu próximo e odeiem o inimigo'. Eu, porém, digo-lhes: 'Amem a seus inimigos e orem por seus perseguidores...'" (cf. Mt 5,38-47). Também na Bíblia já existem expressões de amor aos inimigos (cf. Êx 23,4-5; Pr 25,4).

Também a tradição dos escribas contém expressões que mandam amar os inimigos e perseguidores. Em parte alguma, a Bíblia ou seus comentários mandam odiar os inimigos. Ao contrário, no Talmud há sobre isso textos belíssimos e parecidos com esse que Jesus nos dá. Um dos mais conhecidos ensina: "Na festa das tendas, a Escritura manda três vezes que nos alegremos. Na Páscoa, celebramos a libertação e, entretanto, a Escritura não manda nos alegrarmos. Por quê? Porque, naquele dia, os egípcios morreram e, mesmo se eram nossos inimigos, não devemos nos alegrar quando outros choram"[16].

---

[16]Cf. PESIKTA, K 189.

É claro que Jesus radicaliza o amor aos inimigos com um mandamento e com uma motivação que são mais ecumênicos e profundos: ser como Deus, que ama e perdoa a todos.

Dirijo-me a vocês, escribas da comunidade de Mateus. Por que, então, esse tom polêmico e acusatório exagerado? Será que toda essa polêmica era por causa das perseguições, que vocês estavam sofrendo? Já na proclamação das bem-aventuranças, Jesus conclui dizendo: "Felizes (ou 'em marcha') vocês que são perseguidos e caluniados por causa de mim..." (Mt 5,11-12). Agora, vocês insistem em ser diferentes dos escribas (que vocês conheceram) e amar o inimigo e perdoar-lhe. Que situação concreta está por trás disso? Será que, para nos dar esse texto belíssimo e tão radical, vocês partiram de uma polêmica contra os zelotas? De qualquer modo, percebo dois elementos que destaco para nossas comunidades:

1. A polêmica não é contra o judaísmo ou mesmo o judaísmo observante.

2. Mesmo sabendo que os primeiros destinatários da polêmica possam ter sido os zelotas, é evidente que o texto tem um alcance mais universal.

Como não interpretar essas palavras de modo inadequado ou que não se apliquem a nossa realidade de hoje?

D) "Sejam perfeitos..."

Esse primeiro momento do discurso se encerra por um mandamento: "Sejam perfeitos como o Pai é perfeito" (Mt 5,48). Parece que vocês da comunidade de Mateus mantiveram a palavra original de Jesus, que o Evangelho de Lucas traduziu dizendo: "Sejam misericordiosos como o Pai é misericordioso" (Lc 6,36). Sem dúvida, o conteúdo mais profundo é o mesmo. Mas vocês guardaram o sentido de "plenitude". Chouraqui traduz por: "Sede íntegros, como vosso pai dos céus é íntegro" (o termo corresponde ao hebraico "*tâm*" e expressa a ideia de plenitude, de realização e de paz. É diferente do termo "*qedousha*", que significa "santidade". A integridade é a virtude messiânica por excelência e evoca a harmonia do universo e a reconciliação do ser humano que, em sua vida harmonizada, pode unificar o tempo e a eternidade[17].

Cladilson:

No mundo atual, algumas palavras que estão na moda dizem, no plano capitalista ou da eficiência, o equivalente ao que no pensamento evangélico seria essa "perfeição". Quando os vemos, percebemos que os termos "otimizar" e "qualidade global" são conceitos que tocam apenas o conteúdo do trabalho e do rendimento econômico. O Evangelho propõe algo equivalente no plano do ser mais profundo de nós.

Marcelo:

Hoje, as comunidades podem compreender essa ordem de ser perfeitos no sentido de "vão ao máximo de sua capacidade de ser". A perfeição de um animal é ser o mais profundamente possível "perfeito" em sua espécie. A perfeição de um ser humano consiste em ser plenamente humano, atingir a realização de todas as suas potencialidades. Hoje, ser humano significa sentir-se parte integrante do universo, um membro da comunidade da vida, que abrange todos os seres vivos.

Para nós, cristãos, o plenamente humano sempre lembrará Jesus, o Filho do Homem, ou o Humano, irmão universal de todos os seres vivos. Ele nos chama a, sendo nós mesmos, ser o mais possível semelhantes a Ele. O que constitui profundamente a pessoa de Jesus é sua fé e seu amor ao Pai e ao Reino. Jesus herdou isso como filho de Israel, e essa herança também nos diz respeito.

---

[17]CHOURAQUI, op. cit., p. 104.

Não se trata, então, de uma perfeição moral que fosse distante de nós, mas de um assumir nosso modo real e profundo de ser, nossa real sensibilidade humana em tudo o que ela tem de educacional, de afetivo e sexual e a partir daí evoluir com esse material, o mais possível no seguimento de Jesus e no ser como Deus, voltado para fora de si mesmo como ato de amor.

E) Um novo modo de viver a fé (Mt 6,1-18)

Na tradição bíblica, o termo "justiça" tem vários significados. Aqui, é empregado no sentido de "piedade verdadeira". Jesus cita três exemplos: o modo de praticar a justiça (na Bíblia, a "esmola" sempre aparece como expressão de repartição dos bens na linha da justiça), o modo de orar e o de jejuar. A generosidade em socorrer os necessitados, a oração e o jejum são pilares da espiritualidade judaica antiga (cf. Tb 12,8), bem como são deveres fundamentais dos muçulmanos e dos cristãos.

Vocês da comunidade de Mateus dizem que Jesus assume essas atitudes espirituais, mas rejeita a motivação que alguns manuscritos dos escribas tinham acrescentado ao conselho bíblico: "Faça isso, e Ele te recompensará publicamente". A única motivação do discípulo ao praticar a justiça, viver a oração e o jejum é colocar-se interiormente no olhar do Pai dos céus. O Evangelho valoriza essas atitudes espirituais, mas insiste que não sejam feitas para que os outros vejam. Quem são estes hipócritas dos quais o Evangelho diz que "praticam a justiça para serem vistos pelos homens"? Mais tarde, vocês da comunidade de Mateus dizem que são os escribas e fariseus (cf. Mt 23,5). O lamentável é que generalizam. Certamente, nem todos os escribas e fariseus eram assim.

Provavelmente, Jesus, o rabino de Nazaré, tinha mais traços em comum com os fariseus do que com qualquer outro grupo. As discussões que Ele teve com os fariseus eram debates internos comuns ao farisaísmo. Como qualquer outro grupo, este se apresentava muito diversificado. O Talmud conta que havia sete tipos diferentes de fariseus. Um desses tipos é julgado muito positivamente. O outro é acusado de hipocrisia[18].

Apontando o que é hipocrisia, Jesus mostra que é preciso evitar ser hipócrita na sinagoga, na igreja cristã ou na mesquita ou no terreiro de candomblé. Por outro lado, neste mesmo discurso, um pouco antes, Jesus diz: "Assim resplandeça vossa luz diante dos homens, para que vejam vossas boas obras e deem glória ao Pai, que está nos céus" (Mt 5,16). Se é assim, qual é a distinção profunda entre isso que Jesus disse e a "hipocrisia" que vocês condenam nos chefes religiosos com os quais vocês estão polemizando? Se é a intenção mais profunda do coração, como se pode julgar alguém?

Quase todas as tradições espirituais consideram que uma base importante para a espiritualidade é o conhecimento de si mesmo.

Segundo o Evangelho de Tomé (texto cristão do século II), Jesus disse: "Quem conhece todas as coisas, mas não conhece a si mesmo, de fato, não conhece nada" (n. 67). Essa é uma afirmação radical e corajosa.

Teresa de Ávila afirmava que "um dia de humilde conhecimento de si mesmo é melhor do que mil dias de oração".

Na Idade Média, o mestre Eckhart declarava: "Não se pode conhecer a Deus se antes não se conhece a si mesmo"[19].

Um dos mais importantes rabinos do judaísmo hassídico ensinava: "O pior exílio é o exílio da paz do espírito. Este é o exílio sofrido por quem é subjugado por seus desejos, mesmo sabendo que são fraquezas"(ensinamento do rabino de Belz)[20].

---

[18]Cf. TALMUD DA PALESTINA, Sotá 5,5/20c; BERAKHOT 9,7/ 14b; TALMUD DA BABILÔNIA, Sotá 22b. Cf. PETUCHOWSKI J., THOMA C., Lessico dell'.

[19]M. ECKHART. *Meister Eckhart*: sermons and treatises. 3 vol. coordenados por MAURICE WALSHE, Element Books, Shaftesbury, 1979, sermão 46, p. 20.

[20]Cf. NILTON BONDER. *A Cabala do dinheiro, da inveja e do poder*. Rio: Imago, 1999, p. 49.

Quem trabalha por justiça social e quem se empenha em transformar o mundo não pode ignorar esse aspecto mais pessoal da transformação.

Jônathan:

O Mahatma Gandhi, em meio a toda a sua luta não violenta contra o colonialismo e pela independência da Índia, afirmava: "Comece por você mesmo a transformação que quer para o mundo". De outro modo, Jesus diz a mesma coisa: "Primeiramente tire a trave que está em seu olho para poder tirar a palha que está no olho de seu irmão".

Marcelo:

É uma questão de honestidade pessoal. Todo mundo tem problemas e limitações. Jesus não pede que, antes, sejamos perfeitos para poder lutar contra os defeitos ou erros dos outros. Mas pede que procuremos ser coerentes e não exijamos dos outros o que nós mesmos não cumprimos. Isso seria hipocrisia, falsidade. Ser hipócrita é pretender ser o que não é. É apresentar ao mundo uma imagem falsa de si mesmo.

No sermão da montanha, Jesus explicita que essa honestidade ou veracidade interior supõe três atitudes fundamentais da pessoa: compromisso com os outros, consigo mesmo e com Deus. O primeiro é o empenho pessoal pela justiça. É o compromisso com o outro. Em toda a Bíblia, aparece claramente que é a base de qualquer atitude de adoração. Não adianta alguém orar se essa oração não se baseia em uma vida que busca a justiça. Os livros sapienciais insistem que Deus não é um juiz que aceita subornos. Ele prefere a justiça e a misericórdia e aceita o culto e a oração se estes forem baseados na justiça com os irmãos (cf. Mq 6,8; Pr 21,27; 22,22-23; Eclo 34,18ss).

A segunda atitude é o compromisso de veracidade consigo mesmo. Aí Jesus explicita a questão do jejum. Até hoje, o preceito ou costume do jejum é muito importante para o judaísmo e para o islamismo. Os cristãos guardaram a prática do jejum, mas, às vezes, o sentido mais profundo que o jejum tem na Bíblia, como atitude de "espera" e "vigilância", foi perdido. Restou simplesmente um sentido de "castigar o corpo", ou "não satisfazer ao apetite". Hoje, cristãos e não cristãos redescobrem o valor de um maior autodomínio sobre a comida e a bebida até para a saúde e o equilíbrio pessoal.

No judaísmo, a Cabala ensina a fazer da alimentação uma fonte de alegria de viver, mas, ao mesmo tempo, um meio de relacionamento e intimidade com o Divino. O Talmud ensina: "Desde a destruição do templo, em cada casa de família, a mesa tornou-se um altar" (*Pesachim,*4b).

Cladilson:
Em todo o continente latino-americano, apesar da existência de governos preocupados com a dimensão social, realizando diversas medidas para promover uma melhoria na condição de vida dos mais pobres, ainda vivemos uma situação social em que milhões de irmãos nossos vivem sem segurança alimentar e sem condições dignas de vida. No Brasil, algumas iniciativas governamentais conseguiram reduzir a miséria e melhorar as condições sociais dos mais pobres, mas não diminuiu a desigualdade social.

Rita:
Por não ter querido fazer as reformas estruturais, como a reforma agrária, a reforma do sistema tributário etc., as melhorias foram emergenciais, mas não melhoraram as estruturas de vida social: educação, saúde, transporte público etc.

Marcelo:
Por isso é bom lembrar que, para o Evangelho, o jejum não é apenas não comer, mas sim a pessoa se privar de algo pessoal em função da partilha. O costume antigo dos cristãos era sempre

ligar o jejum à solidariedade e à partilha, como os profetas da Bíblia já insistiam (cf. Is 58). A terceira atitude espiritual que Jesus pede visa, diretamente, à relação com o mistério. Jesus fala aqui da oração, ou seja, da intimidade com Deus. É no contexto de uma oração vivida "sob o olhar do Pai" que a comunidade de Mateus relata que Jesus ensinou aos discípulos a oração do Pai-nosso. A comunidade de Lucas nos deixou uma versão um pouco diferente dessa oração e contou-a em outro contexto da atividade e das palavras de Jesus (Lc 11,2-4). A tradição das Igrejas guardou e nos ensinou mais a versão de vocês (mais desenvolvida) do que a de Lucas.

Jônathan:
Para as nossas comunidades, a questão é como guardar e atualizar a mensagem profunda, que contém essas palavras de Jesus, libertando-as do contexto de polêmica, próprio da comunidade de Mateus e que hoje não seria verdadeiramente espiritual?

Marcelo:
Penso que o segredo é vivermos uma espiritualidade da aliança. Termos consciência de que pertencemos a Deus e Deus está em nós, no mais íntimo de nós... A oração não é tanto um exercício externo, a recitação de textos ou o cumprimento de ritos para uma divindade externa a nós, mas um diálogo com nós mesmos que nos coloca em sintonia com Deus, que está em nós.

F) Conversa sobre a oração (Mt 6,5-15)

À primeira vista, esse texto parece solto do contexto do discurso e interrompe o que vinha sendo dito. Entretanto, essa palavra de Jesus sobre a oração, e particularmente a oração do Pai-nosso, está bem no centro de todo o discurso da montanha. Alguns exegetas repartem o discurso em partes homogêneas, e o Pai-nosso é a sétima parte, o que significa o auge, e depois dele vêm outras seis partes. Isso significa que a oração que Jesus ensinou aos discípulos e discípulas está bem no centro desse discurso, que, por sua vez, é o mais importante do Evangelho de Mateus[21].

É também importante sublinhar que, segundo a comunidade de Mateus, Jesus situa seu ensinamento sobre a oração na parte de seu discurso que trata da justiça que Deus pede de nós.

Cladilson:
Isso quer dizer que, sem uma atitude prévia de justiça, nossa oração fica sem base. A base da oração e da verdadeira espiritualidade é a justiça.

Marcelo:
De fato, Jesus começa a falar da oração pela atitude externa. Exige veracidade. Não agir como as pessoas que querem se mostrar. A postura de "orar de pé" era a atitude litúrgica comum nas sinagogas do tempo de Jesus. Obedecia a um ensinamento bíblico (cf. Jr 18,20; Sl 134,1; 135,2; Ne 9,2). É claro que Jesus não está dizendo para não orarmos em pé. O que Ele ataca é a motivação interior de "fazer isso para mostrar que está orando". É claro que isso contém uma advertência: todo culto público, de qualquer religião que seja, corre esse risco.

Rita:
Então, qual é a fronteira entre a celebração que deseja ser um sinal público e essa atitude de se mostrar?

Marcelo:
Nesse discurso, Jesus propõe: "Entra no teu quarto dos fundos, fecha a porta e conversa com o teu Pai em segredo". A oração não é algo público, mas deve conter sempre uma

---

[21]MARCEL DUMAIS. *Le Sermon sur la Montagne*. Cahiers Évangile 94, Paris, Ed. du Cerf, 1996, p. 14 e 48.

dimensão de intimidade com o Pai de amor. Jônathan tinha aludido a um contexto de polêmica contra a sinagoga. E, de fato, Mateus contém isso. Segundo a comunidade, Jesus teria dito que, na sinagoga, se ora em pé e de forma pública. Jesus propõe que oremos no quarto do fundo da casa. Essa intimidade da casa, onde os discípulos são convidados a orar, pode aludir à realidade da comunidade de Mateus, que tinha sido excluída (ou se excluiu) da sinagoga e agora devia se reunir nas casas (Igrejas domésticas) e, inclusive, no quarto dos fundos, em situações de perseguição do Império Romano. Jesus ainda parece se pronunciar contra as fórmulas litúrgicas formais e o uso de muitas palavras na oração ("Não pensem que serão ouvidos por causa de suas muitas palavras"). É claro que se, logo depois, Ele teria ensinado o texto do Pai-nosso, não podia estar contra toda e qualquer fórmula litúrgica, já que Ele mesmo usou uma fórmula. A alusão parece ser a de religiões que confiam na força das palavras (a tal oração forte). Conforme os evangelhos, diversas vezes, o próprio Jesus passava a noite toda em oração (por exemplo, em Mt 14,23-25). O importante é a confiança total no Pai, que ouve o que é secreto e sabe tudo o que vocês precisam.

Agostinha:
Para nossas comunidades, é bom saber que o centro da palavra de Jesus é nos colocar em sua relação de intimidade com o Paizinho (Abba), que nos ama com amor de mãe. É falando ao Pai e revelando a nós o Pai maternal que Jesus nos propõe o caminho de uma ética do Reino.

Marcelo:
Em seu modo de orar e também no modelo de prece que nos ensina, Jesus não inventa nem inova nada. "Toda oração de Jesus é profundamente enraizada na tradição de seu povo (...). A estrutura do Pai-nosso é a da oração hebraica, baseada

no louvor a Deus e a seu Reino, e não em primeiro lugar nos pedidos humanos"[22].

As ideias principais do Pai-nosso estão no Kadish e nas dezoito bênçãos que até hoje os judeus recitam três vezes por dia e que vocês, da comunidade de Mateus, tantas vezes oraram e conhecem tão bem. A fórmula "Pai-nosso" aparece em vários textos da tradição judaica posterior, mas também em textos mais antigos. O Senhor é chamado de "Pai de Israel" no contexto do Êxodo ("Israel é meu filho primogênito" – Êx 4,22) e da aliança (Dt 32,6; Os 11,1-2; Jr 31,9). Em textos mais tardios, Deus aparece como Pai do crente e Pai universal (cf. alguns textos deuterocanônicos que, embora não sejam parte da Bíblia hebraica, expressam a piedade judaica no estrangeiro. Por exemplo: Eclo 23,1-4 e Sb 14,3).

O Talmud da Babilônia conta uma pequena história do rabino Honan, neto de Honi: "Quando o mundo tinha necessidade de chuva, os rabinos lhe enviaram crianças da escola que lhe tomaram pelas extremidades do manto e lhe disseram:'Abba, abba (paizinho), dá-nos chuva!' Então, o rabino levantou os olhos ao céu e orou: 'Mestre do Universo, faze isso para que eles aprendam a distinguir o pai que não pode dar a chuva do Pai que pode dá-la quando quiser'. E imediatamente a chuva veio"[23].

Um grego compreenderia a expressão "Pai-nosso" como expressão de grande intimidade e confiança filial. É o que muitos comentadores chegam a dizer que seria a "originalidade" da oração de Jesus. Eles têm razão em destacar essa intimidade de Jesus com o Pai na liberdade e na confiança filial. Mas não percebem que "o que estás no céu" recoloca a oração no contexto que não é de distância, mas de alteridade absoluta.

---

[22]ANNE CATHERINE AVRIL e DOMINIQUE DE LA MAISONNEUVE. Prières Juives. In: *Cahiers Évangile, supplement au cahier*, n. 68, 1989, p. 64.
JACQUES GUILLET. *Jésus dans la foi des premiers disciples*. Paris: Desclée de Brouwer, 1995, p. 119.

[23]Cf. TALMUD DA BABILÔNIA. *Ta'anith* 23b.

Hoje isso é problemático porque entendemos que a compreensão heterônoma de Deus (Deus como alguém fora de nós e com o qual nos relacionamos) é uma forma de expressar a fé, mas não é a única. No mundo atual, muitas pessoas preferem aprofundar uma relação com Deus que respeite mais profundamente a autonomia nossa, mas se relacione com Deus dentro de nós e em nosso ser mais íntimo.

Agostinha:
As teólogas feministas têm razão em denunciar o patriarcalismo resultante da tradição de chamar Deus de Pai.

Marcelo:
Ao dizer que Deus é Pai ou Mãe, o que queremos ressaltar é que nossa origem é uma relação de amor. O termo usado por Jesus é *"Abba"*, uma forma de falar que é própria da criancinha que balbucia, portanto, é anterior a dizer pai ou mãe. É uma expressão de confiança e entrega filial. Nos evangelhos, Ele usa essa palavra 60 vezes; todas as vezes que quer expressar um sentimento mais íntimo e de entrega de si mesmo nas mãos de Deus. Assim sendo, podemos dizer sim "Pai nosso" ou "Mãe nossa". Na cultura de Israel, a expressão usada por Jesus ("Pai nosso") conota que Deus é pai em nossa relação comunitária com seu povo.

Jean-Yves Leloup conta a história de um monge do Monte Athos, que começava a recitar o Pai-nosso ao pôr do sol e terminava na manhã seguinte ao nascer do sol. Ele dizia: "Quando eu recito o Pai-nosso, o mundo inteiro está presente". Ele passava muito tempo recitando a palavra *nosso*. Quando perguntaram por que, ele respondeu: "Porque preciso de muito tempo para reunir em meu coração todos os meus irmãos da humanidade, todos os animais, as flores do campo, as montanhas e os vales".

Ele precisava de tempo para reunir dentro dele, em sua prece e em seu desejo, a prece e o desejo de todos os seres humanos, tanto os que compartilhavam com ele a mesma fé, como os outros, e até todos os seres do mundo.

Jônathan:

Que beleza dizer que o coração humano é o lugar onde o universo se torna capaz de dizer "Pai nosso" ou "Mãe nossa"[24].

Marcelo:

A primeira invocação do Pai-nosso é "santificado seja o teu nome". No Êxodo, Deus revelou que seu nome, sua missão mais íntima é *Eu sou quem serei*, ou seja *Quem eu for para vocês lhes revelará quem sou eu*. Assim, a santificação do nome divino é a realização de seu projeto, de sua promessa de libertação e vida para o povo. No tempo do cativeiro da Babilônia, o profeta Ezequiel dizia: "Eis o que diz o Senhor: Eu senti pena do meu nome, que vós profanastes no meio dos povos. Então os estrangeiros saberão que eu sou o Senhor quando eu lhes mostrar minha santidade em vós. Eu vos reunirei de todas as nações onde estais dispersos e vos levarei de novo a vossa terra" (Ez 36,22-24). Então, quando pedimos que o nome de Deus seja santificado, estamos orando para que Deus cumpra sua promessa de vida e salvação para a humanidade e para que sejamos testemunhas dessa santidade de seu nome, isto é, que Ele é verdadeiro e não deixa de cumprir o que promete. Por isso, quando pedimos "santificado seja o teu nome", logo concluímos quase como decorrência imediata: "Venha o teu Reino", isto é, "realize-se aqui no mundo o teu projeto de vida e de justiça". Jesus não nos ensinou a orar "vamos para o teu Reino" (depois da morte ou para além da vida), mas que esse Reino venha para o meio de nós e em nós. Isso se fará se realizar-se o projeto, a vontade divina em nós e em todo o universo ("Seja feita a tua vontade"). A partir daí, sim, podemos

---

[24]CF. JEAN-YVES LELOUP. *Livro das bem-aventuranças e do Pai-nosso*. Vozes, 2004, p. 98-99.

pedir o pão de cada dia. No texto original há um toque diferente. Poderíamos traduzir assim: "Dá-nos saborear hoje o pão para o amanhã". Isso pode significar que se pede que Ele apresse sua intervenção salvadora, que nos garanta o sustento como deu ao povo, no deserto, o maná de cada dia, que se fosse guardado para o dia seguinte apodreceria (Êx 16). Nossa fé nos pede que confiemos em Deus, e não nas seguranças de quem armazena ou guarda para amanhã.

Rita:
Aí vem o pedido para Deus perdoar nossas ofensas ou nossas dívidas. Até hoje, algumas Igrejas oram no Pai-nosso: "Perdoa as nossas dívidas". A Igreja Católica fala em "ofensas". Qual seria o termo mais correto?

Marcelo:
O texto original do Pai-nosso pede que Deus perdoe nossas *dívidas,* assim como nós perdoamos nossos devedores. A tradução desse texto como ofensa vem de Lucas, que usa o termo *"hamartia",* o qual pode ser traduzido por "erro", "ofensa" etc. Parece que originalmente *"hamartia"* significava *"olhar de lado",* "apontar para o lado", ou seja, errar o alvo, como quando alguém atira em um alvo e erra. No século VII, João Damasceno ensinava que "a conversão consiste em voltarmos daquilo que é contrário a nossa natureza para o que lhe é próprio. É fazer o caminho da volta"[25].

Quando Jesus fala sobre a oração, continua a mesma oposição que Ele já revelara no modo de realizar a justiça e de viver o jejum. Ele propõe uma oração centrada na interioridade do coração, e não "no poder das palavras humanas". Até na própria oração, a pessoa pode querer exercer poder, e isso seria o contrário da verdadeira relação de amor ao Pai. A caminhada

---

[25]Citado por J.Y. Leloup, idem, p. 146-147.

eclesial latino-americana tem sublinhado a importância dessa união que Jesus ensina no Pai-nosso, a preocupação com a dimensão gratuita e contemplativa da fé – "Venha o teu Reino, faça-se a tua vontade" – e o compromisso com o próximo – "Dai--nos o pão nosso (não somente meu), perdoai-nos assim como perdoamos". A intuição de profetas como Pedro Casaldáliga de ligar "Pai-nosso" e "o Pão nosso" vem de Jesus. Os pedidos do Pai-nosso não se referem apenas à vinda definitiva do Reino. Não pedem que nos leve ao Reino, mas que o Reino venha. E os demais pedidos referem-se ao aqui e agora da história.

Podemos inserir ainda, aqui, outro momento do mesmo discurso, no qual, fazendo eco ao Pai-nosso, Jesus continua falando da oração: "Pedi e vos será dado, procurai e achareis, batei e vos será aberto..." (Mt 7,7-12). É interessante porque situa a oração no contexto mais amplo da "procura de Deus", apesar de toda a Bíblia e o próprio Jesus sempre mostrarem que Deus nos procura e nos atrai. Desde os profetas, há uma insistência na resposta do ser humano. Deus quer ser procurado. "Buscai o Senhor, enquanto ele se deixa encontrar" (cf. Is 55,6-9; Jr 29,13-14; Sl 34,4-5). No Evangelho, a procura do Senhor se dá concretamente pela procura de seu Reino e de sua justiça (Mt 6,33).

Rita:
Você, que é monge e durante toda a sua vida viveu o cuidado especial com a oração, como vê isso hoje em dia? Quais seriam os maiores desafios da oração?

Marcelo:
Quem sou eu, para dizer isso? É um assunto complexo, porque cada religião tem sua visão de Deus e é normal que tenhamos uma forma de orar condizente com o jeito como pensamos ou acreditamos em Deus.

Hoje, há muitos movimentos e grupos religiosos (principalmente na linha dos movimentos de nova era) que baseiam sua oração em métodos e recursos humanos. Centram a oração no esforço de meditação, e esta é feita por intermédio de métodos, como controle da respiração, ioga, quietude. Esses elementos vêm de toda tradição e são, de fato, muito valiosos. Traduzem um esforço real de busca da interioridade e do Espírito. Enquanto isso, a oração cristã, por se saber baseada só na graça e na confiança, pode mais facilmente cair na rotina e na acomodação. É preciso evitar isso. Até pelo fato de ser baseada na graça e na confiança de que o Pai escuta o que há de mais secreto em nosso coração. Por isso é sempre necessário escutar este apelo: "Pedi..., procurai..., batei à porta".

Rita:
Então, você faz uma distinção fundamental entre a oração cristã e a oração desses grupos espiritualistas atuais...

Marcelo:
Ao fazer essa distinção, nem estou contrapondo porque não são opostos nem coloco uma hierarquia – a oração cristã é superior às outras. Não. Ao contrário, quando vou a um candomblé e vejo uma pessoa tomada pelo Espírito – em transe e recebendo um Orixá –, eu fico impressionado e profundamente tocado pela totalidade daquela experiência espiritual. E até com certa inveja. O fato de nós, cristãos, dizermos "Pai" e já estarmos em oração pode ser maravilhoso, mas é também uma responsabilidade porque, muitas vezes, parece que não penetramos profundamente naquela experiência de oração. É importante que nós, cristãos, valorizemos os movimentos espirituais que, atualmente, embora de formas diversificadas e algumas com certas ambiguidades, vivem de modo sincero à procura de Deus e suas manifestações. É importante que aprendamos com eles tudo o que possa nos ajudar a viver a oração como disponibilidade ao Espírito, que vem a nós. Entretanto temos de insistir: a oração é graça e dom divino...

Temos de corresponder a essa graça, mas ela não depende de nós... É gratuita e é iniciativa do Espírito.

G) O compromisso com a justiça do Reino e os bens materiais (Mt 6,19-34)

Ao reler esse belíssimo texto, temos a impressão de estar diante de uma das mais belas páginas sapienciais da Bíblia. A ideia do tesouro que temos no céu aparece em Tb 4,8-9 e em vários textos judaicos mais tardios. Em uma época como a nossa, dominada por um sistema social que tenta privar as pessoas de suas mais profundas convicções e lançar a todos em um descrédito de tudo e de todos, é bom escutar novamente Jesus nos dizer que o tesouro de cada um está onde está seu coração e que a pessoa se desenvolve, ou não, de acordo com o objeto de seu desejo mais profundo. Por isso, o ser humano não pode se dividir em diversos "tesouros".

Ao pedir "não acumulem", o Evangelho parece lidar com uma comunidade que vive em uma sociedade em que a acumulação e o consumo são práticas comuns. Se naquela época já era assim, sobre esse assunto, o que Jesus não diria a nossa sociedade de hoje? Na sociedade antiga, como na atual, o status da pessoa é muito definido pela sua capacidade de acumular riquezas. Em revistas importantes, a cada ano, a sociedade atual faz questão de elencar quem são os maiores milionários do mundo ou do país. Mas o sermão da montanha diz: esse tipo de riqueza é vulnerável. Na época, o perigo eram as traças e a ferrugem, que cobrem ou desfiguram (é o que significa o verbo grego *"afanizó"*). Hoje, na época da internet e dos títulos virtuais, a vulnerabilidade toma outra forma, mas é igualmente perecível. Basta lembrar as tantas crises econômicas da sociedade capitalista e como esta já se revela, estruturalmente, incapaz de solucionar os problemas do mundo. Jesus nos propõe acumular tesouros no reinado divino. Ninguém pode servir a dois senhores. Não se pode servir a Deus e a *"Mamom"*, expressão que significa o dinheiro ou qualquer outro bem, ao qual a pessoa se apega e do qual passa a depender. Seis vezes o texto emprega a palavra "preocupar-se" (*"merimnan"*). Jesus mostra aos discípulos que é fundamental libertar-se de todas as angústias profundas. Jesus chega ao ponto de propor o desapego de necessidades fundamentais da vida, como o beber, o comer e o vestir. O Pai sabe tudo aquilo de que temos necessidade, e o mais importante é esperar seu Reino. Esse apelo ao desapego nada tem a ver com um descompromisso social. Quando Jesus propõe que os discípulos e discípulas escolham entre Deus ou a riqueza, entre a justiça do Reino e as preocupações individuais, o que Ele está revelando é que para ser "pobre de coração", que Ele proclamou como "feliz", é necessário o espírito de desapego e partilha. Neste mundo marcado pela desigualdade social e pela injustiça estrutural da sociedade, a única possibilidade de "procurar o Reino de Deus e sua justiça" é libertar-se das preocupações consumistas que a sociedade nos inculca pela propaganda e pela ideologia individualista na qual somos formados. Cada vez fica mais claro que a sociedade do luxo e do primeiro mundo não pode ser "importada" nem democratizada. Os atuais bens do consumo nunca poderiam ser acessíveis a todos os pobres do mundo. O que pode ser democratizado, e será a salvação de todos, pobres e ricos, é uma economia e uma cultura de austeridade. É isso que Jesus propõe.

Agostinha:
A imagem poética de Jesus nos manda aprender com os lírios do campo e os pássaros do céu.

Marcelo:
Jesus não diz para sermos como os pássaros do céu e os lírios do campo, mas para aprender a lição deles. Esse é um dos textos mais atuais do Evangelho, no sentido de dirigir nosso olhar para a

natureza e todos os seres do universo, representados nas flores e nos pássaros. Olhar e aprender a lição da natureza é perceber que somos parte deste universo vivo e amoroso que nos cerca e que temos de saber conversar com ele e escutá-lo.

Jônathan:
Olhar e aprender a lição da natureza. Isso quer dizer que a natureza tem uma palavra própria?

Marcelo:
Sem dúvida. Em algumas passagens, a Bíblia fala de uma voz da terra. Como quando Deus diz a Caim que o sangue de Abel clama da terra... A tradição judaica sempre considerou que a terra chora e entra em luto quando nela um sangue humano é derramado. Vários textos proféticos falam de uma profecia da terra. Deus se casa conosco, por meio da natureza, escuta e quer que escutemos a profecia da terra fértil e da natureza. Vejamos, por exemplo, Oseias 2,16 em diante...

A justiça do reinado divino supõe que recuperemos nossa comunhão com a natureza. Não é só na história que recebemos uma palavra profética de Deus. Também a natureza nos fala: "Olhem os pássaros, olhem as flores do campo".

Toda a tradição do Xamanismo nos ensina a escutar a voz da terra e reconhecer o espírito presente nas plantas, na floresta, nos animais e em toda a natureza[26].

Há pessoas que veem isso como paganismo, algo contrário à Bíblia. De fato, não é. Eu considero como complementar e agradeço a Deus que Ele se revele a todas as culturas; em toda sabedoria humana, podemos encontrar a inspiração do Espírito Divino.

Não é fácil desenvolver essa espiritualidade ecológica quando se vive em uma cultura urbana, em que a vida já

---

[26]Cf. DAVI KOPENAWA e BRUCE ALBERT. *A queda do céu*: palavras de um Xamã Yanomami. São Paulo: Companhia das Letras, 2011.

não depende desses elementos naturais. Seja como for, é importante reencontrarmos o diálogo e a inserção nossa como seres da natureza nesta comunidade da vida, composta de todos os seres vivos, que são sacramentos e instrumentos do amor fecundo de Deus.

"Olhem os pássaros do céu e os lírios do campo..."

A natureza pro negro
É revelação de Deus
Ele está em toda parte
Cuidando dos filhos seus
Mas precisa ser cuidada
Isto você entendeu.

Olorum, o criador,
Único Deus na criação
Exú é mensageiro
Faz a comunicação
Entre o Orixá e o homem
É traço de união.

Água profunda é Nanã
O mar é Iemanjá
O rio, a bela Oxum
E o vento é Oyá
Ossaim, as folhas são
Que servem para curar.

Arco-íris, Oxumaré
Ao trovão chamam Xangô
Há outros, vou lhe dizer
Oxossi é o caçador
E Ogum é o guerreiro
Omulu, doença e dor.

> Abra o seu coração
> Para o que há de verdade
> Para o Deus que se revela
> Por sua própria vontade
> De tantas formas bonitas
> Para toda a humanidade.
>
> (Poesia de cordel – Antônio Heliton de Santana, João Pessoa, 1997)

H) Como viver nas relações humanas a prática da justiça (Mt 7)

Nesta seção, há muitas sentenças que vocês da comunidade de Mateus tomam da tradição anterior (na exegese atual comumente chamada de Fonte Q). Apesar de serem tão rígidos com os escribas e fariseus, vocês, da comunidade de Mateus, lembram que Jesus proibiu categoricamente os discípulos de julgarem quem quer que seja. Só o Senhor é juiz (no hebraico, o termo "juiz" tem o mesmo nome de Deus: *Elohîms*). Quem se atreve a julgar arroga-se uma função de Deus. A palavra sobre o fato de que seremos julgados com a mesma medida com a qual julgarmos está no livro judaico do Talmud[27].

Cladilson:

E essa história de não jogar pérolas aos porcos? Primeiramente, acho estranho que Jesus proíbe os discípulos de julgar quem quer que seja e, logo depois, alude a um tipo de gente que seria como porcos, para os quais não devem jogar pérolas. De todo modo, quem seriam essas pessoas para Jesus ou para a comunidade do Evangelho?

---

[27]TALMUD DA BABILÔNIA, Sotá 1,7.

Marcelo:

A contradição que você aponta, entre o não julgar e o chamar alguém de porco, mostra que Jesus disse essas palavras em contexto diferente e que a comunidade do Evangelho juntou-as no mesmo discurso. A quem se refere essa história de jogar pérola aos porcos é difícil saber claramente. Entretanto, alguns intérpretes avançaram que, ao falar em *porcos*, Mateus estaria aludindo à legião romana, estabelecida na região de vocês, e aos legionários (soldados romanos), que tinham o símbolo do porco em seus escudos. Outra possibilidade é que se refira ao costume das comunidades cristãs antigas de celebrar a ceia de Jesus e outros ritos, como o batismo, em um ambiente de intimidade, quase em segredo. Em primeiro lugar, porque o Império era inimigo e a associação das pessoas em comunidade era proibida. E, em segundo lugar, porque nas periferias das cidades da Ásia Menor (atual Turquia) era muito comum as religiões de mistérios, ou seja, de cultos secretos. Então, eles associavam a Eucaristia aos cultos secretos das religiões orientais. Se o motivo e o significado foram esses, esse conselho é um sinal de que a comunidade de Mateus já assumia bem a cultura grega.

Jônathan:

E a história da chamada "regra de ouro"?

Marcelo:

A tal "regra de ouro" — "Não façam aos outros o que não querem que lhes façam" — é mais um exemplo de inserção na cultura humana. Em sua formulação negativa, ela se encontra na cultura grega, no confucionismo e em mestres judaicos como Hillel[28]. Jesus a radicaliza e a traduz em atitude positiva.

---

[28] Hillel (70 a.C. – 10 a.C.) nasceu na Babilônia. Já adulto, mudou-se para Jerusalém. É um dos principais expoentes dos fariseus, conhecido por seu temperamento paciente, gentil e humilde e por sua santidade. Resumiu o judaísmo na "regra de ouro", à qual, aqui, nos referimos.

Jônathan:

Eticamente falando, acho problemático você dizer: "Trate os outros como você quer que lhe tratem"... É como se fosse uma espécie de comércio: dar para receber...

Marcelo:

É verdade, Jônathan. Seria perigoso interpretar essa palavra desse modo. Buscando um critério ético, muitos pensadores antigos e atuais criticam esse pensamento expresso por Jesus. Ele parece contradizer a gratuidade do amor. Parece que manda a pessoa "reagir", e não agir de acordo com sua consciência. Alguns exegetas já acusaram essa regra até de "egoísta"[29].

Jônathan:

Não é contraditória com a palavra de Jesus que, nesse mesmo discurso, insiste na lógica da gratuidade e da superabundância? ("A quem te bate no lado direito do rosto, apresenta o outro. Não resistam ao mal...")

Marcelo:

De fato, não é contraditória. Veja que Jesus não manda a pessoa fazer ao outro o que ele faz a você. Manda você fazer ao outro o que você gostaria que ele lhe fizesse. Normalmente, supõe-se que a pessoa sempre queira que o outro faça para si o melhor e mais do que tudo. Essa regra tão prática é um outro modo de dizer: "Ame ao seu próximo como a si mesmo". Dá conteúdo concreto a esse amor, para que não fique apenas em um vago sentimentalismo.

Continuando o discurso, Jesus retoma a imagem bíblica da porta estreita e dos dois caminhos que se opõem: o que leva à vida e o que leva à morte (Dt 11,26; 30,19; Sl 1 etc.).

---

[29] JUAN LUIS SEGUNDO. *O caso Mateus*: os primórdios de uma ética judaico-cristã. São Paulo: Loyola, 1997, p. 159-177.

Júnior:

Aqui na América Latina, marcada pela morte e pela exclusão, nas pastorais populares, nós aprendemos a interpretar tudo a partir da causa da libertação. Hoje, o pessoal fala mais em uma ética baseada na Vida, a busca da vida para todos.

Marcelo:

E, aqui, Jesus nos diz que esta é a justiça do Reino: o caminho que leva à vida. Mas ele não é fácil e largo. Temos de nos esforçar por entrar.

Será que, ao inserir aqui essa palavra de Jesus, vocês da comunidade de Mateus aludem às dificuldades concretas e perseguições que estão enfrentando, de um lado, por parte de grupos pagãos que buscavam a felicidade e o prazer a qualquer preço e, do outro, por parte de judeus legalistas que os consideravam traidores da lei?

Rita:

Quem são os "falsos inspirados" ou "falsos profetas" a que Jesus se refere aqui? Parecem ser irmãos da própria comunidade que dizem "Senhor, Senhor", mas não fazem a vontade do Pai. Não praticam a justiça do Reino.

Marcelo:

Isso quer dizer que, desde o tempo de Mateus, havia na comunidade cristã grupos de diferentes espiritualidades e modos de interpretar a fé. A comunidade de Mateus liga "profetas falsos" a discípulos que constroem sua casa na areia, e não na rocha (da lei e da justiça do Reino).

A comparação que Jesus faz entre a pessoa que pratica a Palavra e alguém que constrói sobre a rocha também era comum na tradição judaica. Nas sentenças dos pais, o rabino Elisha'b dizia: "Um homem que estuda a Torá e a põe em prática se compara a alguém que construiu com pedras e depois com tijolos. Mesmo se as águas vierem de todos os lados, não abalarão a construção. Quem escuta a Torá e não a pratica é como alguém que constrói com areia e tijolo. E sobre esse fundamento coloca as pedras. Mesmo que não venham as águas, o edifício cairá" (Sentenças do rabino Natam no Pirquet Abbot A. XXIV)[30].

***

Queridos irmãos e queridas irmãs, companheiros e companheiras do hoje da vida,

Da janela de onde lhes escrevo, uma acácia cor-de-rosa (já viram com essa tonalidade?) enche-se de flores e domina a paisagem. Do outro lado do rio, é um ipê-amarelo que enfeita o pasto. Nos meses passados, quando tudo estava seco e queimado, o ipê florescia sozinho, dando à paisagem um colorido que nos consolava do feio das queimadas.

Se vocês resistiram até aqui ao assunto deste livro, às vezes árido, são verdadeiros ipês dourados na desolação da paisagem de uma sociedade na qual as pessoas leem cada vez menos. Juntos estamos relendo o Evangelho com um novo olhar de amor e abertura para todos os caminhos da busca de Deus. Dizem que Albert Einstein dizia que a pergunta mais importante da vida era se, de fato, o universo é um lugar amistoso. Hoje o Evangelho continua sendo boa notícia porque nos lembra, entre outras coisas, de que Deus faz do universo uma manifestação de seu amor. No discurso da montanha, Jesus dizia: "O Pai faz nascer o sol sobre os bons e sobre os maus e faz chover tanto para os justos, como para os injustos" (Mt 5,45). Se nesse discurso, Jesus insistia em que a justiça dos discípulos tinha de superar a dos moralistas e conformistas de seu tempo, hoje a justiça do Reino deve ser vivida por nós como uma justiça que abrange as

---

[30]Citado por DOMINIQUE DE LA MAISONNEUVE. Paraboles Rabbiniques. In: *Cahiers Évangile*, dez. 1984, p. 14.

relações entre pessoas e entre povos, mas se estende também à comunhão de amor e pertença ao universo.

Dei alguns exemplos de como aplicar as palavras de Jesus a esta realidade atual. Vocês poderiam continuar esse mesmo exercício:

Como, hoje, esses conselhos de Jesus se aplicam a nossas comunidades?

Palavras de uma mística medieval

"Eu, que sou Divino, estou verdadeiramente em ti. Jamais poderei ser separado de ti. Por mais que sejamos afastados, jamais poderemos ser separados. Eu estou em ti e tu estás em Mim. Não poderíamos estar mais próximos. Nós dois estamos fundidos em um só, derramados em um único molde. Assim, infatigáveis, permaneceremos para todo o sempre" (Mectildes de Magdeburg, espiritual do século XIII).

Oração judaica

"Ó Senhor, ó Eterno, dá-nos amor e compreensão entre nós. Que a paz e a amizade sejam a nossa força nas tempestades da vida. Faze que ninguém alimente no coração ódio contra nós e não tenhamos nós ódio de ninguém, pois Tu és a nossa paz, hoje e sempre" (Talmud).

IV

A justiça do Reino liberta!
(Conversa sobre Mateus 8 – 10)

Queridos irmãos e queridas irmãs da solidária comunidade de Mateus,

Como todo monge de tradição mais antiga, tenho costume de acordar cedo. Não me lembro do dia em que deixei o sol despertar encontrando-me ainda no leito da noite. Mesmo cansado, gosto de esperar o sol, louvando a Deus, luz sem ocaso e sol que nunca se põe. Depois, junto esse louvor à comunhão com os irmãos e as irmãs.

Escrevo-lhes os mais diversos assuntos, enquanto Deus me inspira alguma palavra que me alimenta e eu preciso repartir com as pessoas que amo.

Vivo em uma região na qual, durante o ano inteiro, a claridade do sol torna todas as manhãs um tempo de festa para os passarinhos, que voam em bandos festejando a vida, e para as pessoas, que retornam ao trabalho na esperança de um dia ver a justiça reinar nesta terra.

Uma manhã assim tão luminosa me recorda o segundo livrinho do Evangelho de Mateus, organizado como sempre em uma parte narrativa (os capítulos 8 e 9) e o segundo grande discurso de Jesus: o sermão missionário (o capítulo 10). Em primeiro lugar, quero agradecer a vocês da comunidade de Mateus a sabedoria com a qual organizaram esses relatos. Vocês falam de Jesus em sua atividade na Galileia, mas também da experiência do Cristo, vivida em vocês, na experiência da comunidade. Por isso, começo esta carta chamando vocês de "solidária comunidade". Em continuidade ao anúncio do reinado divino no alto da montanha, vocês mostram Jesus realizando dez curas e atos de poder. "Após contar o sermão da montanha, agora a boa-nova do reinado divino se transforma em ação pela atividade das comunidades"[1].

Vocês reuniram várias curas que Jesus fez em uma "viagem missionária". Agruparam três curas (Mt 8,1-15), uma síntese que dá o sentido àquela atividade de Jesus (Mt 8,16-17) e a reação de duas pessoas que aceitam seguir aquele caminho e ser discípulos de Jesus (Mt 8,18-22). Depois, o relato segue com mais três episódios de ações que revelam como a Palavra de Jesus tem poder contra o mal: a tempestade acalmada (Mt 8,23-27), a libertação do endemoniado de Gadara[2] (Mt 8,28-34) e a cura do paralítico (Mt 9,1-8). Seguem-se, então, outro relato de chamado a discípulo (Mateus) e mais quatro curas, que se completam com um resumo quase igual ao que finalizava a primeira parte (compare Mt 4,23 e Mt 9,35).

1. Cura de pessoas marginais (Mt 8,1-17)

É interessante que essas primeiras curas de Jesus se realizem em função de pessoas que são as mais marginalizadas da sociedade da época: o leproso, ou homem com uma doença de pele, um estrangeiro pagão de quem Ele cura o filho ou um servo e, finalmente, uma mulher, a sogra de Pedro.

Ao tocar no homem doente da pele, perante a lei judaica vigente, Jesus se tornou impuro. Curou o homem e mandou-o ir ao sacerdote para se purificar. Isso quer dizer que Jesus troca

---

[1] CARLOS MESTERS, op. cit., p. 67.

[2] Nos relatos paralelos de Marcos e Lucas, como na versão latina de Mateus, fala-se aqui de Gérasa, que é outra cidade da mesma região (nota da Bíblia de Jerusalém).

com o doente. Ele dá condições para o outro ser purificado, Ele mesmo se tornando impuro.

Júnior:

Por que essas três curas: um leproso, ou alguém com doença de pele, depois um filho de um oficial romano e, finalmente, uma mulher, a sogra de Pedro?

Marcelo:

São três curas emblemáticas ou representativas, certamente de grande valor simbólico. Primeiro, um israelita marginalizado porque era considerado pecador (por causa do tipo de doença que tinha); depois alguém de outra religião e cultura e, finalmente, uma mulher, também excluída da cultura judaica da época...

Ele cura um israelita marginal e, logo depois, um não judeu a quem Ele elogia a fé, que Ele (Jesus) nunca encontrara tão forte entre os filhos de Israel. O contato com o oficial romano também é revelador do compromisso de abertura de Jesus. O reinado divino que Jesus testemunha vai além dos limites de Israel. É destinado a todos os povos e culturas.

Cladilson:

Será que é por não ser judeu e ser visto pelo povo como colonizador ou inimigo que o tal oficial romano diz que não merece que Jesus entre em sua casa?

Marcelo:

É possível. O sentido pode ser como se ele dissesse: "Não fica bem para um rabino judeu como você entrar em minha casa, que é pagã" (pela lei judaica da época, era proibido o contato com pessoas de outra religião, como eram os romanos. Quem entrasse em contato com pagão se tornava impuro perante a lei). Talvez por isso o oficial romano tenha afirmado: "Basta dizer uma palavra e meu servo será curado". Mas pode também ter outro sentido. No livro "Um homem chamado Jesus", frei Betto conta esse episódio. Em tom romanceado, diz que um dos discípulos comentou com Jesus um boato que circulava entre o povo da região. As notícias eram de que, conforme o costume entre os nobres romanos, esse centurião romano tinha um *efebo*, um rapaz que era como servo e, ao mesmo tempo, amante. A cultura judaica não podia aceitar esse tipo de relação entre homens. O discípulo adverte a Jesus para Ele não cair na armadilha de querer ajudar e se envolver em um problema que era tabu para o povo: a convivência sexual de dois homens. Jesus escuta. Entretanto, o centurião vem e pede que Jesus cure o rapaz, que está muito doente. E Jesus não consegue não se envolver.

Jônathan:
Apesar de saber que, se fosse à casa do centurião para curar seu amante, iria escandalizar muita gente, Jesus diz: "Eu irei".

Marcelo:
De fato, no texto evangélico, o termo usado para designar o doente é "rapaz". Nem é "filho" nem "servo". Não se sabe ao certo, mas poderia ser uma alusão a um *efebo*, ou amante, função que era comum na casa de muitos oficiais romanos da época e que era terrivelmente malvista pelos israelitas. O oficial romano quer poupar Jesus dos comentários negativos, que Ele iria sofrer por parte de muita gente de seu povo se fosse visto entrando na casa de um oficial romano. O centurião pede que Jesus faça a cura por sua palavra, sem precisar ir até sua casa[3]. De fato, Jesus não insiste. Aceita não ir à casa e cura o rapaz pela força terapêutica de sua palavra. Além disso, anuncia que, no banquete messiânico, muitos virão do Oriente e do Ocidente, sentar-se-ão junto com os patriarcas

---

[3]FREI BETTO. *Um homem chamado Jesus.* São Paulo: Rocco, 2009, p. 175-176.

judeus, enquanto os filhos do Reino que não se abrirem ao projeto divino ficarão de fora.

Rita:

Será que essa palavra não é mais uma alusão à realidade da época dos evangelhos? A comunidade de Mateus não une judeus e não judeus?

Marcelo:

Sem dúvida, o Evangelho diz que Jesus une os judeus, o povo da promessa, gente de todos os povos e culturas, formando a nova assembleia do Reino. Nesse contexto, o Evangelho conta a cura da sogra de Pedro.

A cura da sogra de Pedro se passa em *casa*. A sogra aparece como alguém do círculo habitual de Jesus. Sem dúvida, é mais uma alusão à igreja doméstica. Ainda no tempo em que o Evangelho foi redigido, as comunidades cristãs se reuniam nas casas de seus membros. Talvez, contando essa cura de modo tão sóbrio e resumido, Mateus esteja aludindo que, em algumas Igrejas, a mulher ainda jaz no leito (prostrada).

Agostinha:

Até hoje, é preciso levantar a mulher para que ela possa se tornar servidora (ministra) nas Igrejas.

Marcelo:

Jesus cura o rapaz do oficial por uma palavra. Cura a mulher por um gesto: toca sua mão. Como os outros evangelistas, também a comunidade de Mateus conta que a mulher se levanta e passa a servir (ser diaconisa).

A interpretação que o Evangelho dá à atividade curativa de Jesus é a de que Ele assumiu a vocação do profeta Servo de Deus, descrito no profeta Isaías como aquele que assumiu sobre si nossas dores e tirou nossas doenças.

2. As exigências do chamado (Mt 8,18-22)

O Evangelho se refere a uma viagem missionária. A ordem que Jesus dá para passarem para o "outro lado" significa passar para o mundo dos pagãos. É nesse contexto que se apresentam dois casos de candidatos ao discipulado. Mateus conta esses casos diferentemente da fonte da qual ele transcreveu. Explica que o primeiro era um escriba. Em geral, os escribas aparecem no texto como adversários de Jesus. Mas aqui se alude a um escriba que queria aderir a Jesus (segui-lo). Jesus responde que ele não sabe o que está pedindo. Até os animais e os pássaros têm seu lugar no mundo, menos o Filho do Homem. Este e seus seguidores devem renunciar a toda tranquilidade e garantia no desenvolvimento de sua missão.

Cladilson:
Será que, ao dizer "os pássaros têm ninhos, e as raposas, tocas", Jesus alude aos romanos (eles tinham a águia – um pássaro – estampada no escudo) e aos herodianos, que outro texto já compara com raposas? Eles (os romanos) encontram lugar em Israel, enquanto aquele que é verdadeiramente humano (o Filho do Homem) não tem lugar?

Marcelo:
É possível, mas se foi, aconteceu nos primeiros tempos. Depois, ninguém mais leu o Evangelho ligando pássaros do céu aos romanos e raposas aos herodianos. A Igreja tem lido esse texto mais no sentido de que seguir Jesus exige radicalidade e despojamento (não ter onde encostar a cabeça). E isso fica claro pelo contexto. Jesus chama mais duas pessoas e, também nesse caso, o chamado implica despojamento e renúncia.

O Evangelho diz que Ele chama alguém, mas essa pessoa pede para, primeiramente, esperar que seu pai morra, antes de seguir Jesus. O outro diz que seguirá sim, mas, antes, quer se despedir da família. A ambos o Mestre critica. O chamado de Jesus para testemunhar o Reino tem uma urgência que não pode ser retardada nem pela notícia da morte de um pai. E, quanto ao despedir-se da família, Ele, Jesus, não pode mais permitir o que o profeta Elias ainda permitiu no caso de Eliseu (cf. 1Rs 19,20). Há uma urgência do Reino, que exige pressa e determinação dos discípulos e das discípulas.

3. A Palavra que vence o mal (Mt 8,23-9,8)

Vocês da comunidade de Mateus nos relatam mais três cenas nas quais Jesus mostra que sua palavra tem uma força capaz de vencer o mal, seja na natureza, seja presente nas pessoas. A primeira história é a da tempestade no lago. Na tradição antiga, havia vários relatos desse tipo. Vocês contam de uma forma bastante sóbria e seca. Para quem nasce e vive no litoral, o mar é forte, às vezes pode se enfurecer e se tornar uma ameaça perigosa. Os pescadores têm de conhecer seus mistérios para não serem mortos por ele. Mas, em geral, quem o conhece e vive a sua margem vê nele um sinal da força divina.

Rita:
As comunidades de candomblé dizem que Iemanjá vem nas ondas do mar para proteger seu povo.

Marcelo:
Para o povo semita antigo, o mar não era visto assim positivamente. Talvez pelo fato de que muitas das invasões, das quais os israelitas foram vítimas, vieram pelo mar, eles o viam como um lugar de forças demoníacas. Então, é normal que, para mostrar que Jesus enfrentou e venceu as forças do mal, eles contassem que Ele começou impondo sua Palavra e, com a força da Palavra, vencendo uma tempestade no mar da Galileia, de fato, famoso por suas tempestades.

É possível que esse relato seja uma parábola contada a partir da história de Jonas, que enfrentou o mar revolto e perigoso.

Júnior:
Assim, a comunidade cristã também se encontra em meio à tempestade do mundo. Jesus lhe traz a Palavra de Deus, que refaz a ordem dos elementos e dirige a comunidade sã e salva.

Marcelo:
Depois, Mateus conta que no território de Gadara (a uns dez quilômetros ao sudeste do Mar da Galileia), Jesus cura dois homens endemoniados, considerados tão perigosos que ninguém tinha coragem de passar por aquela estrada.

Cladilson:
Hoje, também no Brasil, vivemos uma situação de violência tão grande que há lugares e estradas pelas quais as pessoas não têm coragem de passar.

Marcelo:
O Evangelho diz que Jesus expulsa também esse tipo de demônio. Talvez, ao tomar a história da luta contra o mal da tradição anterior, Mateus tenha precisado ampliar a história. Marcos e Lucas falam de um homem endemoniado, e Mateus diz que eram dois (cf. Mc 5,1-20 e Lc 8,26-39).

Não deixa de ser consolador para nós pensar que Jesus não hesitou um momento em deixar perder-se uma manada inteira de porcos para ver um ser humano (ou dois) livre do mal.

Cladilson:
Mas será que, historicamente, Jesus fez mesmo isso com aqueles pobres criadores de porcos, marginalizados pelos judeus pelo fato de criarem animais impuros? Ou essa rejeição aos criadores de porcos vem mais da comunidade de Mateus do que de Jesus?

Marcelo:

Ninguém sabe. O fato é que a comunidade de Mateus conta isso de modo simbólico. Diz que os tais endemoniados eram violentos e os associa aos porcos. Sabemos que os judeus associavam os soldados romanos aos porcos. Até se sabe que a legião romana, sediada naquela região, tinha um porco como símbolo pintado nos escudos. Os relatos paralelos chegam a dizer que o demônio se chamava "legião", certamente por uma confusão de linguagem.

Talvez, com esse relato, o Evangelho esteja se referindo a um fato bem mais simples. Por meio desse modo de falar, dizendo que Jesus expulsou o que de mal havia no coração de um ou dois legionários romanos, o Evangelho pode estar simplesmente aludindo a que Jesus fez um ou dois soldados romanos desertarem do exército. Eles deixaram de ser violentos com o povo da região.

Cladilson:

Por outro lado, parece que o povo do lugar não gostou da presença de Jesus.

Marcelo:

Aparentemente, porque Ele desestabilizou a economia provocando a morte de tantos porcos, mas pode ser também que estavam habituados a ver o homem marginal como endemoniado e agora o viam curado e incluído na comunidade. Em seu texto, Marcos salienta que eles ficaram muito espantados ao verem o homem, antes possesso do diabo, agora vestido e escutando Jesus. Faz parte do acolhimento de Jesus não se habituar a esse modo de organizar a sociedade, na qual há os incluídos (nós) e os outros que são pecadores e endemoniados.

Com a preocupação de juntar três fatos, Mateus finaliza essa trilogia com o episódio da cura do paralítico de Cafarnaum (Mt 9,1-8).

Jesus volta a Cafarnaum. Só Mateus diz que era "sua cidade". Será que era porque lá Jesus era cadastrado para pagar os impostos? E se isso é verdade, há alguma alusão ou relação entre esses impostos e outras "dívidas" como o pecado?

É importante que, entre outros relatos do mesmo fato (Mc 2,1-12 e Lc 5,17-26), Mateus é o único a começar o relato da cura mencionando que Jesus disse: "Tem confiança, filho! Teus pecados estão perdoados".

Jônathan:
Como a confiança é importante para a cura e para a alegria de ser perdoado.

Marcelo:
Os outros relatos sobre essa história contaram detalhes como o fato de que as pessoas tiveram de destelhar a casa, onde estava Jesus, para fazer o paralítico baixar pelo teto. Mateus reduz a narrativa ao essencial. Por quê? Talvez porque, conhecendo melhor a região e os costumes da Galileia, a comunidade de Mateus saiba que provavelmente em Cafarnaum as casas não eram cobertas com telhas. E o motivo mais importante pode ter sido que, ao contar o relato da cura, a comunidade quis discutir o poder de perdoar.

Agostinha:
De fato, toda a narrativa da cura é centrada na palavra de Jesus sobre o perdão.

Marcelo:
As comunidades de cultura judaica tinham razão de estranhar esse ministério de perdoar pecados. É mesmo uma prerrogativa divina. Se o pecado é uma ofensa à aliança com Deus, é como uma esposa que trai o marido, só Deus pode perdoar. O Levítico propõe sacrifícios cotidianos pelos pecados (Lv 4-5), e anualmente o Yom Kippur é o grande dia do perdão (Lv 16). Vários textos dos profetas anunciam o tempo do Messias

como o tempo do cancelamento das culpas e da restauração da perfeita justiça (cf. Jr 31,31-34; Mq 7,18-19; Is 43,25; Dn 9,24 e vários Salmos, como o 32 e o 130). O que escandaliza os escribas é que Jesus dispensa os sacrifícios e rituais e declara que o "Filho do Homem" tem poder de perdoar pecados. Em Dn 7,13-27, o Filho do Homem é uma figura representativa da comunidade dos justos e de todo o povo de Deus. O texto conclui dizendo que todos glorificavam a Deus por ter dado tal poder aos seres humanos.

Cladilson:
Não é só aos escribas daquela época que a gratuidade do perdão de Deus espanta. Talvez, na história e mesmo hoje, as Igrejas cristãs tenham dificuldade de compreender isso.

Marcelo:
Desde antigamente, as comunidades (e mesmo o grupo de Mateus) interpretaram a vida e a morte de Jesus como sendo uma espécie de sacrifício exigido por Deus para poder perdoar à humanidade e salvá-la. Quando diziam "Jesus morreu por nós", queriam dizer isto: "Morreu em nosso lugar". "Ora, para perdoar, Jesus nunca exigiu previamente uma satisfação expiatória ou uma reparação. Deus perdoa gratuitamente. Só pede a conversão, uma mudança de vida. (...) O Deus Pai que Jesus testemunha é o contrário de um Deus ciumento e justiceiro que exige o derramamento de sangue e até a morte de seu Filho para conceder seu perdão e sua graça"[4].

Irmãos e irmãs que hoje peregrinam pela paz e pela saúde,
Vivemos em meio a um povo doente e em um tempo no qual se põe em dúvida até a "honestidade" dos laboratórios farmacêuticos. Há quem diga que a ciência não encontrou ainda

---

[4]FLORENCIO MEZZACASA. Jesus, o Go'el. In: RIBLA, n. 18, 1994, p. 65.

uma cura definitiva para a Aids porque a indústria farmacêutica tem mais lucro fazendo os pacientes consumirem medicamentos permanentemente do que, de uma vez por todas, tomarem uma vacina e ficarem curados. Por outro lado, os meios de comunicação divulgam casos de pessoas que faleceram porque necessitavam com urgência de um determinado medicamento, e a farmácia lhes fornecia farinha de trigo disfarçada de comprimidos do remédio indispensável à vida. Não podemos, então, estranhar que, cada vez mais, as pessoas procurem igrejas e grupos religiosos que prometem cura milagrosa e solução para seus problemas imediatos.

O Salmo diz: "O céu é o céu do Senhor, mas a terra ele entregou ao ser humano" (Sl 115,16). Somos nós que temos a responsabilidade de administrar o mundo e a natureza, nosso tempo e nossa forma de viver de um modo sadio, e não de uma forma que gera doenças físicas e nervosas, cada vez mais difíceis de serem vencidas.

Sem dúvida, no plano mais profundo, o médico que escreveu "quem ama não adoece" tem razão. Não podemos generalizar tudo ou desconhecer as situações de doença, que dependem da fome, da miséria e da falta de habitação e higiene, que são consequências da falta de amor não apenas de um coração humano, mas da própria sociedade como um todo.

Como Deus é amor, é fonte de saúde. Todo profundo contato com Deus é regenerador de vida e salvação (saúde física, psíquica e espiritual). Hoje, muitos grupos religiosos e pessoas independentes buscam a Deus como força de saúde. Nós, judeus, cristãos e islamitas, sabemos que Deus não é tapa-buracos, mas sua Palavra nos cura e liberta.

Júnior:

Como revitalizar, em nossas igrejas, essa mística terapêutica a fim de que a Palavra divina seja força para perdoar e curar?

Marcelo:

O Evangelho diz que devemos seguir Jesus. Isso significa comprometer-se com as mesmas causas pelas quais Ele lutou. Em nossos dias, para muita gente, a pastoral da saúde representa a atualização dessa atividade curativa de Jesus. Com o cuidado de desenvolver pesquisas com plantas medicinais e métodos de medicina popular, tanto os métodos indígenas quanto os orientais se tornam sinais dessa atividade curativa que manifesta amor às pessoas.

4. O chamado de Mateus (9,9-13)

Esta cena mostra um jantar do qual Jesus participou ou que talvez até Ele tenha dado e patrocinado. O texto diz que Ele estava em casa em Cafarnaum e estava reclinado à mesa. E, nessa ceia, recebeu cobradores de impostos, pecadores e gente considerada de vida errada. Na sociedade do tempo, as refeições eram expressões importantes de relações sociais.

Cladilson:

Atualmente, come-se em praças de alimentação de shoppings ou em restaurantes de comida rápida (*fast-food*). Come-se em pé ou em um balcão, sozinho ou acompanhado, mas comer se torna uma rotina necessária à sobrevivência. É claro que, nas cidades grandes, para quem trabalha no comércio, não tem outro jeito. Mas, mesmo em casa, quantas vezes as pessoas fazem o prato na mesa e vão comer diante da televisão, para não perder o jornal ou o jogo de futebol ou a novela. E as pessoas acham tudo isso muito normal.

Marcelo:

É pena que seja assim. Nas sociedades que guardam as tradições mais humanizadas, comer juntos é sinal de pertencer ao mesmo grupo ou estar na mesma linha de busca e de relações.

Comer juntos é sinal de celebrar. Come-se junto para comemorar um aniversário ou casamento, ou simplesmente para assinalar a convivência. A esposa espera o marido voltar do trabalho para almoçar ou a mãe espera os filhos...

Nas sociedades antigas, só se comia juntos quando se pertencia à família ou à mesma classe social. Era um desrespeito grave ou até um insulto um empregado imaginar sentar-se à mesa do patrão. Por isso comer com pessoas de outro grupo social ou com alguém que a sociedade considerava pecador era muito grave.

Jônathan:
Pois era exatamente o que Jesus fazia o tempo todo: comer com gente marginal da sociedade, comer com pecadores e gente de má fama.

Marcelo:
De toda a vida de Jesus, essa atitude que Ele tomava sempre (comer com gente de má fama) foi a que mais escandalizou os bem-pensantes.

Rita:
Quem eram exatamente esses que o Evangelho chama de "publicanos"? O que era ser um publicano?

Marcelo:
No direito romano, em cada país, eles encarregavam funcionários do próprio povo local para cobrar os impostos e taxas de seus próprios conterrâneos e entregá-los aos dominadores romanos locais. Os impostos e tributos eram chamados de públicos. Por isso, os cobradores eram chamados de "publicanos". E esses judeus que cobravam impostos de seu próprio povo para entregá-los nas mãos do Império eram, em geral, odiados pelos judeus. E, como eles tinham o direito de cobrar a parte deles em cada taxa, geralmente eram exploradores,

desonestos e viviam da exploração dos mais pobres de seu próprio povo. A população judaica os considerava ladrões e exploradores. Pela lei eram considerados "pecadores públicos", já que tinham contato frequente com os pagãos e tinham sempre, em casa, moedas com imagens dos imperadores que se proclamavam divinos. Também, em geral, não respeitavam a lei do Sábado e outros mandamentos de Deus. Pela legislação judaica, os publicanos nem podiam testemunhar em tribunais. Sua palavra não valia. Se se convertessem, deveriam abandonar o emprego de cobradores de impostos e restituir 20 por cento de tudo o que possuíam como prova de conversão[5].

Cladilson:

Isso que você está dizendo é sério, porque pela tradição, antes de ser discípulo de Jesus, Mateus era publicano. Era um desses cobradores de impostos, meio desonesto e detestado pelo povo. Imagino a reação de alguns chefes religiosos das sinagogas dos anos 80 diante do fato de que um ex-publicano coordenava ou era o ponto de referência de um grupo ou de várias comunidades religiosas que se diziam judaicas e seguiam o profeta Jesus.

Marcelo:

A comunidade que redigiu o Evangelho fez muito bem em contar dessa forma que foi o próprio Jesus que chamou Mateus. O relato de Marcos, que Lucas retomou sobre como Jesus chamou um tal de Levi, serviu perfeitamente para o que o Evangelho de Mateus queria. De fato, seria bom ter explicado que Mateus era o mesmo Levi. Como Simão era o mesmo Pedro. Como, em nenhum momento, a comunidade do Evangelho atribui a autoria do texto a esse Mateus, parece que seus autores não sentem necessidade de maiores explicações.

---

[5]Cf. O. KNOCH e O. MICHL, citados por ORTENSIO DA SPINETOLI, op. cit., p. 283.

Jônathan:
Mas, ao falar isso, você está negando que tenha sido o próprio Jesus que chamou Levi ou, como diz a tradição, Mateus para ser discípulo e que ele deixou o posto de cobrança e seguiu Jesus?

Marcelo:
Não. Não nego isso de modo algum. O que estou dizendo é que a comunidade do Evangelho trabalhou e interpretou essa história que ouviu das lembranças dos mais velhos para insistir na abertura dos cristãos a outras culturas. É muito importante descobrir como Jesus se mostra independente e livre em relação à cultura de seu povo quando se trata de romper com uma barreira de julgamento do outro. Ele se insere, faz tudo para ser um judeu igual aos outros; é modelo de enculturação, mas, quando se trata de normas que excluem alguém ou discriminam, Ele faz questão de desrespeitar as normas e ficar do lado da pessoa marginalizada.

Rita:
É bem diferente de um padre que era de minha paróquia. Lá uma das catequistas, separada do marido, casou no civil com um novo companheiro. O padre proibiu que ela continuasse dando catequese. Proibiu até que ela fosse dizimista. E, quando quisemos aprofundar com ele esse assunto, ele respondeu que se fosse por ele aceitaria, mas a comunidade tinha pessoas que se escandalizavam, e, por isso, a paróquia não podia aceitar. Ele dizia: "O povo não entenderia".

Marcelo:
Pois é, Jesus nunca teve esse tipo de prudência quando se tratava de preconceito ou discriminação de alguém. De acordo com o Evangelho, Ele mesmo tomou a iniciativa e chamou Mateus. Simplesmente. E este deixou o posto de coletoria e o seguiu. André e Pedro não foram obrigados a deixar definitivamente a pesca. O cobrador de impostos sim. Aqui,

Jesus cita um provérbio — "São os doentes que precisam de médico, e não os sadios" —, um ensinamento bíblico — "Quero a misericórdia e não o sacrifício" — e uma aplicação histórica — "Não vim chamar os justos, mas os pecadores".

Cladilson:
Então, podemos dizer que, nesse caso, Jesus não foi muito ecumênico, ou, ao menos, não foi respeitoso com a cultura judaica de sua época?

Marcelo:
Não, Cladilson. Acho que seria injusto dizer isso de Jesus. Ao contrário, você deve ter notado que, ao insistir na misericórdia, Jesus cita o profeta Oseias ("Quero a misericórdia, e não o sacrifício"), e Oseias é um profeta do judaísmo. De fato, Jesus insiste na misericórdia, não como quem vai além da tradição judaica, mas como quem pede que os judeus voltem a sua tradição mais antiga. No próprio tempo de Jesus, as escolas judaicas citavam e comentavam: "O mundo subsiste por causa de três coisas: a lei, o culto do templo e as obras de misericórdia" (rabino Simeão, o Justo, séc. II a.C.)[6].

Talvez a comunidade de Mateus sublinhe o pensamento do rabino Jesus para contestar o fato de que, na época (anos 80 da nossa era), as normas de pureza legal eram interpretadas por algumas sinagogas de modo muito rígido e estreito. No entanto, na mesma época, não havendo mais o templo de Jerusalém, onde se pudesse fazer o culto, o rabino Johanan ben Zakkai ensinava: "As obras de misericórdia (em hebraico: *Hesed*) substituem o culto como expressão de fidelidade aos mandamentos do Senhor, que disse: 'Quero a misericórdia, e não o sacrifício'"[7].

---

[6]Pirqé Avot, 1,2. In: *Massime dei Padri*. Milano: DLI, 1995, p. 10.

[7]Cf. W. D. DAVIES. *The setting of the sermon of the sount*. Cambridge, 1966, p. 305, citado por R. FABRIS, op. cit., p. 218.

Para as comunidades atuais, o desafio que permanece é como retomar a prioridade que Jesus e a mais profunda mística judaica deram à misericórdia em nossas relações diárias e na forma de organizar a comunidade. É preciso que a humanidade possa perceber que nossas Igrejas são comunidades de compaixão e misericórdia. Elas não podem ser principalmente instituições de culto, de moral e de disciplina.

5. Outra discussão rabínica (Mt 9,14-17)

Enquanto Lucas diz que a discussão foi puxada pelos fariseus e Marcos não explicita por quem foi, Mateus conta que foram os discípulos de João Batista que interpelaram Jesus por causa do jejum. Certamente, as comunidades do Evangelho tinham dificuldades e alguns motivos de divisão com os da comunidade de João.

A lei judaica só prevê o jejum uma vez por ano, no Yom Kippur, mas alguns grupos religiosos o praticavam frequentemente. Jesus teria aceitado o jejum por ocasião de sua partida.

Rita:

Então esse texto do Evangelho contém uma alusão de que os cristãos antigos tinham o costume de jejuar nas sextas-feiras?

Marcelo:

As parábolas do tecido novo em roupa velha e do vinho novo podem ter sido ditas em outro contexto, mas couberam bem como conclusão dessa discussão. Temos de evitar certas leituras apologéticas do passado, que interpretavam como se Jesus tivesse insinuado que o judaísmo é o tecido velho ou o vinho velho, enquanto o cristianismo seria o vinho novo.

No tempo de Jesus já era habitual comparar a lei (Torá) com o vinho. No Talmud há uma história que conta:

"O rabino Yosé bar Yehudah dizia: 'Quem aprende a Torá com os mais velhos é como alguém que come uvas maduras e não verdes. Este bebe o vinho melhor. Não olhes o barril, mas pense no que está dentro. Há barris novos e por fora bonitos cheios do melhor vinho que é o velho e há anciãos que não têm nem o vinho novo'" (Pirquet Abot IV,20)[8].

Infelizmente, todas as religiões são tentadas a se fecharem tanto em si mesmas que devem sempre escutar esse apelo a não colocarem remendo novo em roupa velha. É preciso uma atitude de vida completamente nova para acolher a novidade do Reino de Deus.

6. Mais uma cura e um caso de "devolver a vida" (Mt 9,18-26)

Novamente a comunidade de Mateus resume a narrativa que vem de uma tradição anterior (cf. Mc 5,21-43). Mateus ressalta o grito de fé tanto do chefe da sinagoga, pedindo que levantasse sua filha que morrera, como o da mulher doente orando consigo mesma (cf. v. 18 e 21). Em ambos os casos se trata de cura ou reerguimento de mulheres. Principalmente essa mulher que toma a iniciativa de sua cura está gravemente doente, legalmente impura e, por isso, marginalizada.

Rita:
Então, essa mulher doente é símbolo da situação da mulher em quem ninguém presta atenção e que, legalmente, não tem lugar nos ambientes oficiais. Parece que, até para o Evangelho de Mateus, o pessoal, para contar a cura dela, teve de inserir a narrativa sobre ela no contexto de outra. Coitada!

---

[8]Cf. Dominique de la Maisonneuve. Paraboles Rabbiniques. In: *Cahiers Évangile*, dez. 1984, p. 14.

Marcelo:

Você pode ter razão, mas ela retoma sua identidade. Jesus lhe devolve sua dignidade, e ela recupera a sua liberdade. Jesus afirma que ela está curada por causa de sua fé.

A Boa-nova do Reino de Deus lhe dá coragem para transgredir normas rígidas de comportamento. Ela ousou tomar a iniciativa de tocar em Jesus. Sabia que, ao tocar nele, ela o tornaria impuro.

Rita:

Ela faz isso porque pensa que, ao tocar nele, ficaria curada.

Marcelo:

Era uma crença popular na época que um objeto em contato com o corpo de uma pessoa santa tinha um poder curativo. Principalmente o *tsitsi*, aquele conjunto de quatro fios de lã atados nas quatro pontas da roupa de todo judeu fiel e que lembrava as letras do sagrado nome do Senhor (cf. Nm 15,38 e Dt 22,12). Jesus trazia sempre, como um judeu observante, o *tsitsit*, e foi essa ponta de seu manto que a mulher tocou. E Jesus não pareceu se incomodar de ficar impuro perante a lei religiosa se com isso Ele curaria a mulher.

Júnior:

Essa história de tocar na ponta do manto não parece um costume da religião popular? Até hoje tem gente que faz questão de usar pedacinho da roupa sagrada em um escapulário ou beijar relíquia e imagens...

Marcelo:

Pode ser, sim. No relato sobre a filha do chefe da sinagoga, Jesus manda embora os tocadores de flauta, diz que a menina dorme. Impõe sobre ela suas mãos, e a menina se levanta. É o primeiro anúncio que vocês fazem da ressurreição. O povo dos pobres não estava morto. Estava apenas dormindo. Como antigamente ocorreu com o profeta Elias, agora e de modo ainda mais imediato e forte, por meio do profeta Jesus, a força do Reino de Deus liberta a todos da morte.

7. Os dois cegos e o surdo-mudo (Mt 9,27-34)

É normal que em uma catequese um exemplo venha contado duas vezes e sem qualquer intenção de inventar ou exagerar. Então, compreendemos que a comunidade de Mateus tenha contado os mesmos casos aqui e em Mt 12,22-24 e Mt 20,29-34. Certamente, ao fazer isso, Mateus queria mostrar o poder da palavra de Jesus e citou esses casos que depois são novamente contados em outro contexto. Aqui, diferentemente do outro relato, o Evangelho diz que os cegos "seguiam" Jesus (seguir é o verbo que designa os discípulos e todos os que se sentem chamados). E novamente Jesus insiste que quem cura é a fé.

O tom messiânico do episódio lembra o texto de Isaías: "Então, abrir-se-ão os olhos dos cegos e os ouvidos dos surdos. Os paralíticos saltarão como cabritos e a língua dos mudos cantará" (Is 35,5-6).

A reação dos que se perguntam se não é por força de demônios que Jesus expulsa os demônios retoma o medo que o povo tinha de feitiçaria. O Evangelho retoma e aprofunda essa questão mais tarde (Mt 11–13).

Júnior:

Hoje, também há grupos cristãos que veem o demônio agindo sobre as pessoas, a cada dia, e centram seus cultos em exorcismos e expulsões dos espíritos maus. Há pessoas e grupos que para combater as religiões afro-brasileiras dizem que elas são demoníacas e os orixás são demônios.

Marcelo:

Sobre aquilo em que o candomblé acredita, diz o poeta:

> "No Candomblé não se crê,
> Nem se liga a Satanás, o Papão,
> Reconhece o mal no homem
> Dentro de seu coração
> Com força de desviá-lo
> No caminho da boa ação" (A. Heliton de Santana).

"A palavra 'demônio' (em hebraico 'Satan') tem sua raiz no verbo 'bloquear' ou 'impedir'. Satan representa um bloqueio nesta conexão com um fluxo sadio, enquanto a Cabala (em hebraico 'recebimento') se concretiza na liberação desse fluxo. (...) Na tradição judaica, Satan é denominado 'o outro lado' (*Sitra Achra*). Não é uma entidade, mas sim forças que nos distraem, deslocam-nos de nosso centro-mestre interior e que significam literalmente (em hebraico) obstáculos a nosso retorno ao caminho da saúde e da integração interior" (rabino Nilton Bonder)[9].

8. Um resumo de tudo (Mt 9,35-38)

Como em Mt 4,23 o Evangelho traz uma síntese da primeira parte, aqui há outro desses resumos didáticos. Ele encerra o que se conta nos capítulos 8 e 9 e prepara os leitores para o que vem no capítulo seguinte: a missão dos discípulos. Por isso, Mateus resume que a missão de Jesus consiste em: *ensinar, proclamar e curar*.

Rita:

Como Jesus faz isso?

---

[9] NILTON BONDER, op. cit., p. 36 e 41.

Marcelo:

Jesus ensina a ler a Bíblia na perspectiva da justiça do Reino dos céus. Proclama que o Reino dos céus vem para todas as pessoas e, principalmente, para as mais abandonadas do povo. E, como atividade, cura, isto é, dá sinais de que o Reino liberta de tudo o que atrapalha a vida. Vai ser isso mesmo que os discípulos itinerantes deverão fazer.

Tudo parte da "compaixão" que, como no Êxodo, fez o Senhor lembrar-se de seu povo na escravidão e descer para libertá-lo e agora leva os que agem em nome do Senhor a pedir ao Senhor da lavoura que mande trabalhadores para a colheita.

Agostinha:

Na Bíblia, a compaixão (*rahamin*) significa um amor uterino (*rehém* quer dizer *útero*), isto é, uma forma de amar maternal: como uma mãe olha e ama uma criancinha que está em seu útero. É assim que Jesus olha o povo pobre e sofrido.

Marcelo:

Na tradição budista, há um sermão de Buda sobre a compaixão, no qual ele aconselha os fiéis a olharem a toda pessoa humana como uma mãe olha e considera seu filho único. O atual Dalai Lama gosta de citar e comentar esse discurso da compaixão, que, nessa acepção, não significa nenhum olhar de superioridade sobre um coitadinho que merece piedade e o grande deve ajudar, mas quer dizer a solidariedade de quem assume o destino de sofrer junto para juntos se libertarem.

Historicamente, Jesus (e Mateus) alude ao despovoamento dos campos (da Galileia ou do sul da Síria, ou dos dois lugares?). Após as guerras, os refugiados que se escondiam nos campos não podiam aparecer para as colheitas. Jesus aproveita essa realidade triste para pedir trabalhadores para a colheita do Reino.

Na cultura judaica, uma sentença do rabino Tarphôn diz:

> "O dia é curto, o trabalho abundante, os trabalhadores preguiçosos, mas a recompensa é grande, pois o dono da casa tem urgência" (Sentença dos Pais,2,15)[10].

9. Os doze que continuam o que Jesus começou (Mt 10,1-15)

Aqui aparece o segundo grande discurso de Jesus (Mt 10). O modo de falar lembra a introdução do sermão da montanha.

Jesus chama os que o acompanham mais de perto e compartilham suas preocupações (Mt 10,1-4). No começo eram quatro (Mt 4,18-22). Agora, são doze, isto é, um grupo completo que resume o povo de Israel, como os doze patriarcas. Ao mesmo tempo, devem ser os doze que começarão uma universalidade nova deste povo. Por isso são enviados.

Cladilson:
O que significa exatamente o termo "apóstolo"?

Marcelo:
O termo "apóstolo" quer dizer "enviado". Na época, era comum grupos e instituições judaicas terem missionários. A primeira coisa é que Ele lhes dá poder sobre os espíritos maus, ou, como diz Chouraqui, "os sopros contaminados". Hoje, fala-se muito em energia positiva e negativa. No judaísmo da época de Jesus, a crença em "espíritos maus" era influência da religião persa e mesopotâmica.

Jônathan:
Hoje, no meio do povo brasileiro, há influências de culturas religiosas indígenas e afro-brasileiras. Jesus respeitou e assumiu

---

[10]Cf. Pirqé Avot II, 15. In: *Massime dei Padri*. Milano: DLI, 1995, p. 29.

a linguagem e crenças de seu povo, mesmo as estranhas ao pensamento original da Bíblia[11].

Marcelo:

Ainda a respeito desses enviados do Senhor, vocês da comunidade de Mateus são tão fiéis à cultura judaica, que não contam que Jesus também chamou um grupo de mulheres. Lucas conta isso e utiliza o mesmo verbo que vocês usam para designar os apóstolos (cf. Lc 8,1ss). Vocês não fazem distinção entre discípulos e apóstolos. Para vocês, a comunidade de Jesus se restringe praticamente aos doze.

Rita:

É estranho que nessa primeira missão Jesus tenha dito explicitamente: "Não vão pela estrada dos pagãos (*goims*) nem entrem em uma cidade dos samaritanos" (v. 5). Como se explica isso?

Marcelo:

Na cultura de Jesus, a palavra "estrada" quer dizer caminho ou modo de viver. Como hoje se fala em: *"american way of life".* Ele pode ter querido dizer: "Não façam isso conforme o costume dos pagãos", "não sigam seu modo de viver" e apenas não vão a suas aldeias. Seja como for, ao contar assim o envio que Jesus fez aos seus, o Evangelho nos ajuda a rever a compreensão de missão como "proselitismo" ou conquista.

Aninha:

É verdade. Isso é bom mesmo. Até hoje, muitas Igrejas ainda confundem missão com propaganda e publicidade.

---

[11]Conforme o pensamento bíblico original, é o Senhor quem atua. Foi o Senhor que tentou Abraão (Gn 21). Foi o Senhor que tentou Davi (2Sm 24,1). Mais tarde, por influência babilônica e persa, o povo de Deus incorpora a crença em Satanás. Contando a mesma história de Davi, o primeiro livro de Crônicas diz que foi Satanás que o tentou (1Cr 21,1).

Marcelo:
Para Jesus a missão é inserção e começa em casa, pelo próprio grupo. Ninguém pode dizer que Jesus imaginou uma missão para outros povos. Foi a Igreja dos apóstolos que começou isso.

As condições da missão são de pobreza, despojamento e itinerância. Conforme a tradição anterior ao Evangelho de Mateus, os itinerantes poderiam levar ao menos sandálias e um bastão (cf. Mc 6,8-9). Mateus exclui até isso. Não seria rigoroso demais? Ou seria uma descrição da realidade social do primeiro grupo dos itinerantes, dos quais muitos eram pobres e marginalizados? De acordo com uma antiga tradição judaica, os peregrinos deveriam apresentar-se ao santuário de pés descalços e sem ter nada, nem bastão[12]. São nessas condições extremas que o anúncio direto é o da paz e da proximidade do reinado divino.

Júnior:
Assumir a missão de Jesus é introduzir vida e libertação na sociedade atual.

Marcelo:
É isso mesmo. E temos de atualizar o modo de fazer isso. Em seu comentário ao Evangelho de Mateus, José Antonio Pagola se pergunta "como humanizar a história" e cita Johann Baptist Metz: "Na realidade, eu só conheço uma categoria universal por excelência, que se chama *memoria passionis (a permanente lembrança da paixão)...* É desumana qualquer proposta e causa se ela trivializa o sofrimento das vítimas. A única autoridade que nos julga a todos é a autoridade dos que sofrem"[13].

---

[12]Cf. TALMUD DA BABILÔNIA, *Berakhot*, IX,54ª.

[13]JOSÉ ANTONIO PAGOLA. *O caminho aberto por Jesus*: Evangelho de Mateus. Petrópolis: Vozes, 2011, p. 116-117.

10. Consequências da missão (Mt 10,16 – 11,1)

"Tanto a prática de Jesus como a de seus discípulos provocam um grande choque e resistência. Atingida em seu cerne, a sociedade vai reagir e para valer. Como o próprio Jesus, seus seguidores serão considerados bandidos. Serão perseguidos, presos e condenados"[14].

Na sociedade de Jesus, o anúncio do Reino enfrentava a hostilidade dos saduceus, dos chefes religiosos de Israel e a presença no país dos filhos da Loba romana. Os discípulos, como cordeiros no meio dos lobos (romanos), teriam de ser sabidos como serpentes e simples, ou livres, como a pomba selvagem da Galileia.

Mateus se refere a delações e denúncias às autoridades que a comunidade de vocês e outros cristãos sofreram (v. 21). O Talmud também avisa aos fiéis que os tempos messiânicos serão conflitivos. As profecias falam em "dores de parto".

Cladilson:
Na América Latina, algumas Igrejas cristãs têm uma longa experiência desses sofrimentos que o anúncio do Reino acarreta. A caminhada de inserção no meio dos oprimidos e a luta pacífica pela libertação criaram em nosso meio uma Igreja de mártires.

Marcelo:
O martírio (em grego, *testemunho*) é o centro da missão. E ela se realiza em atmosfera de conflito e oposição. É natural que seja assim. No mundo de desamor em que vivemos, como poderia ser diferente? Não é que Jesus queira a divisão pela divisão. A perspectiva é sempre de esperança e de certeza de que, mesmo nos momentos de maior sofrimento e risco, o Senhor dá sua força, e o Espírito inspira as pessoas que são do Reino.

---

[14] I. STORNIOLO, op. cit., p. 81.

O Evangelho de Mateus nos adverte para não deixarmos que o medo nos domine (Mt 10,26ss). O medo paralisa e impede o caminho. Tira a liberdade e acaba com a missão. Mesmo em meio às dificuldades e incompreensões, a missão supõe sempre uma profunda liberdade interior.

Jesus conclui esses avisos para que os discípulos se previnam dizendo: "Vocês não vão acabar de percorrer as cidades de Israel até que venha o Filho do Homem" (v. 23). Independentemente do que Ele achava significar essa "vinda do Filho do Homem" (parece que somente pouco a pouco Ele se identificou com esse "Filho do Homem" anunciado por Daniel), é certo que está referindo-se à vinda do reinado divino. Ele pensava que o Reino viria logo. Foi um engano terrível, um engano que não foi sobre um detalhe. Jesus enganou-se porque levou ao pé da letra o estilo apocalíptico que falava na iminência muito próxima (imediata mesmo) de uma intervenção divina direta neste mundo. E, pouco a pouco, Ele percebeu que isso não estava acontecendo e que certamente não iria ocorrer assim desse modo. De acordo com outra testemunha, depois confessaria sua ignorância sobre isso. Em Marcos, Ele diz: "Sobre esse dia, nem os anjos do céu, nem o Filho do Homem sabem quando virá" (Mc 13,32). Mas, no começo, Ele pensava que viria logo e certamente. Para um profeta, foi uma crise terrível perceber que se enganou e que Deus não o advertiu nem o poupou dessa vergonha[15].

Certamente, esse será um dos motivos pelos quais, mais tarde, Ele vai comparar-se com Jonas, o profeta que se sente desacreditado porque anunciou uma coisa e Deus não fez o que ele anunciou.

Resumo:

1. Nos capítulos 8 e 9, o Evangelho conta dez sinais de cura e atuação de Jesus pelo Reino. A comunidade de Mateus os

---

[15]Sobre isso, veja J. SOBRINO, op. cit., p. 120.

compara com as dez pragas do Egito, que foram libertação para o povo de Deus e causa de sofrimento para os opressores.

2. A comunidade de Mateus restringe muito a missão. Conta que Jesus só enviou em missão os doze. Lucas se arrisca a dizer que Ele enviou 72 (Lc 10). E, mais tarde, diz que mulheres o seguiram até Jerusalém (Lc 8,1ss). Hoje, nossas Igrejas se abrem a ampliar e diversificar mais os ministérios?

***

Queridos companheiros e queridas companheiras de hoje,

Um amigo começou a se embriagar. Conversei com ele sobre as razões para tal situação. Ele me disse simplesmente:

"Quando havia conflitos e causas pelas quais eu lutava era melhor. Hoje, a dificuldade maior é que não há mais nada. Eu não tenho mais em que acreditar. Não tenho fé religiosa e me decepcionei com a política. Dê-me um motivo para viver e lhe serei muito grato."

Quando escuto notícias de jovens que matam um colega por um par de tênis ou jogam fogo em um índio que veem na rua, convenço-me de que existe uma geração sem causa. Infelizmente, muitas vezes, as religiões e Igrejas aparecem como propagandistas de sua doutrina ou instituição, e não como testemunhas do reinado divino. Foi isso que Jesus viveu. Por isso lutou: para testemunhar que o Reino de Deus viria logo, enviou os discípulos. Hoje, todos nós, seja qual for a religião à qual estamos ligados, somos chamados por Deus a ser testemunhas do Reino da justiça e da paz neste mundo. O próprio termo "Reino" está hoje superado, e teremos de encontrar as palavras e imagens que melhor expressem essa realidade para nossos conterrâneos.

– O que essas recomendações de Jesus para os primeiros missionários trazem como luz para nossa missão?

– Qual o apoio e a acolhida que a comunidade de vocês tem dado às pessoas e aos grupos que lutam e sofrem pela justiça do Reino?

– Como se ligam essas palavras de Jesus à proposta de uma comunidade dos discípulos, que se encarne na realidade local (inculturação) e, ao mesmo tempo, viva a universalidade do amor de Deus e do Reino, que vem para todos?

Depois de ler o discurso de Jesus para os discípulos, que Ele mandaria em missão, leia est as palavras de Buda dirigida a seus seguidores:

"Como um discípulo é perfeito na conduta? Eis, o discípulo se abstém do matar, é cheio de simpatia, benevolência e compaixão para todos os seres vivos; renuncia ao não dado, a toda impureza e mentira. Abstém-se de palavras malignas e ásperas, abstém-se de todos os mexericos. Evita provocar danos a outros seres. Abstém-se da comida fora do tempo, dos divertimentos, das grandes e confortáveis camas. Abstém-se de aceitar propriedades, das compras e vendas" (Buda, *Digha Nikaya*, Samanna Phala Sutta, 43-45).

V

Os mistérios do Reino de Deus

Queridos irmãos e queridas irmãs da perseverante comunidade de Mateus,

Cada hora do dia tem seus admiradores. Há pessoas que preferem o amanhecer, e outras se ligam mais ao cair da tarde. Talvez o mais normal fosse que um grande número preferisse o meio-dia. Não conheço ninguém que prefira o meio-dia ao amanhecer ou à tarde. Se, por um lado, a luz parece mais luminosa e a vida mais radiante, por outro em regiões como esta, de grande calor, é sempre uma hora fatigante. Na estrada, os caminhoneiros trabalham da madrugada até por volta das 10 horas e, depois, descansam até as 16 horas. Na antiga tradição dos espirituais do deserto, os monges falavam no perigo do "demônio do meio-dia".

É a hora em que é necessário discernir o que se está vivendo e se alimentar para manter o ritmo do dia. É isso que, de certa maneira, vocês tratam nesse terceiro livrinho. Após descrever que Jesus enviou os discípulos em missão, vocês mostram as diferentes reações que o anúncio do Reino provoca em cada tipo de pessoa. Essa parte do Evangelho é a que contém mais claramente os conflitos que Jesus e os discípulos sofrem. Como das outras vezes, em primeiro lugar vêm os fatos: como Jesus entra em choque com os que estão ligados ao poder (cap. 11 e 12), e, depois, o terceiro grande discurso sobre o mistério do reinado divino no mundo (cap. 13).

Como sempre, vocês da comunidade de Mateus falam de Jesus e seus discípulos para também comentar e aprofundar situações que vocês enfrentaram na época em que escreveram o Evangelho. Hoje, relendo esse texto, também somos chamados a nos recolocar diante de Jesus, de sua pessoa e de sua missão e buscar respostas a nossas perguntas.

1. A crise de vocação de João Batista (Mt 11,1-15)

Conforme o Evangelho conta, quem primeiro teve de se posicionar a respeito de Jesus foi João Batista. O tetrarca Herodes Antipas o tinha aprisionado na fortaleza de Maqueronte, que dominava a margem oriental do Mar Morto (cf. Mt 4,12). Da prisão, João ouve falar o que Jesus está fazendo e se decepciona. Conforme os profetas anunciavam a vinda do Messias, João tinha prometido que o Cristo viria trazendo ao mundo o julgamento divino. Conforme sua forma de ver, o Messias deveria vir com força, como um machado que já está na raiz das árvores. Ele separaria o trigo das palhas para queimá-las em um fogo inextinguível (cf. Mt 3,10). Agora, na prisão, os discípulos contam a João como Jesus atua. E João se decepciona. Entra em crise de fé e de respeitabilidade. Ele não aceita ser como esses profetas falsos que anunciam e depois o que eles dizem não se cumpre. Manda os discípulos interrogarem Jesus: "É você mesmo Aquele que vem, ou temos ainda de esperar por outro?" A expressão "Aquele que vem" se referia na época ao Messias, que deveria vir para restabelecer o reinado de Israel e libertá-lo de seus inimigos (cf. Sl 118,26; Dn 7,13).

Jesus não responde diretamente à pergunta de João. Mostra suas ações e manda que João as interprete. Para anunciar a vinda do Messias, João se baseara em algumas profecias (como Ml 3,2-3). Jesus se baseia em outras (como Is 35 e Is 61). Essas profecias revelam a missão do Messias como manifestação do amor misericordioso de Deus, especialmente com os pobres e abandonados pela sociedade. O importante é que João não caia na armadilha do escândalo, do "romper sua relação de adesão" (sua fé) pelo fato de não compreender ou por ter pensado uma coisa e acontecido outra. Deus sempre nos surpreende. João é como o profeta Jonas. Este tinha predito que Deus iria destruir a cidade de Nínive. Como Deus resolveu perdoar a cidade, o profeta entrou em crise (ficou escandalizado!). E, por isso, Deus o censura.

Heinrich Boll afirmou: "No Novo Testamento, há uma teologia da ternura que é sempre curativa: com palavras, com as mãos, com carícias, com beijos, com uma refeição em comum... Esse elemento do Novo Testamento, a ternura, ainda não foi descoberto. Tudo foi transformado em rixas e gritos. No entanto, há certos seres que podem ser curados simplesmente por uma voz, por uma refeição em comum. Então, imaginem-se como uma ternura socialista"[1].

Após deixar claro qual é a mais profunda política de Deus e, portanto, sua maneira de cumprir a missão, como sinal e testemunha da ternura divina, Jesus fala com o povo sobre João: "A quem vocês foram ver no deserto?" Confirma que João é profeta. É mesmo o maior dos profetas, o precursor do Messias, como um novo Elias, o profeta que a piedade popular acreditava que voltaria ao mundo antes da vinda do Messias (mais uma vez, Jesus respeita a fé do povo mais simples e usa sua linguagem para expressar a verdade que Ele quer ensinar).

Jesus encerra sua palavra com uma sentença enigmática: "Entre os nascidos de mulher, nunca houve alguém maior do que João. Entretanto, o menor no reino dos céus é maior do que ele" (v. 11).

João é alguém muito importante, o maior de todos. Mas de que adianta essa grandeza humana no Reino dos céus?

Agostinha:

O que Jesus diz, com esse tipo de provocação muito no estilo dos rabinos de seu tempo, é que o importante não é tanto admirar a João, mas viver de um modo que se possa participar do reinado divino.

---

[1]Citado por J. A. PAGOLA. *O caminho aberto por Jesus*: Mateus. Petrópolis: Vozes, 2011, p. 137.

Marcelo:

A linguagem é de comparação, e as pessoas vivem em um mundo de tanta hierarquia, diferença de classes e privilégios que imaginam isso também no Reino de Deus: quem é o maior e quem é o menor? Houve até quem interpretasse essa palavra no sentido de uma oposição entre o Antigo e o Novo Testamento. Como se João interpretasse uma aliança, e Jesus, o Reino. Então, João era o maior até chegar o Cristo, mas, a partir daí, o menor dos discípulos de Jesus (os cristãos) é maior e mais importante do que João (os judeus). Até hoje, até na hierarquia das Igrejas cristãs, há pessoas que confundem o Reino de Deus com a Igreja. De fato, vocês da comunidade de Mateus sabem que a Igreja é apenas sinal e semente do Reino.

Júnior:

É provável que Mateus tenha contado essa crise de vocação de João Batista e o posicionamento de Jesus sobre João para tratar da relação conflitiva ou tensa que havia entre o grupo dos seguidores de João e os cristãos na época de vocês. O Evangelho quer mostrar a continuidade entre João e Jesus. Já tinha sublinhado que os dois têm a mesma mensagem (Mt 3,2 e 4,17).

Marcelo:

As diferenças que João tinha percebido e que fizeram com que ele interrogasse sobre Jesus, de fato, não são assim tão grandes. Jesus diz uma sentença enigmática: "Desde os dias de João até agora o reino de Deus se toma pela força, e são os fortes que se apoderam dele" (v. 12).

Cladilson:

As pessoas que comentam não sabem bem o que quer dizer essa palavra. Será que significa que, com a prisão de João, o Reino de Deus tem sido objeto de violência por parte dos maus?

Ou Jesus queria dizer que entrar e viver na lógica do Reino exige força e coragem? Não é caminho feito para mornos, indecisos e indiferentes.

Marcelo:

A alusão a que João é o "Elias que deve vir" (v. 14) responde à crença popular de que o profeta Elias voltaria ao mundo antes do Messias. No Talmud, encontram-se alusões à crença na transmigração das almas e do renascimento. Diziam que o judeu Mardoqueu, tio da rainha Ester, era uma reencarnação do profeta Samuel. Essa crença na reencarnação, ligada à necessidade de um renascimento, desenvolveu-se depois na Cabala e na fé popular dos judeus hassidistas[2].

A maioria dos judeus e dos cristãos (e neste número eu me coloco) crê na ressurreição e foi educado para pensar que ressurreição e reencarnação se excluem. Será que a comunidade de Mateus está dando uma dica de como, no ambiente em que viviam, ligavam fé à ressurreição e a crença à reencarnação?

2. A indiferença do povo (Mt 11,16-24)

Pode-se acusar João Batista de violento. Mas não de indiferente. De fato, Jesus usa uma comparação sempre atual. Ainda hoje, é assim. Mesmo em meio a problemas gravíssimos, essa geração é representada por muita gente que vive nos shoppings olhando o que não pode comprar e buscando esquecer-se da realidade dura da vida. Jesus se identifica com a sabedoria e usa, como comparação do anúncio do Evangelho, o som da flauta e o convite para dançar. Jesus não se queixa pelo fato de que o povo só quer brincar. O que Jesus lamenta é o contrário: a indiferença e falta de reação ao convite do Senhor.

---

[2]SCHALOM BEN-CHORIN. *Fratello Gesù:* um punto di vista ebraico su il Nazareno. Brescia: Morcelliana, 1985, p. 49-50.

Cladilson:

Às comunidades atuais eu pergunto: será que hoje podemos comparar a mensagem de nossas Igrejas a um som de flauta e a um convite ao povo para dançar? Será que nossas comunidades, pois se trata de nós, sabem não ficar indiferentes (e tornar-se verdadeiramente solidárias) às alegrias e aos sofrimentos do outro?

Marcelo:

A lamentação de Jesus se concretiza sobre as cidades que ficam em torno do lago.

A vocês da comunidade de Mateus pergunto:

Sabemos que as cidades da Galileia, mencionadas neste texto, foram as primeiras a serem destruídas na guerra dos romanos contra Israel (67 a 70 d.C.). Será que vocês quiseram ler o que aconteceu a elas, interpretando que aquilo aconteceu porque recusaram a pessoa e a mensagem de Jesus?

Será que com essa palavra vocês não nos advertem de que o mais importante não é a pertença a essa ou àquela religião, nem o fato de ser testemunhas de milagres ou prodígios?

A Palavra divina nos chama a assumir a vida como expressão do arrependimento, do agradecimento e da gratidão, que nos subtrai da experiência do fracasso, e o fim dessas cidades à beira do lago é o fracasso.

3. A bênção dos discípulos (Mt 11,25-30)

Com exceção da oração de Jesus no jardim da agonia, esta é a única oração pessoal de Jesus ao Pai da qual o Evangelho guardou o conteúdo. Jesus parece repetir a experiência de Daniel na Babilônia, que agradece a Deus o fato de Ele ter revelado seus segredos a ele, pequeno e pobre, e não aos sábios da corte (cf. Dn 2,23). Jesus agradece ao Pai a revelação que Deus dá aos pequeninos: os pescadores, operários e marginalizados que o acolheram e o seguem pela Galileia.

Agradecendo a Deus por ter escondido sua verdade dos sábios e entendidos e torná-la acessível aos pequeninos e humildes, Jesus denuncia todo tipo de apropriação gnóstica (intelectual e elitista) da verdade. Jesus ironiza qualquer atitude de autopromoção. A salvação é expressão do amor de Deus, oferecido gratuitamente aos últimos. De fato, é destinada a todos, e não monopólio de aristocratas intelectuais ou religiosos.

O capítulo 11 relata que Jesus foi rejeitado pela sociedade e pelas cidades. No lugar de se lamentar, Ele agradece isso a Deus. Ele conta com os "pequeninos", seus discípulos.

Várias vezes, Jesus ensinou os discípulos a chamar a Deus de "Pai" (como em Mt 5,16.45.48 e Mt 6,1.4.8.14-15). Agora, pela primeira vez, é o próprio Jesus que o chama assim. Ele o chama em aramaico "*Abba*", um modo carinhoso de os filhos chamarem o pai ou alguém mais velho e muito querido. Não é um estilo cultual ou hierárquico. É o modo de falar da linguagem comum. Há estudiosos que descobriram que, na época de Jesus, "*Abba*" era como as criancinhas chamavam o pai ou também a mãe.

Agostinha:
Jesus nos ensinou a chamar Deus de "paizinho", mas isso não pode nos prender a uma imagem de um Deus masculino e patriarcal. O jeito de Jesus falar de seu "paizinho" revela nele um rosto masculino, mas também feminino. E nós temos de descobrir uma linguagem que dê conta dessa inclusão importante para homens e mulheres de hoje.

Marcelo:
É verdade. Isso é muito importante. Como é importante nos darmos conta de que Jesus louva o Pai, porque escondeu essas coisas do sábio e do doutor. Acabou-se o privilégio do escriba. Os discípulos de Jesus não precisam de doutores e devem aprender dos pequeninos e mais simples.

Júnior:

O que quer dizer, hoje, abrirmo-nos a aprender com os mais simples? De fato, eu tenho aprendido muito com meu contato com os pequenos lavradores e os companheiros sem-terra na Pastoral da Terra.

Marcelo:

Quando falamos em "aprender", a primeira atitude é a disposição de escutar. E minha experiência é que isso é muito difícil, principalmente para quem se sente importante e quem acha que tem muita cultura. Como vai parar e escutar com atenção e atitude de acolhida interior a palavra de uma pessoa simples que não usa a linguagem dos eruditos?

Quando comecei a me inserir nas comunidades eclesiais de base, sempre me impressionava ver bispos como Dom Hélder Câmara ou Dom José Maria Pires ou Dom Tomás Balduíno e Dom Pedro Casaldáliga sentados em uma roda de conversa escutando lavradores, mães de família nas periferias, em atitude de quem queria aprender com eles e elas.

Nos tempos mais recentes, o livro que mais me impressionou, e que estou guardando em minha cabeceira, todo sublinhado, para copiar vários textos para mim, é o "A queda do céu: Palavras de um Xamã Yanomami"[3].

Hoje, a própria crise ecológica e civilizacional em que vivemos exige que prestemos mais atenção e aprendamos a sabedoria dos povos indígenas e das comunidades tradicionais. Essa foi a revelação de Jesus, que o cristianismo não soube seguir: respeitar as outras culturas e, especialmente, as de comunidades religiosas diferentes. O próprio Deus é assim. É Deus que só se pode conhecer através de uma atitude de amor e respeito.

---

[3]DAVI KOPENAWA e BRUCE ALBERT. *A queda do céu*: Palavras de um Xamã Yanomami. São Paulo: Companhia das Letras, 2011.

A palavra que segue (v. 27) é uma revelação sobre como Jesus vive uma relação única com o Pai. "Ninguém conhece o Pai a não ser o Filho e a quem o Filho quiser revelar." Ele quis revelar a todos os pequenos do mundo que se abrem à justiça do Reino.

O verbo grego aqui usado para "conhecer" traduz o hebraico "jada", que significa uma relação íntima de vida. É sinônimo de "amar". O grande exegeta J. Jeremias traduz esse texto assim: "O Pai me entregou tudo de uma forma tal que só entre um pai e um filho haveria uma intimidade de conhecimento tão profunda. E desse conhecimento participam aqueles para os quais o Filho o comunica"[4]. Essa tradução deixa claro que se trata de uma comparação.

As passagens do Evangelho, em que Jesus fala dele como "Filho de Deus", não devem ser entendidas de modo dogmático, mas como expressões de confiança de Jesus em seu Pai, em quem toda a sua vida tem consistência[5].

Jônathan:
Quando Jesus diz: "Tudo foi me entregue por meu Pai", refere-se ao segredo do Pai? Quando foi entregue?

Marcelo:
Normalmente, nós, cristãos, pensamos que a revelação do Pai a Jesus foi progressiva, mas se deu plenamente a partir da ressurreição. Se é assim, então, essas palavras são uma espécie de comentário que vocês fazem sobre o fato de Jesus chamar a Deus de *Abba* (Paizinho), que deve ter espantado vocês. O comentário é fiel, mas não é literal. Essa é a opinião de estudiosos sérios como Joaquim Jeremias, Bultmann e outros. Para nossa fé, o resultado dessa pesquisa não muda nada. O Evangelho inteiro nos revela

---

[4] Cf. José Ignacio Gonzales Faus. *La Humanidad Nueva*: Ensayo de Cristologia. 3 ed. Madrid, v. I, Sal Terrae, 1976, p. 118.

[5] J. SOBRINO, op. cit., p. 93.

a intimidade de Jesus com o Pai e como Ele nos chama a entrar nessa relação filial.

Queridos companheiros da comunidade de Mateus, quero lhes contar um fato que talvez vocês já saibam. Vivendo na cultura judaica, vocês redigiram essas palavras de Jesus em uma forma que lembra certas passagens dos livros sapienciais. Como outras palavras do Evangelho, têm um conteúdo mais profético. Imaginem que isso que vocês contaram de modo místico e poético foi interpretado pelo pessoal de cultura greco-romana como sendo uma afirmação científica e intelectual. Esses cristãos gregos eram pessoas sérias e não podiam imaginar que Jesus orava ao Pai como um namorado conversa com sua namorada, dizendo: "Você para mim é único no mundo e eu sou para você única". Fizeram estudos filosóficos e linguísticos para determinar o peso de cada termo. Descobriram no texto de vocês afirmações dogmáticas. Disseram que entre Jesus e o Pai há uma "reciprocidade absoluta" e uma "igualdade de natureza", entre o Filho e o Pai. Leram nos textos bíblicos afirmações intelectuais de caráter filosófico, que lhes são totalmente estranhas, e condenaram quem não aceitasse a palavra grega por eles inventada para expressar o dogma. Confundiram a fé com a expressão da fé.

De modos diversos e em diferentes medidas, todas as religiões conheceram (talvez devamos dizer: "Graças a Deus") a fase de reflexão sobre "os significados" que as geraram. De certo modo, todas precisaram traduzir em dogmas e verdades o que foi experiência amorosa dos místicos. Isso garantiu a criação do *sentido* e da *vida comunitária*. Como a linguagem do mito, da poesia e da religião é polivalente e suas expressões são polivalentes e podem ter muitos sentidos, em todas as grandes religiões encontramos processos semelhantes de formação de uma racionalidade teológica, na qual todos os fiéis podem se reconhecer. É o que chamavam de "idioma koiné" (comum). O problema, então, não é a sistematização dogmática, mas o dogmatismo. O que cria problemas é fazer do dogma um absoluto, assumido rigidamente. Dão às afirmações da fé um conteúdo racional fechado que nem os textos sagrados, submetidos às regras da interpretação, reivindicam. A mística não deve desligar-se da racionalidade, se não facilmente se transforma em fanatismo e escorrega inevitavelmente para a direita. Mas não pode se transformar em prisioneira do sistema racional dos pensadores dogmáticos.

Jesus usa para sua mensagem imagens tão poéticas e líricas como tocar flauta e convidar para uma dança. Ele continua convidando todos os pequeninos para se aproximarem dele. Ele quer libertá-los de qualquer tipo de jugo (leis religiosas que prendem?) e qualquer canga (situação social oprimida).

Júnior:

Na América Latina, muitos irmãos e muitas irmãs sabem bem o que significa a opressão e a marginalização social. Em muitas regiões, ainda existe a canga. Mesmo com outros nomes, os mais pobres carregam publicamente um sinal de sua pobreza. Nas ruas de nossas cidades, às vezes, os catadores de lixo e material reciclável circulam eles mesmos carregando carroças com papelão ou lixo e são vistos como um incômodo ou um atraso. Jesus chama justamente pessoas assim a se apoiarem nele.

Marcelo:

Nossas comunidades gostam de contemplar a divindade do Pai presente em Jesus. Queremos viver como filhos e filhas de Deus, como que enxertados na relação filial de Jesus ao Pai.

A revelação que Jesus faz do Pai nos ilumina sobre a relação filial que Deus cria em toda a humanidade, sem discriminação de sexo, cultura, religião, nem moralidade. Assim, ninguém pode sentir-se mais digno do que o outro, ou mais merecedor da salvação. As religiões e culturas não são outra coisa além da expressão do amor e da gratidão a Deus.

Seja como for que a divindade seja chamada, a religião é a abertura a seus dons na vida comunitária e na reconciliação com toda a criação.

Neste mundo, onde tantas culturas religiosas são chamadas a conviver, como reler essas palavras do Evangelho, de modo que apresentemos Jesus como alguém que une toda a humanidade ao Pai e todos os seres humanos entre si, e não como alguém que os separa e discrimina as pessoas de outras culturas e religiões?

4. A santificação do Sábado (Mt 12,1-21)

As reações contra Jesus continuam. Quase sempre o confronto acontece no terreno religioso, aquele que dá os sentidos últimos às coisas. Também aqui o Evangelho conta três casos de controvérsias que opõem Jesus e alguns religiosos convencidos: o fato de que os discípulos colhem espigas do campo no dia do Sábado (12,1-8); a cura do homem de mão seca (v. 9-14) e, finalmente, a cura do surdo-mudo com a polêmica sobre se Jesus cura as pessoas pelo poder do demônio ou de Deus.

O Sábado é o sinal distintivo da aliança que Deus fez com Israel no Sinai e é de instituição divina. De acordo com os evangelhos, Jesus obedecia religiosamente ao preceito do Sábado e ensinava os discípulos a obedecer. Lucas diz que, todos os sábados, Ele ia à sinagoga, "conforme seu costume" (Lc 4,16).

Aqui, a comunidade de Mateus junta a realidade do tempo de Jesus com a da época e situação da comunidade (anos 80). No tempo de Jesus, os fariseus eram mais abertos sobre a lei do Sábado. Ensinavam que salvar a vida humana suplanta o preceito do Sábado. Quem controlava a religião e tinha uma posição mais rígida eram os saduceus. No tempo da comunidade de Mateus, por assuntos como esses, alguns fariseus entravam em polêmica com os cristãos. De acordo com a tradição evangélica, aqueles determinados fariseus vieram polemizar com Jesus pelo fato de o rabino da Galileia relativizar demais o preceito do Sábado. Eles concordavam que, em necessidade de vida ou morte, poder-se-ia desrespeitar o preceito. O que eles perguntavam era se, de fato, isso estava ocorrendo no caso dos discípulos de Jesus. Eles colhiam espigas por uma necessidade extrema ou sem tanta necessidade?

Nenhuma lei da Bíblia proíbe recolher espigas para comer no dia do sábado. Ao contrário, o Deuteronômio permite que se interprete que é totalmente permitido (cf. Dt 23,26). Os comentários rabínicos haviam feito leis mais rigorosas e consideravam isso uma coisa proibida, a não ser em casos de necessidade fundamental. Jesus não diz que a lei não tem importância ou relativiza a importância do sábado. O que Ele argumenta é que na Bíblia há casos precedentes e que a lei era para libertar as pessoas, e não para oprimi-las.

Agostinha:

A interpretação da lei deve ser sempre no sentido da misericórdia.

A tradição judaica ensinava que, no sábado, se poderia ajudar um doente que estivesse em perigo de morte, mas não em outros casos, como era a situação do homem de mão seca. O estilo com o qual Mateus conta esses fatos é como se quisesse responder à questão: "É permitido fazer curas no dia do sábado?" A vontade de Deus é a vida e a liberdade das pessoas, e o sábado deve ser um sinal disso.

Os dois episódios se encerram dizendo que os chefes da sinagoga decidiram matar Jesus, mas Ele se afastou dali. Mateus interpreta que, assim, Ele cumpria a profecia de Isaías 53,4 a respeito do Servo Sofredor de Deus.

Cladilson:

Historicamente, Mateus poderia ter sido mais claro e confessar que não era verdade que os fariseus do tempo de Jesus tivessem qualquer autoridade para condená-lo à morte.

5. De quem vem o poder de Jesus? (Mt 12,22-37)

A cura do surdo-mudo já havia sido referida em Mt 9. O que se conta aqui é a polêmica que ela gerou. No tempo de Jesus e da comunidade de Mateus, os exorcistas judeus eram famosos e muito procurados. Qualquer tipo de mal, físico, psíquico ou espiritual, era atribuído ao poder de demônios, espíritos que, conforme já vimos, entraram na cultura religiosa de Israel por um processo de sincretismo com as religiões babilônicas e persas. Chamavam Belzebu (Baal Zeebu), o "senhor da casa". Jesus assume essa crença do povo. Tanto que conta a parábola sobre um homem forte (Ele) que para entrar na casa tem primeiramente de amarrar o "senhor da casa". Se não como iria apoderar-se dela? Era o modo de Ele dizer que não poderia expulsar os demônios por um poder demoníaco.

Rita:
Até hoje muita gente discute o sentido da palavra sobre o pecado contra o Espírito Santo, que nunca poderá receber perdão (v. 32).

Marcelo:
No contexto do que Jesus está dizendo significa que quem negar que Ele é o enviado divino e não aceitá-lo como rabino pode ser perdoado. (É bom que os cristãos leiam isso pensando nas pessoas de outras religiões ou sem fé que se recusam a aceitar o Cristo.) No entanto, quem nega a ação do Espírito Santo de Deus rejeita o perdão e, por isso, não pode ser perdoado. O Espírito Santo é o poder pelo qual Jesus cura as pessoas e expulsa todo o mal do mundo. Mas que atua de modo mais universal e misterioso.

Provavelmente, com essa história do pecado contra o Espírito, a comunidade de Mateus estava aludindo a certos rabinos e escribas que não só não aceitavam Jesus, mas negavam os sinais do reinado divino presente nas obras do Cristo e na comunidade de seus discípulos e de suas discípulas.

6. E o sinal de Jonas? (Mt 12,38-42)

Aqui, é difícil ter certeza do que Jesus queria dizer com isso. O Evangelho se refere a uma sentença mais simples de Jesus, comparando-se com Jonas em Mt 16,1-4. Lá Jesus diz que "essa geração pede um sinal. Não lhe será dado outro, a não ser o sinal de Jonas".

Ele afirmou que Jonas, profeta em crise e que cumpriu sua missão porque foi obrigado, era o único sinal de Deus para o povo. Agora, era Ele, Jesus, que se sentia como Jonas e dava como único sinal sua palavra, que parecia não se cumprir.

Jônathan:
Que história é essa de dizer que a palavra de Jesus parecia não se cumprir. O que significa isso?

Marcelo:
Jesus tinha anunciado que o Reino viria logo, e as pessoas não viam aquilo acontecer. Parecia que a palavra dele não se cumpria. Do mesmo modo que, no tempo antigo, Jonas anunciou que Nínive seria destruída, e Deus perdoou a cidade. O povo achava que, quando um profeta anunciava uma coisa e aquilo não se realizava, ele não era um profeta verdadeiro. Jonas sabia disso e entrou em crise. Deus o mandou anunciar a destruição de Nínive. Ele obedeceu e anunciou. Deus mudou de opinião, e o profeta Jonas foi desmoralizado. Jesus se sentiu como Jonas, um profeta em crise. No entanto, mesmo assim, Ele não iria deixar de ser profeta. E quem não o acolhesse assim e não aderisse a sua palavra, mesmo nessa situação, não teria a Palavra de Deus.

Pode também ser que "o sinal de Jonas, o profeta" fosse abreviatura de Joanes, João, o Batista. Nesse caso, o único sinal que Jesus dá aos adversários de que Ele é um profeta verdadeiro é o fato de ter sido, no batismo de João, investido como profeta.

Cladilson:

Nunca tinha pensado uma coisa dessas. Que consequência isso tem para nós, hoje?

Marcelo:

Hoje, na realidade de nossas Igrejas e comunidades, essa palavra nos estimula a receber a Palavra de Deus mesmo de uma comunidade que tem defeitos e de ministros com certa ambiguidade de comportamento e de vida.

Para as primeiras comunidades cristãs, não era fácil dizer que Jesus comparou-se a Jonas. Mateus tenta explicar essa palavra e a contextualiza. Conforme essa adaptação, Jesus teria dito: "Aqui está quem é maior do que Jonas". Mateus pegou essa palavra, em que Jesus se reconhecia em crise, e a transformou em uma profecia da ressurreição: "Assim como Jonas passou três dias e três noites no ventre do monstro marinho, assim também o Filho do Homem vai ressuscitar".

7. E a reação da família? (Mt 12,46-50)

A reação dos diversos tipos de pessoas a Jesus se completa com esse episódio no qual Mateus diz que a família de Jesus também não fazia parte do povo que acolhia sua palavra. "Estava de fora, chamando-o."

Provavelmente, essa sentença traduz uma tensão da época da comunidade. O Evangelho diz que os tais que se diziam "irmãos de Jesus" de um lado não participavam da comunidade ("estavam fora"), e do outro "chamavam", isto é, diziam-se de Jesus. Queriam ocupar um espaço ou ter direitos diferentes dos outros na comunidade. Para resolver esse conflito, o Evangelho retoma a palavra em que Jesus dizia: "Meus parentes são meus discípulos e minhas discípulas". O único pai é o do céu.

Agostinha:

A família terrena tem de aprender a criar novos laços de parentesco, fundamentados na fé e na prática da Palavra de Deus. Mais do que os outros evangelhos, Mateus usa o termo "irmão" para designar os discípulos.

Marcelo:

Na tradição litúrgica das antigas Igrejas, esse trecho do Evangelho foi e ainda é usado em certas festas que fazem memória de Maria, mãe de Jesus. É estranho porque, aparentemente, o texto seria até meio desrespeitoso com ela, já que Jesus diz: "Minha mãe e meus irmãos e minhas irmãs são as pessoas que escutam e praticam a Palavra de Deus". Entretanto, os antigos pais da Igreja diziam que foi justamente essa a maior bem-aventurança de Maria: o fato de ela ter gerado o Verbo, a Palavra de Deus, primeiramente em seu coração e somente depois em seu útero. Então, ela foi mãe de Jesus, antes de tudo, porque foi da família dos discípulos, e isso é que possibilitou que ela fosse mãe no sentido carnal.

8. Os mistérios do Reino dos céus (Mt 13)

Aqui, Mateus coloca o terceiro discurso de Jesus. Relendo esse capítulo, vocês, que leem comigo esse Evangelho, podem ver como a comunidade de Mateus soube organizar as parábolas que Jesus contou sobre o Reino de Deus. Primeiramente, não pode ser detalhe ou coincidência o fato de tomar dos testemunhos anteriores sete parábolas. Para as pessoas de cultura judaica, sete são os dias da criação, ou da semana. O Evangelho organiza uma primeira unidade de quatro como são quatro os elementos fundamentais do universo (água, fogo, ar e terra) e os pontos cardeais. Depois, conta mais três parábolas. As comunidades consideravam três o número dos elementos espirituais, pelo fato de a pessoa humana ser composta de três elementos – espírito, alma e corpo – e resumir assim a natureza tríplice da criação: o mundo superior espiritual, o mundo astral e o mundo inferior.

Agostinha:

Vemos aí como a cultura das comunidades já misturavam elementos orientais e gregos e se ligam a certas sensibilidades de hoje.

Marcelo:

Os evangelhos mostram Jesus como um contador de histórias. Em sua época, era comum os rabinos ensinarem por meio de comparações e pequenos exemplos, ou palavras e imagens (*mashal*). O grego dos evangelhos traduziu o termo hebraico *mashal* por *parabolé*, uma comparação descrita em uma história.

As parábolas dos evangelhos contêm certos aspectos originais. Geralmente, são histórias tiradas da vida comum. Algumas delas referem-se a fatos históricos, e outras, a cenas da vida diária. Alguém disse que quase todas giram em torno de três atividades básicas do ser humano: plantar e colher (realidade do campo e do trabalho), habitar e comer (realidade da casa e da convivência diária) e casar e festejar (realidade afetiva).

O capítulo 13 do Evangelho de Mateus reúne sete parábolas do Reino dos céus. O contexto em que Jesus as teria dito é uma situação de crise. O discurso das parábolas pode ser a palavra que explica as reações e dificuldades que Jesus enfrenta nos capítulos 11 e 12. Diante do fato de o Reino de Deus não estar sendo acolhido e, ao contrário, suscitar indiferenças, Jesus sente necessidade de explicar que a culpa não é dele. O semeador joga a semente, mas o resto depende do terreno onde a semente caiu. No capítulo 13, a história começa à beira do mar (lugar do povo) e, depois, é aprofundada na casa (lugar da igreja doméstica, do grupo de base).

A) A parábola do semeador (Mt 13,1-17)

Nos apocalipses judaicos, é comum a imagem da semente, do semeador e da colheita. Jesus sabe que a linguagem dos apocalipses é muito apropriada em momentos de crise. Ajudam a compreender o fracasso do momento sem perder de vista um conjunto maior. Nessa comparação, Jesus diz que o semeador lança a semente na terra, mas não tem culpa se o terreno não acolhe a semente e não lhe dá condições de desabrochar.

Certamente, em todas as gerações, os cristãos privilegiaram essa parábola, talvez muito ligados à explicação que as comunidades cristãs primitivas deram à parábola. Se, "em casa, os discípulos lhe perguntaram o sentido da parábola", era normal que as comunidades criassem uma alegoria para dar sentido a cada elemento da história ("a semente é a palavra, o semeador é o que anuncia a palavra etc."). Provavelmente, Jesus não fez a alegoria. Ele disse: "Quem tem ouvidos para ouvir, ouça" (v. 9). Isso queria dizer: "Cada um interprete do modo que puder e quiser". Era o mínimo de segurança diante da repressão romana falar veladamente, e não interpretar. Cada pessoa interpretasse como quisesse. No chamado "Evangelho de Tomé", um dos mais antigos textos apócrifos (isto é, não inscritos no cânon do Novo Testamento), a parábola do semeador é contada sem a alegoria que a acompanha em nossos evangelhos atuais.

Frei Jacir de Freitas Faria, especialista nos evangelhos apócrifos do Novo Testamento, explica:

> "A parábola do semeador em Tomé pode ser datada antes dos evangelhos, no ano 50 d.C. Muitos camponeses estavam perdendo suas terras férteis no norte do país – Galileia – para os apadrinhados políticos do império romano. A comunidade estava preocupada com a expropriação da terra. Muitos se tornavam sem terra e foram obrigados a sair de suas terras e peregrinar

em direção às cidades. (...) A comunidade de Tomé procurou, com a parábola do semeador, recordar as palavras fortes de Jesus contra uma situação social inaceitável"[6].

Parece que, quando a comunidade de Mateus retoma essa parábola, já procura aplicá-la a um contexto mais amplo. Ao afirmar que somente no grupo pequeno Jesus aceitou explicar as parábolas, Mateus joga com lugares simbólicos: a margem do mar (o mundo, o povo) e a casa (a comunidade, a Igreja). Em casa, na intimidade da comunidade, Jesus abre o coração e reparte o segredo (mistério) do Reino dos céus. Como em Dn 2,28-47, Deus revela seus segredos a quem conta com sua intimidade (*sod*). É o caso de Jesus, e, por isso, Ele pode repartir com os discípulos.

Mas, mesmo aí, Jesus constata uma situação de crise. Para explicar que Deus fala de um modo que as pessoas escutam e, ao mesmo tempo, não escutam, o texto põe na boca de Jesus uma citação de Isaías 6 na versão grega. É uma visão da missão e de seu êxito nada otimista.

Jônathan:
Tenho a impressão de certa contradição. Na parábola da semente, Jesus mostrou a atitude confiante do semeador que joga a semente tanto na terra boa, como na pedregosa. E faz isso com disposição e abertura. Agora, de repente, Ele diz que fala justamente para não ser ouvido nem compreendido. Como é possível compreender isso?

Rita:
Esse texto provoca muita confusão. Como se pode entender que Jesus diga que Ele fala propositalmente para que as pessoas não compreendam e não acolham? Não posso compreender que Deus queira que as pessoas "olhem sem ver, ouçam sem escutar,

---

[6]Frei Jacir de Freitas Faria, Ofm. Roteiros homiléticos. In: *Vida Pastoral*, julho-agosto 2011, p. 39-40.

para que não se convertam e não lhes sejam perdoados seus pecados" (Is 6,9 cit. em Mt 13,14-15).

Marcelo:

De fato, Rita e Jônathan, vocês têm razão. Esse é um dos textos enigmáticos do Evangelho que precisam ser recolocados em seu contexto. Quem conhece a Bíblia se lembra de que, de acordo com o livro do Êxodo, no Egito, o Senhor "endureceu o coração do faraó" (Êx 4,21). Também podemos compreender as razões táticas de cuidado com a segurança de seus profetas. Mas, sem o contexto adequado, lida ao pé da letra, é uma palavra que nossas comunidades têm dificuldade de compreender. Gosto da tradução literal e fiel do Chouraqui: "Eles ouvem, mas com ouvidos pesados, fecharam os olhos com medo de ver com os olhos, de ouvir com seus ouvidos, de compreender com seu coração, de fazer o retorno (converter-se) para que, assim, eu possa curá-los"[7].

O contexto no qual o profeta Isaías falou essas palavras duras, e até meio contraditórias, foi a constatação de que o profeta não era escutado. É o mesmo contexto das parábolas de Mateus 13. O Evangelho já aliviou os termos. Conforme suas palavras, o povo se fechou para não escutar e poder, então, converter-se. Mas Jesus conta a história exatamente para dizer que Ele agiu diferentemente dos rabinos religiosos de sua época e dos fariseus. Ele não falou somente aos bons e religiosos. Ele foi de um ecumenismo total. Comunicou-se com gente aberta e gente fechada, com pessoas que o acolhiam e também com quem não o acolhia. Agiu como um semeador, que é tão confiante e otimista que mesmo vendo um terreno pedregoso, ou tomado por um caminho, ainda joga a semente pensando: "Quem sabe, no fim, alguma coisa dará".

---

[7] CHOURAQUI, op. cit., p. 187.

Cladilson:

Quem de nós já escutou essa explicação da parábola? É muito raro ou difícil escutar um padre ou pastor, que fala do Evangelho, mostrando esse ecumenismo universal de Jesus, espalhando a semente do Reino de Deus em todos os cantos e para todos.

Marcelo:

De qualquer modo, no versículo 12, Mateus retrata um momento histórico da atividade de Jesus. Ele se decepciona com o resultado de seu trabalho na Galileia e, a partir daí, começa a deixar o trabalho direto com as populações da Galileia, que, como diz o capítulo 11, rejeitaram-no. Ele passa a rever o modo de testemunhar a proximidade e a vinda do Reino dos céus. Essa fase da vida de Jesus tornou-se conhecida como "crise galilaica" porque estava ligada a uma sensação de fracasso em seu trabalho com o povo da Galileia[8].

Ao reler os fatos, 50 anos depois que estes aconteceram, o Evangelho não se refere mais à crise de Jesus a não ser por alusões.

Júnior:

Entretanto, para nós, que vivemos em uma época de dificuldades, é bom saber que Jesus também teve suas crises e seus momentos de desânimo.

O rabino Nilton Bonder conta a seguinte história judaica:

> O rabino de Koznitz foi recebido como hóspede na casa do rabino Naftali de Roptschitz. Ao entrar na casa, pôs-se a olhar meditativamente para uma janela que tinha as cortinas fechadas. Quando o anfitrião notou sua curiosidade, o rabino de Kotznitz explicou seu interesse:

---

[8] Cf. J. SOBRINO. *Cristologia a partir da América Latina*. Petrópolis: Vozes, 1983, p. 112-113.

– Se você quer que as pessoas olhem para dentro, por que ter cortinas? E se você não quer que olhem, por que ter janela? O rabino anfitrião respondeu:

– Porque quando quero que alguém que amo muito olhe para dentro, abro as cortinas.

Continua o comentário de Nilton Bonder:

"Essa passagem é importante, pois faz uso de imagens interessantes. A janela e as cortinas são os elementos que permitem uma relação velada e exposta. Uma casa é um espaço definido. É a moradia da consciência. Já o "lá fora" é a imensidão não conhecida. É o tudo que inclui mesmo as inúmeras formas que não distinguimos. A indicação de que existe uma contradição entre a intenção de possuir uma janela e de vedá-la com cortinas é representativa de que o próprio instrumento de revelação é também o instrumento de velação. Quando o texto bíblico menciona com amargura os 'olhos que não veem, ouvidos que não escutam, os narizes que não percebem o olfato', o texto se refere a janelas que têm suas cortinas fechadas. Os aparatos do aparente são as próprias barreiras ao oculto. (...) A resposta do rabino Naftali indica talvez um desejar intenso que não seja racional, que envolva outras formas de percepção mais sutis do que os sentidos. A passagem bíblica (Dt 6,4-6), na qual Deus fala aos humanos de forma mais eloquente, diz o seguinte: 'Escuta, Israel (especificidade). Eu sou IaH, tua essência. Eu sou (*eloheinu*) teu meio, a essência integral. Ama a tua essência, com todo o teu coração e com toda a tua alma e com todas as tuas posses. E estejam todas essas coisas que hoje te ordeno sobre os teus corações'"[9].

B) O joio e o trigo ou "o arroz e o timbete" (Mt 13,24-30)

A segunda parábola é a do joio e do trigo, que depois a comunidade também procura alegorizar (v. 24-30 e 36-42). Na diocese de Goiás, na década de 1970, os lavradores dos grupos de Evangelho recontaram a história como sendo do arroz e do timbete (erva daninha da região).

---

[9]Cf. NILTON BONDER. *O segredo judaico de resolução de problemas.* São Paulo: Rocco, 2010, p. 56.

Jesus deve ter contado cada uma dessas histórias em um contexto próprio. A comunidade de Mateus as juntou em um só capítulo. Por isso, hoje, não sabemos exatamente a que fato ou situação essa história se referia no momento em que Jesus a disse pela primeira vez. Possivelmente, era ainda uma realidade de crise na qual Ele tinha de explicar por que havia anunciado a chegada iminente do reinado divino e isso, aparentemente, não tinha ocorrido. Se prestarmos mais atenção à última das três parábolas: — a da mulher que põe fermento no pão — ela pode nos ajudar a compreender as anteriores.

Agostinha:
Para a religião judaica oficial, a mulher era considerada impura (por ter regras e derramar sangue). Então comparar o reinado divino com uma ação de mulher já era algo subversivo em relação aos costumes e ritos religiosos da época.

Marcelo:
Ainda mais que a ação da mulher, segundo Jesus, é colocar fermento no pão. Para o judaísmo da época, fermento era o próprio símbolo da corrupção e do pecado. Até hoje, na festa da Páscoa, nas casas judaicas, procura-se qualquer mínimo resto de fermento para jogar fora. E o pão pascal é sem fermento. Então comparar o reinado divino com o fermento não é uma comparação muito aceita na sociedade judaica, ou, ao menos, não é muito elegante. Aliás, Jesus fez várias comparações assim que hoje chamaríamos de "politicamente incorretas" para a época. Por exemplo, comparar o Reino dos céus com um ladrão que assalta uma casa (Mt 24,43), com um gerente desonesto (Lc 16) ou ainda com um empregador que paga aos lavradores que trabalharam só uma hora igual aos que trabalharam o dia inteiro (Mt 20,2ss).

Júnior:

O reinado divino subverte sempre os esquemas e o modo de ser do mundo.

Marcelo:

A parábola do joio e do trigo parece ser a única do Evangelho da qual o próprio Jesus dá uma explicação apocalíptica. É Ele mesmo quem diz: "Esperem o final dos tempos. Só então os injustos serão separados das pessoas justas".

Júnior:

Não é estranho dividir as pessoas em boas ou más?

Marcelo:

Claro. Esse tipo de leitura me parece perigosa e até falsa. Além de comparar Deus com um fazendeiro rico, que tem servos (escravos), e também dizer que Deus castiga os maus com o fogo eterno (será que aceitamos dizer isso de Deus hoje em dia?), essa parábola é das que mais separam as pessoas em boas e más.

Júnior:

É claro que nós que ouvimos o Evangelho e nos sentimos cristãos nos situamos do lado das pessoas boas. Nós seríamos o trigo, e os descrentes, ou como dizem os muçulmanos "os infiéis", seriam o joio.

Marcelo:

É claro que isso vem da interpretação literal ou, poderíamos quase dizer, fundamentalista da parábola. Nesse modo de entender, Jesus teria dito que o Reino dos céus é comparado ao trigo, e o diabo é quem semeou o joio. Certamente, as próprias Igrejas dos primeiros séculos (como vocês da comunidade de Mateus) interpretaram assim. Mas é possível que essa não tenha sido a palavra original de Jesus. Como já está explicado no início deste capítulo, possivelmente, Ele contou essa parábola em tempo de crise. Sentia-se incompreendido e rejeitado e estava criticando o sistema político e religioso de seu tempo. Ele tenta explicar ao povo e aos discípulos por que tinha anunciado o Reino, e, afinal, aparentemente nada tinha mudado. O reinado divino não tinha chegado ainda, como as pessoas cobravam dele. Se o contexto é esse, o fazendeiro que planta o trigo é o sistema. Se fôssemos nós também fazermos alegoria, o fazendeiro não seria Deus. Seria o Império Romano e todo império do mundo. E, ao contrário da interpretação comum da parábola e mesmo de como a comunidade de Mateus a entendeu, o reinado divino é justamente o adversário do império ou do sistema. É o tal inimigo que vem e joga no campo a erva daninha. E ninguém pode ir contra ela. Não adianta tirar o joio logo porque, como ele é venenoso, contaminaria o trigo inteiro. Só no tempo da colheita é que se pode separar. Então, se é assim, Jesus está dizendo que o Reino vem mesmo e que ninguém pode fazer nada contra ele. Depois vai explicar mais ainda isso na parábola do grão de mostarda.

Jônathan:
A comunidade do Evangelho leu isso como se Jesus tivesse insistido na tolerância e na paciência.

Marcelo:
Tudo bem. É normal que o mesmo texto vá recebendo diversas interpretações no decorrer dos tempos. Aqui se encontram sim a tolerância de Jesus e o fato de que trigo e erva má devem conviver até o final dos tempos. De fato, o reinado divino se desenvolve no meio das ambiguidades da vida e da história. A erva daninha só é tirada e separada do trigo na época da colheita.

C) A semente difícil de ser controlada (Mt 13,31-35)

Será que Jesus disse mesmo que o lavrador plantou a semente de mostarda? De qualquer modo, o grande fazendeiro que planta trigo em seu campo não é o mesmo agricultor que planta a mostarda em sua horta. Essa parábola pode ser mais doméstica. Entretanto, se o contexto de Jesus é o mesmo e, portanto, está falando do fazendeiro, então, a interpretação da mostarda é outra.

Alguns estudos atuais revelam que havia um tipo de mostarda que não era exatamente plantada. Era uma praga e era o tipo de mostarda que crescia mais do que as outras hortaliças (os pássaros podiam se aninhar em seus ramos). Há relatos antigos que documentam: os fazendeiros faziam de tudo para se livrar dessa mostarda e não conseguiam. Nenhum fazendeiro gostava de pássaros, porque eles comiam a semente e a plantação.

A semente de mostarda era a menor de todas e era teimosa e dura de arrancar. Então, Jesus está dizendo que o reinado divino é como uma praga na lavoura: quando a semente cai em um terreno, não tem mais jeito. Ninguém consegue arrancar[10].

Mais tarde, os comentadores passaram a sublinhar o contraste entre um início pequeno e insignificante e um resultado brilhante (uma árvore). Essa imagem já aparecia desde a primeira parábola. Mas não parece ser a questão central para Jesus. Ele queria sublinhar mais outra coisa: o caráter persistente e invencível do Reino dos céus, como na parábola do joio e do trigo. O Evangelho coloca essa parábola logo depois da história do trigo e do joio e junto com a parábola do fermento. Assim como as parábolas anteriores e a seguinte, é uma outra forma de dizer que o reinado divino é persistente. Quando chega, ninguém consegue destruí-lo, como uma praga no campo.

---

[10]Este tipo de interpretação encontra-se em JOHN DOMINIQUE CROSSAN. *Jesus histórico:* vida de um camponês judeu do Mediterrâneo. Rio de Janeiro: Imago, 1994.

A parábola do fermento muda os protagonistas. Se, nas primeiras histórias, era o lavrador quem lidava com o problema, na do fermento, quem atua é a mulher, dona de casa. A mulher faz o fermento escondido na massa levedar a massa inteira. Para a lei judaica, tanto a mulher era um elemento que representava a impureza religiosa (a lei judaica tinha regras que a tornavam impura) como o fermento era para os rabinos símbolo de impureza. Como já mostramos, é mais uma imagem de como o reinado divino é subversivo em relação ao mundo e às regras religiosas. Não só do judaísmo da época de Jesus, mas de todo o sistema religioso.

Cladilson:
Hoje, talvez Jesus contasse a parábola de uma mulher episcopisa ou bispa de uma Igreja. E Ele contaria isso nesse contexto em que algumas Igrejas mais tradicionais e fundamentalistas em relação aos textos evangélicos não aceitam que a mulher exerça os mesmos ministérios que o homem exerce.

Marcelo:
No contexto em que Jesus fala, a mulher mistura o fermento na massa e faz o pão na intimidade da casa. O Reino é assim: rompe com todas as estruturas da sociedade e dá um resultado bom de algo que nem sempre as pessoas valorizam.

D) O tesouro e a rede (Mt 13,44-50)

A história do homem que, em um campo alheio, encontra um tesouro e o esconde novamente para comprar o terreno também não seria um bom exemplo de moral. Mais uma vez, vemos que as parábolas do reinado divino vão contra as convenções da sociedade da época e mesmo da sociedade atual. Pode ser que Jesus tenha contado um fato da vida que, depois de ocorrido, tornou-se conhecido. Ou, propositalmente, Ele quer mostrar como o Reino se apresenta a partir das realidades ambíguas da vida de cada dia? O Reino de Deus é subversivo.

As parábolas do tesouro e do negociante que, por acaso, encontra uma pedra preciosa voltam à questão fundamental. Jesus anuncia o reinado divino para todos, e todos podem acolhê-lo. Mas há uma exigência fundamental: o Reino pede um compromisso de vida. Bonhoeffer interpretava essas parábolas dizendo que a graça divina é de graça, mas, contraditoriamente, tem um preço, e um preço alto. A Deus custou a vida de seu próprio Filho. A cada pessoa pede para arriscar tudo para poder ter o tesouro ou a pérola, encontrados de graça. Bonhoeffer falava do "preço da graça". Aparentemente é contraditório dizer que a graça de Deus é gratuita, mas "custa caro". Em nossa vida, isso continua assim: a graça é gratuita, mas pede que apostemos tudo para podermos receber a graça de viver o projeto divino neste mundo.

E) Uma quase assinatura da comunidade de Mateus (Mt 13,51-52)

Encerrando o discurso sobre as parábolas, a comunidade de Mateus confirma que, entre as pessoas que ouvem, as que aderem (aceitam ou compreendem) são discípulos e discípulas. E a palavra que Jesus diz a eles e elas, de fato, dirige aos novos (e novas) escribas, que aceitam se tornar novamente discípulos e discípulas do Reino dos céus. E eles, como a comunidade de Mateus, fazem isso tirando do tesouro da Palavra de Deus coisas novas e velhas, unindo o antigo e o novo em uma síntese ecumênica que hoje queremos retomar.

Pergunta à comunidade de Mateus:

Qual a consequência das parábolas do Reino na comunidade de vocês? Essas palavras ajudaram vocês a resistirem em meio às incompreensões e dificuldades?

Jesus contou as parábolas para mostrar que era normal o relativo insucesso de sua pregação. Vocês também viveram essa abertura aos mais pobres, aos pagãos e aos excluídos pelos rabinos da época. Como vocês conseguiam viver o pluralismo dentro da comunidade?

Neste mundo, no qual a comunicação é centrada na imagem, e não apenas na palavra escrita ou oral, é mais importante do que nunca a parábola. As comunidades religiosas querem ser parábolas do Evangelho para todas as pessoas que as procuram ou conhecem.

Jesus falou em parábolas para se prevenir contra a repressão romana. Falando em parábolas, podia ser menos claro e menos agressivo. Também porque era mais didático e afetuoso. Como falar do Reino de Deus sem ser de modo aproximativo e simbólico?

Queridos irmãos e queridas irmãs de hoje,

1. Vocês não acham que as Igrejas deveriam redescobrir as parábolas do Reino?

2. Quais seriam as mais adequadas? Essas que aparecem no Evangelho ou histórias da vida atual? Como descobri-las?

> "É no anúncio e na prática do Reino realizado por Jesus que se encontra o fundamento para a manutenção simultânea da identidade e unicidade do cristianismo e sua abertura às outras religiões. (...) A identidade da Igreja consiste em descentrar-se de si mesma e concentrar-se no Reino de Deus, assumindo o seguimento de Jesus e a práxis de seu Reino" (Eduardo Schillebeeckx)[11].

---

[11]E. SCHILLEBEECKX. Umanità la storia di Di. Brescia: Queriniana, 1992, p. 240.

Oração de um místico muçulmano

"Meu coração tornou-se capaz de qualquer forma.
É um pasto para gazelas e é um convento para cristãos.
É um templo para ídolos e a Caaba do peregrino,
as tábuas da Torá judaica e o livro do Corão.
Sigo a religião do Amor: qualquer caminho que tomem
os camelos do amor, essa é a minha religião e minha fé
(Ibn 'Arabi, século XII – XIII)"[12].

---

[12]Cf. FAUSTINO TEIXEIRA. *Teologia das religiões*: uma visão panorâmica. São Paulo: Paulinas, 1985, p. 203-204.

VI
O testemunho no Reino, na comunidade

Queridos irmãos e queridas irmãs da comunidade reconciliada de Mateus,

São 2 horas da tarde e lhes escrevo após ser vencido pelo desejo de um rápido cochilo, que, para quem acorda muito cedo, tem a função de repor as forças do corpo e do espírito.

É hora de retomada da lida diária; momento dos mais exigentes e duros do dia. Com este calor, não é fácil estudar, nem trabalhar. O tempo parece adormecido. Nenhum pássaro canta. Nas árvores, nenhuma folha se mexe. O céu viaja lentamente do azul límpido da manhã para um tom acinzentado, que veste as nuvens como uma capa de proteção e, até o final da tarde, fatalmente nos trará a chuva benfazeja.

Na jornada de uma vida, o tempo após o meio-dia significa a fase madura da pessoa. Nela, o cansaço do dia começa a pesar e ainda é necessário trabalhar. Na Igreja, muitas pessoas, engajadas no caminho da fé ou no trabalho pela justiça, experimentam o peso do desânimo. A própria experiência atual da Igreja conduz militantes e agentes de pastoral a momentos de amargura e ceticismo. Nesses momentos, a solidariedade é fundamental. Dizia José Marti, o grande cubano: "Quando outros choram sangue, que direito tenho eu de chorar lágrimas?"

Uma vida em comunidade oferece a possibilidade de se apoiar uns nos outros nesse caminho da comunhão com os irmãos e as irmãs que sofrem mais. Mas a comunidade também tem seus momentos de digestão após o almoço.

Relendo o Evangelho, vejo que a comunidade de vocês precisou despertar os irmãos e as irmãs dos cochilos da rotina e das crises habituais da vida. Assumiu a crise existente, os problemas do dia a dia e resolveu tratá-los em nome de Jesus Cristo. O quarto livrinho, no qual vocês organizaram o Evangelho, tem como primeira parte a descrição do modo como Jesus forma os discípulos para segui-lo (cf. Mt 13,53–17,27). A segunda parte traz o quarto discurso: o sermão sobre a comunidade (cap. 18).

1. A rejeição de seus próprios conterrâneos (Mt 13,54-58)

Aqui, Mateus conta que Jesus deixou sua "pátria" por causa da incompreensão de seus compatriotas. Conforme outra fonte (Mc 6,1ss), sabemos que o texto se refere a Nazaré, embora a comunidade de Mateus evite nomeá-la a cidade e tenha dito que a cidade onde Jesus morava era Cafarnaum. Falando de sua "pátria", o Evangelho deixa no ar a ideia de que se trata de mais do que a cidade. É todo o ambiente e o modo de pensar e ver. Conforme Mateus, é a última vez que Jesus é visto em uma sinagoga, que Mateus chama de "sinagoga deles". Talvez seja um modo de indicar que os cristãos das comunidades do Evangelho já não se reuniam mais na sinagoga.

As pessoas de Nazaré não compreendem como, sendo Jesus um simples artesão (o termo "*tecton*" significa mais do que carpinteiro), pode ter a sabedoria e o poder do Messias. Querem um Messias com força política e com condições de restabelecer a realeza de Israel, e esse não é o caminho que Jesus toma. Daí a rejeição. Rejeitam Jesus como seus antepassados rejeitaram os profetas. Para os leitores e ouvintes do Evangelho, vocês contam essa história de um modo que, logo, nos lembra dos outros profetas da Bíblia e de como todos foram rejeitados pela sociedade vigente.

Cladilson:

Quando lemos essa história do modo como o profeta Jesus foi rejeitado, não podemos estranhar que, nesta sociedade atual, qualquer um de nós que queira segui-lo seja visto como uma espécie de bicho-grilo, um cara meio pirado e fora dos padrões convencionais da turma, seja das universidades, seja do campo profissional e mesmo das rodas de bar...

Marcelo:

Até mesmo nos ambientes institucionais de Igreja, às vezes, quem aceita ser profeta ou profetiza tem dificuldade de inserção e de ser acolhido. Basta ver a história do testemunho de João Batista.

2. O martírio de João Batista (Mt 14,1-12)

Ao contar que Herodes, o tetrarca (administrador de quatro regiões) da Galileia, confundia Jesus com João Batista, que ele, o rei, havia mandado degolar, vocês fazem um parêntesis na história para contar como o rei tinha mandado matar o profeta a pedido da filha de sua amante. Vocês resumem tanto a história, que herdaram de Marcos (Mc 6,14-29), que ela fica um pouco confusa e com algumas pequenas contradições.

Historicamente, sabe-se alguma coisa desse episódio pela fonte de Marcos e por alusões de Flávius Josefus, um historiador judeu do final do século I. Parece que o profeta João condenava em Herodes Antipas o fato de ele ter feito de conta que cumpria a lei do levirato, desposando a ex-mulher de seu irmão Filipe. Ora, o caso não se prestava a isso (Dt 25,6). Tinha uma implicação religiosa, mas era muito mais um ato de poder político. Tomar a mulher era tornar-se influente naquele reino. Filipe, tetrarca do outro lado do Jordão, era um homem mais tranquilo, parecia um bom fazendeiro. Herodes ambicionava tomar a sua posse. A condenação do profeta João acarretou a revolta do povo. Tanto que, algum tempo depois, Herodes Antipas foi deposto e mandado para Roma. Então, politicamente, o rei tinha motivos para mandar prender João. Não por ser profeta, mas por ser tomado como chefe político[1]. Ele só não imaginava que a intriga da mulher o "obrigaria" a mandar matá-lo. Vocês estabelecem uma comparação entre João Batista, denunciando o modo de o rei Herodes Antipas agir, e a luta de Elias contra o rei Acab e a rainha Jesabel (1Rs 21). Também lembram alguns detalhes da história da rainha Ester (Est 5,3; 7,2).

A própria sociedade é como esse banquete fundamentado na morte. Não é um detalhe que a cabeça do profeta seja oferecida à mulher em um prato. Hoje ainda, a exclusão dos pobres e a morte de milhões de seres humanos faz parte do banquete dos grandes.

Rita:
É em torno de mesas fartas e requintadas que os poderosos do mundo decretam as medidas econômicas e sociais responsáveis pela fome, pelo desemprego e pela morte dos pobres.

Jônathan:
No modo como o Evangelho conta a história do assassinato de João, não há uma certa antecipação da própria Paixão do profeta Jesus?

Marcelo:
Sem dúvida. E isso não foi inventado pela comunidade de Mateus. De fato, sabendo que o próprio rei Herodes Antipas o associava a João, chegando até a confundi-lo com o Batista ressuscitado, e que os discípulos de João o sentiam como sucessor do profeta, Jesus percebeu que sua vida estava mais ameaçada do que nunca e fugiu para outra região, onde Herodes Antipas não tivesse poder.

---

[1] Cf. CHOURAQUI, op. cit., p. 198.

3. A refeição que sinaliza partilha e vida para todos (Mt 14,13-21)

Assim que os discípulos de João lhe dão a notícia da morte de João Batista, Jesus se retira para o deserto.

Cladilson:
No Brasil e em vários países da América Latina, tivemos ditaduras militares, que provocaram a morte e o desaparecimento de muita gente. Naqueles tempos, muitos jovens tiveram de viver como refugiados em outros países ou clandestinos em sua própria pátria. Hoje ainda, o mundo tem milhões de pessoas que vivem na clandestinidade ou como refugiados em outros países para escapar da morte ou da prisão. É possível dizer que Jesus fugiu para o deserto como um clandestino ou refugiado político que tenta escapar da repressão de uma ditadura?

Marcelo:
Exatamente. Jesus viveu um longo tempo de clandestinidade. O texto utiliza dez vezes o verbo "retirar-se", sempre quando se trata de perseguições, como quando Herodes, pai de Herodes Antipas, ameaça o menino, e José foge com Ele para o Egito. Porém, mesmo na crise de vida e na clandestinidade do deserto, Jesus encontra a multidão (gente também marginalizada) e acaba oferecendo um novo maná do deserto (como em Êx 16).

Agostinha:
Mesmo clandestino, Jesus cuida de sempre revelar a misericórdia e a compaixão de Deus. Mesmo no deserto e correndo risco de ser encontrado pelos poderosos, Ele não deixa de acolher o povo faminto e alimentá-lo, além de curá-lo. O motivo de tudo é a "compaixão" (literalmente: amor que vem do útero).

Marcelo:

Mateus conta que, no deserto, Jesus providencia comida para o povo faminto. É um banquete contrário ao banquete de Herodes, do qual o Evangelho fala no começo desse capítulo. O primeiro foi um banquete elitista e centrado na exclusão das pessoas e até na morte, no assassinato do profeta. O banquete de Jesus retoma o gesto divino de alimentar o povo bíblico no deserto.

Cladilson:

O texto de Mateus não fala em "multiplicação" de pães.

Marcelo:

Sim. A exegese mais atual sempre usa o termo "repartição". É mais justo. É um fato tão importante para as comunidades que os evangelhos guardaram seis relatos do mesmo fato: duas em Mateus e duas em Marcos, uma em Lucas e uma em João.

O relato não se centra em detalhes sobre como a cena aconteceu. Historicamente, é muito provável que, como explicam alguns[2], o "milagre" de Jesus tenha sido fazer com que alguém que tinha muito pouco (cinco pães e dois peixes) tenha aceitado pôr esse pouco à disposição de todos. Vendo isso, certamente outros fizeram o mesmo. Quando compartilhado, o pouco deu para todos e ainda sobrou.

O Evangelho se preocupa mais em aprofundar o significado dessa história. Mateus a conta a partir do texto bíblico que narra que o profeta Eliseu distribuiu pão para seus discípulos (cf. 2Rs 4,42-44). Como já foi dito, lembra também a tradição do maná do deserto. Isso significa que o projeto do Reino, que Jesus quer trazer, é de partilha e gratuidade. Do maná do deserto, nada podia sobrar. Do pão repartido por Jesus, todos comem e sobram 12 cestos. É um sinal messiânico.

---

[2] Cf. FREI BETTO. *Entre todos os Homens.*

Na tradição judaica, o banquete é símbolo da comunidade dos últimos dias (cf. Is 48,21; 49,9-10; 55,1; Sl 23,1-5 e outros). Os documentos do Mar Morto dizem que cada refeição é sinal e antecipação do banquete do Reino de Deus.

Júnior:
Nos sermões da Igreja, muitos padres ligam essa história da repartição dos pães à Eucaristia...

Marcelo:
De fato, Mateus dá à narrativa um tom que lembra a Eucaristia. Não para reduzir o fato a um acontecimento ritual. É errado os padres interpretarem a repartição dos pães como o que ocorre na missa, porque assim reduzem tudo ao rito. Mateus fez o contrário: lembrou aos cristãos de seu tempo que celebrar a Eucaristia só tem sentido se for para nos ajudar a viver uma vida de partilha. A Eucaristia é sacramento da vida partilhada, da comunhão. Cada Eucaristia deveria ter esse sentido de partilha e de anúncio de uma sociedade justa e compassiva.

4. O encontro sobre o lago (Mt 14,22-36)

Quem lê, hoje, esse relato estranha que Jesus tenha obrigado os discípulos a subir na barca para o outro lado do Mar da Galileia.

Agostinha:
Já vi até quem comentasse achando que Jesus fez de propósito para eles sofrerem a tempestade no lago.

Marcelo:
Isso seria imaginar Jesus como um homem sádico, que quer mostrar seus poderes à custa do sofrimento e medo dos discípulos. Pelo contexto, Mateus deixa a entender que Herodes achava que Jesus era João Batista ressuscitado, e isso significava

que, a qualquer momento, ele decidiria matar Jesus também. Já vimos que Jesus estava no deserto como clandestino e queria se esconder dos poderosos. O episódio da repartição dos pães, que a comunidade de Mateus acabou de contar, tornou a estadia de Jesus ali naquele território mais insegura e perigosa. Era difícil se esconder em um lugar onde Ele tinha sido visto por tanta gente. E as pessoas contavam a repartição dos pães, que viam como um milagre. Contando o mesmo fato, o Evangelho de João mostra que o povo queria se apoderar de Jesus e fazê-lo rei. Ele teve de fugir para a montanha (cf. Jo 6,15). Fica claro que havia um problema político: um contexto de subversão compreendido pelos poderosos da terra. Jesus percebe o perigo e "força" os discípulos a fugir para o outro lado do mar, jurisdição do tetrarca Filipe, que já vimos tratar-se de um homem mais calmo e pacífico. E Ele mesmo, sozinho, sobe à montanha para orar.

Certamente, a história da tempestade tem um fundo histórico. Até hoje, o lago da Galileia é famoso por suas fortes e terríveis tempestades. Em uma delas, os discípulos de Jesus correram um grande risco, e, nela, o Evangelho de Mateus viu um sinal forte da intervenção salvadora de Deus por meio de Jesus. Talvez, a base dessa narrativa tenha sido um relato de aparição do Senhor Ressuscitado. De todo modo, a história de Jesus vindo de madrugada, andando sobre as águas para salvar os discípulos na barca, é uma parábola bonita sobre como Jesus se manifesta mesmo em meio às tempestades de nossas noites.

Agostinha:
Na maioria das vezes, fomos educados a pensar em Deus no silêncio, na paz, e associar a presença de Deus à claridade e à beleza de uma natureza tranquila.

Marcelo:
De fato, comumente, não pensamos em Deus presente nas tempestades da vida e na escuridão de nossas noites do espírito.

Essa palavra do Evangelho revela que Jesus traz a presença divina para o coração de nossas angústias, nossos medos e nossas noites escuras.

É claro que a barca é símbolo da comunidade cristã (cf. 8,24), e o fato de a comunidade de Mateus contar a história, falando três vezes em "medo", "angústia" e "pavor", mostra a realidade da comunidade. A cena de Pedro se sentindo afundar no caminho entre a barca e a figura de Jesus, que o chamava, também é símbolo de que a insegurança e o afundamento no mar do mundo podem atingir até aquele que representa a comunidade.

Cladilson:

Mesmo os apóstolos e ministros afundam e sentem medo no meio do caminho para o Cristo, quando a tempestade se torna mais ameaçadora.

Marcelo:

O ato de fé de Pedro e de cada crente que lê a ação de Jesus se realiza a partir da ressurreição. Vê em Jesus o "consagrado de Deus", sobre o qual o Salmo 2,7 dizia: "Tu és meu Filho".

Um aspecto que parece problemático na história é o título que Pedro dá a Jesus de "*Kyrios*", "Senhor". Na época, era um título subversivo porque só o imperador de Roma se intitulava de *Kyrios*. Ao dar a Jesus ressuscitado esse título, os cristãos primitivos mostraram que não aceitavam o absolutismo de nenhum poder humano. Só Jesus é o *Kyrios,* Senhor de nossa vida. Hoje, aquele título, que tinha uma conotação subversiva e transformadora, tem uma dimensão problemática porque, na história, foi interpretado na linha do patriarcalismo. Deus foi visto como um patriarca macho (Senhor JWHW), e Jesus é Senhor. Culturalmente, esse *kyriakismo* tem sido, na expressão de nossa fé cristã, um elemento que acaba colaborando com a marginalização da mulher.

Agostinha:

Mary Daly, teóloga norte-americana, disse muito claramente: "Se Deus é homem, o homem é Deus"[3].

Marcelo:

A teologia latino-americana e do terceiro mundo deve assumir essa sensibilidade[4].

História budista

"Um dia, um homem piedoso estava tão absorvido pela meditação-contemplação do Buda que, sem perceber, entrou no rio e começou, tranquilamente, a andar sobre as águas. De repente, ele percebeu as ondas e saiu de sua meditação. Imediatamente, começou a afundar. Voltou ao estado de meditação-contemplação do Buda e imediatamente pôde retomar seu caminho por cima das águas"[5].

---

5. Novo resumo de curas (Mt 14,34-36)

"Naquele dia, acontecerá que dez homens de todas as línguas das nações pegarão um judeu pela franja do manto (*sitsit*) e lhe dirão: 'Iremos contigo, porque percebemos que Deus está com vocês'" (Zc 8,23).

Em cada seção Mateus faz um resumo das atividades de Jesus. Aqui, mostra que, de fato, após aquele tempo no deserto, Jesus está com os discípulos na planície ao noroeste do Mar da Galileia, não muito longe de sua primeira residência, e lá continua sua missão.

---

[3]MARY DALY. *Beyond God the Father*. Boston: Beacon Press, 1973, p. 19.

[4]LUIZA E. TOMITA. Crista na dança de Asherah, Íris e Sofia. Novas metáforas divinas para um debate feminista do pluralismo religioso. In: ASETT. *Pelos muitos caminhos de Deus II, teologia pluralista da libertação*. São Paulo: Loyola, 2004. Em espanhol, Quito, 2004, p. 109.

[5]R. STEHLY. Boudhisme et Nouveau Testament. In: *Révue d'Histoire et Philosophie des Réligions*, 57 (1977), p. 433.

É fundamental que nos dêmos conta de como este resumo das atividades de Jesus, em seu momento de crise, não contém mais nenhuma referência a uma doutrina explícita, mas a uma atividade de lutar contra o mal que as pessoas sofrem. O Evangelho descreve a função de Jesus principalmente como terapeuta. As pessoas vêm para ser curadas.

Rita:
Hoje, as Igrejas históricas estranham demais que a massa de pobres corra para igrejas neopentecostais e grupos independentes que lhes prometem cura e solução para seus problemas imediatos.

Marcelo:
Sem dúvida, a propaganda "Pare de sofrer!" pode ser imediatista e parecer centrada na Igreja e em seus interesses, mais do que no Senhor, que cura gratuitamente. Mas continua para nós um grande desafio: incluir em nossa missão essa dimensão essencial da função do Cristo. É importante aprofundarmos o contato e diálogo com algumas tradições judaicas da diáspora, como os terapeutas do Egito[6], e com místicas orientais antigas que nos podem ensinar as técnicas de respiração, de meditação e quietude, a unificação do corpo e do espírito, tanto no plano da alimentação como em todo nosso estilo de viver.

Graças a Deus, nos últimos anos, em toda a América Latina e especificamente no Brasil, têm se desenvolvido muitos trabalhos de saúde popular, que revalorizam as antigas práticas preventivas de saúde e as técnicas curativas dos povos indígenas e das comunidades populares.

---

[6] Cf. JEAN PIERRE LELOUP. *Os Terapeutas do Egito*. Petrópolis: Vozes, 1997; e outros livros deste autor publicados pela mesma editora.

6. Da tradição dos anciãos à refeição aberta a todos (Mt 15,1-20)

Vocês da comunidade de Mateus vão me desculpar a franqueza, mas, às vezes, acho vocês pouco ecumênicos com os rabinos e anciãos (presbíteros) da comunidade judaica. Sem dúvida, o nosso ecumenismo tem como base a opção pela vida e pela justiça. Além do que, não adianta a unidade se não for baseada na verdade. Mas, gente! Às vezes, vocês são agressivos. Nessa discussão que vocês contam que Jesus teria vivido com os anciãos sobre a questão dos ritos purificatórios, mostram Jesus muito agressivo com anciãos que, apenas, vieram lhe fazer uma pergunta.

De fato, o Evangelho reúne uma série de questões sobre a comida. Os anciãos levantam a questão da importância do rito de lavar as mãos antes de comer. Depois, Jesus conversa com os discípulos que não existe propriamente alimento impuro e, após um incidente com uma mulher pagã, em que fica claro que os não judeus também devem ser acolhidos na ceia do Reino, e não se trata de dar aos cães ou alimento dos filhos. E tudo se conclui com um novo relato da repartição dos pães.

Cladilson:
Em termos de históricos, o que pode estar por trás disso?

Marcelo:
Certamente, o que está por trás disso é a prática das primeiras comunidades cristãs da refeição aberta, da qual ninguém é excluído. Essa foi a prática de Jesus e é uma das mais importantes características de sua missão. Não sei como Ele conjugava o fato de comer em casa de publicanos e de gente fora da lei com as práticas rituais que Ele próprio, como todo bom judeu, valorizava e seguia. Penso que o que Ele não aceitava era absolutizar essas leis fazendo-as passar acima da valorização da vida e das relações.

Para a espiritualidade dos anciãos (judeus) e de muita gente em todas as religiões, as práticas rituais são essenciais à religião. Eu era quase criança quando, já antes do Concílio, a Igreja mitigou o rigor em relação ao jejum eucarístico (o tempo no qual não se podia comer antes de comungar). Lembro-me de como, para muita gente, foi difícil sentir-se livre diante daquelas normas e cuidados que eram severos, mas davam a segurança de uma lei, de um critério aos que queriam ser fiéis. Era como se jejuar da meia-noite até a hora da comunhão desse mais garantia de uma comunhão bem-feita e do agrado de Deus do que uma comunhão feita sem jejum.

Todos os judeus sabiam que essas prescrições rituais quanto a lavar as mãos não são diretamente da Palavra de Deus na Bíblia. São interpretações dos anciãos, posteriormente escritas no Talmud. Mas, em uma época como a de Mateus, na qual não havia mais templo em Jerusalém, era normal que o judaísmo se apegasse mais a essas normas domésticas e do ritual de cada dia.

Jônathan:
Era a forma de preservar a identidade religiosa e até cultural do seu povo.

Marcelo:
Quanto mais conheço uma comunidade do candomblé Ketu, mais fico impressionado como seus membros são rigorosos na observância dos preceitos rituais. Até hoje, os cânticos são em língua iorubá, as comidas rituais são as mesmas de antigamente, independentemente do preço do camarão ou do trabalho de descascar manualmente cada grão de feijão branco para fazer o acarajé. Em um mundo como o nosso, os preceitos da iniciação continuam exigindo o retiro absoluto de tantos dias, as roupas rituais de cada santo e assim por diante.

Júnior:
Certamente, essa fidelidade à tradição permitiu às comunidades negras resistirem a todas as perseguições e

preservarem uma cultura que, se não fosse assim, certamente, estaria perdida.

No século XX, depois de tantos séculos de dispersão pelo mundo todo, muitos israelitas voltaram a Israel, a sua terra de origem. Retomaram sua língua original e sua cultura própria. Só podemos lhes agradecer isso. Além do bem que isso faz a eles, representa um enriquecimento cultural para o mundo inteiro.

Cladilson:

Sim, contanto que eles não façam isso à custa dos palestinos pobres expulsos violentamente de seus territórios.

Marcelo:

Sem dúvida. Evidentemente, para que isso possa ser feito de um modo que ajude e não escravize, a tradição deve ser capaz de adaptar-se a cada realidade geográfica e política diferente. Ela também é evolutiva e não arqueológica. Esse deve ter sido o ponto da divisão entre a comunidade de Mateus em relação às exigências dos líderes judaicos do final do primeiro século da era comum.

Uma vez li uma história sobre o famoso rabino Akibá. Contava que, quando o santo homem estava preso pelos romanos, davam-lhe apenas um pouco de água para beber e uma ração mínima de alimentos para que ele não morresse de fome. De tal modo o rabino cumpria as prescrições dos anciãos, que ele quase morreu de sede e teve de ser socorrido em perigo de morte. Por quê? Como não tinha água para as abluções, a pouca água, que ele recebia para beber, ele usava para as abluções. Preferia morrer de sede a desrespeitar as tradições judaicas.

Essa é exatamente a questão sobre a qual o Evangelho discute. Conforme o relato do Evangelho, Jesus teria discutido com os anciãos vindos de Jerusalém só para encontrá-lo no norte do país. Jesus não desculpa os discípulos por comerem sem lavar as mãos. Ele não diz que não é necessário cumprir esse rito.

Ele chama os anciãos de hipócritas porque defendem uma lei em benefício próprio. O critério de Jesus é que a obediência à tradição deve obedecer a prioridades e tem uma hierarquia de valores: por exemplo, é mais importante atender às necessidades do pai e da mãe do que fazer uma oferta ao templo.

O critério fundamental da tradição é que ela é em função da vida e da justiça. O próprio culto deve ser celebração da vida na comunhão com o Senhor. Por isso, Jesus cita Isaías 29,13 para dizer que o povo quer fazer culto a Deus, mas não se interessa em cumprir a vontade divina. Como isso poderia agradar-lhe?

A questão sobre os alimentos (puros e impuros) mereceu discussões das comunidades cristãs (cf. Gl 2,11-14; At 15,1-35 e 1Cor 8,1-13).

Cladilson:
Mateus, como Paulo, sublinha a liberdade diante da comida.

Marcelo:
Mas acho Mateus duro demais com os anciãos e fariseus ("são cegos conduzindo cegos"). Chega a dizer que Jesus dividiu as pessoas em "plantas que o Pai plantou e plantas não plantadas por meu Pai" (v. 13). A imagem do povo de Israel como "plantação do Pai" vem de Isaías 5,7 e foi retomada pelos textos de Qumran. Será que Jesus afirmou mesmo que os anciãos de Israel não são plantas que o Pai plantou? Até durante a Paixão e diante de um sumo sacerdote corrupto, Jesus o reconhece como sumo sacerdote, e o Evangelho de João chega a dizer que Caifás profetizou (Jo 11,45ss).

Penso que essa dureza de Mateus se deve à violência que as comunidades cristãs estavam sofrendo naquele momento e à raiva que isso dava contra quem os estava perseguindo. Mas não precisavam dizer que Jesus disse isso. No texto da tradição sobre o qual se apoia para contar isso (Mc 7,1-23), não há essa agressão. Isso parece mais uma discussão das comunidades dos anos 80 com os rabinos da época do que de Jesus com os fariseus da época dele. Ele tinha mais problemas com os saduceus e sacerdotes do templo do que com os fariseus, em cujo ambiente nasceu o cristianismo (Ele mesmo, Paulo etc.).

Jônathan:
É bom o fato de Mateus ter transformado essas exigências rituais em critérios éticos. O importante é a justiça, a veracidade nas relações humanas, e o que é impuro é toda a maldade que se faz contra o outro.

7. De quem é Deus e quem é dono do Reino? (Mt 15,21-28)

Marcelo:
Neste caso aqui, parece que a comunidade de Mateus foi fiel (poderíamos dizer quase "até demais") à ação e à prática de Jesus. Para nós das comunidades cristãs de hoje é bom saber que Jesus também enfrentou recaídas e hesitações no caminho ecumênico que Deus exigiu dele como exige de nós.

Pior ainda do que a época de Jesus, o final do século, no qual o Evangelho foi redigido, era de muita tensão e intransigência religiosa entre os grupos judeus. E a experiência com os não judeus era em geral tão negativa (era o império opressor) que também a religião refletia essa inaceitação em relação ao estrangeiro. Todo contato com os "*goims*" (gentios ou pagãos) era considerado impuro e perigoso. Principalmente, se esse contato era no ato de comer. A refeição é sinal de compromisso e aliança. Os rabinos ensinavam que "comer com um idólatra é como comer com um cachorro".

Rita:
Será que a palavra de Jesus à mulher cananeia (hoje seria palestina) alude a esse ensinamento rabínico?

Marcelo:
Mateus conta a história do encontro entre Jesus e a mulher estrangeira com algumas expressões que comparam o episódio

com o que já havia contado de seu encontro com o oficial romano de Cafarnaum (Comparem Mt 15,22 e 8,10 ou 15,28b e 8,13).

Desde antigamente, na tradição bíblica, Tiro e Sidônia representavam os povos pagãos (cf. Is 23,2.4.12; Jr 47,4; Zc 9,2-3). O Evangelho já tinha mostrado Jesus se lamentando pela rejeição que sofreu das cidades do lago dizendo que "até Tiro e Sidônia" teriam melhor sorte no julgamento do que elas (Mt 11,21). Se Jesus estava próximo dessa região pagã, é porque, de alguma forma, Ele se sentia em missão junto aos habitantes de lá. Se a missão dele não era também com os estrangeiros (Ele diz à mulher que só foi enviado aos judeus), então para que teria ido lá?

Cladilson:
Mais uma contradição pesada.

Marcelo:
Ele parece inseguro em relação a uma abertura que Ele havia previsto, mas, de repente, toma um rumo inesperado, quase como se fosse um compromisso "exagerado". Imagino Jesus andando na estrada com os discípulos, querendo passar despercebido (Ele foi para lá fugindo de Herodes), e, de repente, uma mulher estrangeira começa a correr atrás do grupo gritando e gritando. Será que, desde o começo, o próprio Jesus e os discípulos entenderam o que ela queria? Ela fala aramaico, mas com uma acentuação diferente. Os discípulos querem que Jesus ordene que ela se cale e os deixe em paz. E Ele não os atende, mas diz que só foi enviado às ovelhas perdidas de Israel. Quando enviou os discípulos em missão, já havia dito: "Não entrem em aldeia de samaritanos nem em estrada dos *goims*" (Mt 10,5). Pior ainda, no discurso da montanha, tão ecumênico e universal, Ele havia dito: "Não deem as coisas santas aos cachorros" (Mt 7,6). Nem precisava dizer quem seriam esses cachorros. Uma palavra direta contra a missão dos estrangeiros? Publicanos, sim. Pecadores, sim. Mulheres marginalizadas, sim. Mas estrangeiros e pagãos, não. Mesmo Paulo, que se diz o apóstolo dos pagãos, esclarece aos romanos:

"Primeiramente os judeus, depois os pagãos" (Rm 1,16). Conforme o Evangelho, sobre essa abertura para os outros (estrangeiros), que só deveria ocorrer depois da ressurreição, Ele dirá: "Vão pelo mundo inteiro e façam adeptos entre todos os *goims*" (Mt 28,19).

Rita:
Será que o que mais incomoda Jesus é o fato de se tratar de um caso de possessão demoníaca em uma menina estrangeira?

Marcelo:
Na cultura judaica popular, como hoje em dia, entre alguns grupos cristãos, há uma confusão entre "deuses estrangeiros" e demônios.

Conforme a história, a pobre mulher não contesta a superioridade dos judeus diante de Deus. Apenas pede a migalha que cai da mesa dos filhos. São João Crisóstomo a chama: "A cachorrinha de Deus".

No diálogo com a mulher, que insiste no pedido, Jesus descobre a fé que ela tem e como, para acolher o Reino de Deus, o fundamental é o Reino, e não a pertença étnica ou cultural. Então, Ele muda de posição, acolhe-a e, por sua palavra, cura a menina.

8. Pão e cura para os marginalizados (Mt 15,29-39)

O encontro de Jesus com a mulher estrangeira o abre realmente aos outros. É uma população doente e marginalizada.

Cladilson:
Dessa vez, é Ele, Jesus, que toma a iniciativa de chamar a atenção dos discípulos para o fato de que o povo o segue há três dias e não tem nada para comer.

Marcelo:
O profeta Oseias já havia anunciado que, no terceiro dia, Deus iria levantar seu povo (Os 6,2). As comunidades cristãs

aplicaram essa profecia à ressurreição de Jesus. Aqui, vocês contam que o povo todo precisa ressuscitar.

Júnior:
Vivendo em um continente de gente doente e faminta, gostaríamos muito de que Jesus refizesse esse gesto da cura e da refeição messiânica com os atuais pobres do terceiro mundo.

Marcelo:
Conforme o Evangelho, Ele diz aos discípulos: "Tenho compaixão (amor uterino) desse povo que vive como ovelhas sem pastor... Quantos pães vocês têm?"

Júnior:
É bom que as Igrejas escutem novamente, hoje, essa pergunta e essa lamentação de Jesus.

Marcelo:
O bonito no texto é que agora Ele faz isso com os não judeus. Os sete pães aludem aos setenta povos que, segundo os antigos, eram todos os povos do mundo. Deus quer saciar a fome e dar saúde e salvação a todos. Hoje, as comunidades cristãs têm a tarefa de educar o povo para essa partilha[7].

9. Sinal do céu ou sinal de Jonas: geração adúltera (16,1-12)

Novamente, o Evangelho retrata a polêmica de Jesus com os adversários de vocês, dizendo que foi uma discussão do tempo do Jesus histórico. Quem estuda a história tem dificuldade de imaginar saduceus e fariseus, inimigos oficiais, juntos para atacar Jesus. De qualquer modo, o que escutamos desse texto como

---

[7]Devo o comentário dessa passagem especialmente a Ivo Storniolo, op. cit., p. 110-111.

Palavra de Deus é que devemos ser atentos aos sinais discretos e humanos do Reino dos céus.

Os adversários de Jesus pedem um sinal de que Ele é o enviado de Deus. Jesus responde que o único sinal é olhar para Ele e lembrar-se de Jonas, o profeta em crise. Os mestres judeus pensam na onipotência de Deus, e Jesus diz que o único sinal é o fato de Deus revelar-se na fraqueza.

Sabendo que aquilo era uma provocação, e não uma pergunta sincera, Jesus adverte os discípulos para evitarem o "fermento" dos fariseus. Estes pensam que Ele se refere a pães. De fato, para Jesus o fermento é sinal de uma realidade falsa, inchada e aparente. Na tradição da Páscoa, fermento é símbolo de corrupção.

Ainda hoje, as Igrejas e religiões são chamadas à transparência no diálogo e à veracidade em sua busca.

10. Profissão de fé de Pedro e promessa de Jesus (Mt 16,13-27)

É no território estrangeiro (do outro lado do Mar da Galileia) que Jesus, ainda clandestino, em uma situação de crise pessoal (poderíamos quase dizer: crise de vocação), põe em avaliação sua missão. Faz com os discípulos uma espécie de revisão a respeito do que o povo pensa de sua pessoa e de sua missão. A resposta dos discípulos mostra que o povo não compreende sua proposta. Ele pergunta: "E vocês mesmos o que dizem a respeito do Filho do Homem?" Essa maneira de Jesus falar de si mesmo é misteriosa, e nem se tem certeza de que Ele tenha mesmo utilizado esse título, ou que o tenha usado no sentido de se reconhecer como Messias[8].

Pedro responde em nome de todos: "Tu és o Messias, o Filho do Deus vivo" (v. 16). Contando o mesmo fato, os outros evangelistas dizem que a resposta de Pedro foi o reconhecimento

---

[8]Ver sobre essa questão do título "Filho do Homem": ALBERT NOLAN. *"Quién es este hombre?"*: Jesus antes del cristianismo. Santander: Sal Terrae, 1984, p. 194-196. Também é importante ver a tese de doutorado de XAVIER PIKAZA. *Hermanos de Jesus y servidores de los más pequeños*. Salamanca: Sigueme, 1984, principalmente da p. 89 à p. 223.

de que Jesus é o Messias, o consagrado de Deus (Mc 8,29 e Lc 9,20), o "Santo de Deus" (Jo 6,69). Conforme Mateus, Pedro chama Jesus de "o Filho do Deus Vivo". Jesus vive sua vocação de consagrado a tal ponto que só pode ser mesmo "Filho de Deus".

Jônathan:
O que significa para as comunidades cristãs do primeiro século afirmar que Jesus é filho de Deus? Seria a mesma coisa que as Igrejas dizem hoje?

Marcelo:
É normal que a verdade da fé seja expressa de acordo com cada cultura. A fé é a mesma. O modo de expressá-la muda e deve mudar. Jesus disse: "Bem-aventuradas as pessoas que promovem a paz, porque serão chamadas 'filhas de Deus'". Na cultura da época, todo mundo que escutou ou leu isso compreendia: "Ele está chamando 'filhos de Deus' para dizer que essas pessoas 'estão fazendo uma coisa que é divina'", "estão agindo como Deus age". Hoje, diríamos: "São parecidas com Deus".

Mais tarde, os cristãos de cultura grega definiram dogmaticamente que Jesus é "verdadeiramente Deus e verdadeiramente Homem". A partir de então, o sentido dessa afirmação de que Jesus é Filho de Deus se tornou muito estrita e dogmática. Hoje, a maioria das pessoas que estudam o assunto concorda que essa concepção filosófica da divindade de Jesus era estranha aos primeiros discípulos. Quando Pedro confessou: "Tu és o Filho de Deus", nem Pedro, nem a comunidade do Evangelho pensavam em dizer que Jesus é a segunda pessoa da Santíssima Trindade, de natureza igual ao Pai[9]. "Em Mateus, a resposta de Pedro parece ter um conteúdo superior (às tradições de Marcos e Lucas). Mas, em virtude da lei do paralelismo que existe no

---

[9]Cf. LEONARD SWIDLER. *Ieshua*: Jesus histórico, Cristologia – Ecumenismo. São Paulo: Paulinas, 1993, p. 30ss.

modo de falar e escrever semita, somos obrigados a concluir que o apelativo 'Filho de Deus' não é mais do que uma explicitação da primeira designação que aparece no texto: o Messias. Mesmo os representantes do sinédrio interpretaram essa expressão dessa forma e perguntaram a Jesus se ele era mesmo o 'Filho de Deus' (cf. Mt 26,63)."Dizer que Messias é "filho de Deus não é como afirmar que o branco é alvo. Salienta a relação singular que o Messias tem com a divindade"[10].

Cladilson:

Quero perguntar uma coisa a você, Marcelo. O que isso muda em sua forma de viver a fé?

Marcelo:

Pessoalmente, não tenho dificuldade de viver e expressar a fé cristã tradicional. Sou do tipo de invocar a Jesus como "meu Mestre". Mas procuro viver a *fé em Jesus,* incorporando-me à *fé de Jesus,* isto é, ao modo de Jesus viver a fé no Pai, no Reino e na comunhão dos irmãos e das irmãs. Percebo que, quanto mais aprendo isso, mais descubro que a fé em Jesus vivida desse modo não me separa de ninguém. Não provoca dificuldades com outras religiões e especificamente com o judaísmo.

Nesse sentido, é bom ver que Jesus aceita o título que Pedro lhe dá (o que, conforme Marcos, não foi bem assim – Mc 8,29-30). Entretanto, proíbe que se conte a qualquer pessoa que Ele era o Cristo. A explicação mais tradicional para esse "segredo messiânico" é que, historicamente, era perigoso que os adversários dele soubessem disso antes da hora. Então, Ele guardava segredo. Só depois da ressurreição, dá a ordem de dizer a todos.

No contexto do Evangelho, Jesus parece que sente que os discípulos e o povo compreendem a figura e a missão do

---

[10]O. SPINETOLI, op. cit., p. 459.

Messias de um modo que não era o que Ele, na obediência ao Pai, queria viver. Tanto isso é verdade que, imediatamente, começa a dizer aos discípulos o que, de acordo com o que percebe, certamente iria acontecer com Ele em Jerusalém: a perseguição, que Ele sofreria por parte das autoridades, sua morte e ressurreição.

Cladilson:

Dizer que Jesus é o Messias parece ser o ponto que mais distingue ou separa o cristianismo do judaísmo. É isso mesmo?

Marcelo:

A respeito disso, um especialista no diálogo entre judeus e cristãos escreve:

"Os cristãos não deveriam fazer da questão messiânica um ponto crucial do diálogo com os judeus. É possível expressar melhor o fato que se dá na pessoa de Jesus Cristo, com outras fórmulas e referências, do que a de ser ele o Messias. Pode-se falar do Cristo como síntese de uma vida com Deus e expressão perfeita do caminho da fé hebraica. Podemos ver na pessoa de Jesus uma nova imagem da Shekhina, o representante da condescendência de Deus, que se aproxima de seu povo e de todos os povos. Mesmo depois da vinda do Cristo, o cristianismo continua a ser messiânico, assim como é o judaísmo. Ambos são encarregados de preparar os sinais dos tempos. Isso implica a luta contra todas as opressões, o racismo e a intolerância"[11].

Só o Evangelho de Mateus traz a palavra de Jesus a Pedro: "Tu és Pedro". Mateus ressalta mais do que outras tradições evangélicas a importância de Pedro no meio dos outros. No capítulo 14, contando a história da barca ameaçada pela tempestade no

---

[11]Messia C. THOMA. *Lessico dell'Incontro Cristiano-Ebraico*. Brescia: Queriniana, 1992, p. 157-158.

lago, já havia contado uma cena em que Pedro reconhece Jesus como Filho de Deus. Agora, novamente, Pedro toma a frente e dá a resposta correta. Só Mateus escreve que Jesus respondeu à profissão de fé de Pedro, fazendo-lhe uma espécie de promessa: "Tu és Simão (em hebraico: 'Aquele que escuta' ou que obedece), filho de Jonas (da pomba Israel?). De agora em diante, chamar-te-ás Cefas, que quer dizer pedra".

Rita:

E, então, como compreender esta palavra: "Tu és Pedro e sobre essa pedra edificarei a minha Igreja"?

Marcelo:

Conforme alguns exegetas, na época de Jesus, o povo tinha o costume de escavar as rochas para daí tirar pedras para construir casas. Era um tipo de pedra mais mole que, quem sabe, poderia nos recordar nossa pedra-sabão, usada por vários artistas para esculturas em pedra. Era um tipo especial de pedra, possível de ser quebrada e partida para dar lugar a abrigos. Os buracos formados nas rochas recebiam na língua aramaica o nome de *kepha*. As pessoas pobres e sem casa se abrigavam nessas cavernas e as usavam como sendo suas casas. Assim sendo, o nome *Kepha* pode ser traduzido por pedra ou por *gruta escavada na rocha*, isto é, gruta que servia de abrigo para os pobres sem teto. Se fosse no segundo sentido, a tradução mais literal da palavra atribuída a Jesus seria: "Tu és Pedro e sobre ti, como gruta que serve de abrigo aos mais empobrecidos, quero construir minha comunidade (Igreja)"[12].

---

[12]FREI JACIR DE FREITAS FARIA. Roteiros homiléticos. In: *Vida Pastoral*, julho-agosto 2011, p. 36.

Cladilson:

Então, a função da Igreja seria tornar-se um refúgio que acolhe as pessoas sem-teto, e a missão de seus ministros é garantir essa abertura aos mais desprotegidos.

Marcelo:

As comunidades cristãs primitivas acentuavam que a pedra da Igreja é o Cristo (cf. 1Cor 3,11 e 1Pd 2,6). Vários Salmos e orações da Bíblia dizem que o Senhor é o rochedo de nossa salvação (cf. Sl 18,3 e 32; 31,4; 61,4; 95,1; 144,1).

Jesus tinha dito que toda pessoa que escuta e pratica a Palavra (Simão quer dizer "o ouvinte" e "obediente") é como quem constrói sua casa sobre a rocha (Mt 7,24). "No edifício da igreja, ninguém pode colocar outro fundamento que o Cristo Jesus, pedra angular" (1Cor 3,11).

Mateus é o único evangelista que usa a palavra "Igreja", que em seu contexto, significa a comunidade local. Pedro é o apoio, a pedra que deve dar segurança ao edifício no sentido da fé. Para a comunidade de Mateus, Pedro é símbolo do discípulo a quem o Senhor confia o encargo de "confirmar a fé a seus irmãos". Em outra tradição, Jesus lhe diz: "Simão, eu orei por ti para que, sendo tu confirmado, confirmes a teus irmãos" (Lc 22,31-32). Embora Jesus entregue a todos a missão de testemunhar o Reino, conforme Mateus (e é o único Evangelho que diz isso), Jesus entrega a Pedro as chaves do Reino. É um modo de falar próprio da linguagem apocalíptica e se baseia em Isaías 22.

Jônathan:

Na concepção atual, dar a chave seria dar o poder. No Brasil, é até usual que o prefeito de um município entregue a uma autoridade que o visita a "chave" da cidade.

Marcelo:

Na cultura rabínica, a chave significava o poder de interpretar a Torá. Então, Jesus entregar a Pedro as chaves do Reino dos céus é o modo de dizer que Pedro é o verdadeiro escriba, que tem o direito e o discernimento de interpretar tudo o que nas Escrituras diz respeito ao Reino dos céus.

Jônathan:

A Igreja Católica se apoia nessa palavra para falar da função do papa, bispo de Roma, que seria sucessor de Pedro.

Marcelo:

A Igreja Católica construiu toda uma teologia sobre o ministério de Pedro e de seus sucessores, que uma tradição muito antiga coloca como sendo o bispo de Roma. Hoje, a maioria das Igrejas históricas parecem dispostas a aceitar a necessidade de um ministério de coordenação e de unidade, que pode ser realizado pelo papa. Em 1995, na encíclica "Ut unum sint", o papa João Paulo II pediu aos representantes de outras Igrejas que o ajudassem a aprofundar outras formas de exercer o ministério papal. Por isso o papa recebeu muitas pressões vindas de cardeais e prelados da própria cúria romana. Assim mesmo, sobre esse assunto, foram organizados vários encontros e estudos que Igrejas irmãs, como a Igreja Anglicana e a Federação Luterana, enviaram ao papa, mas essas contribuições e sugestões não parecem ter sido valorizadas e menos ainda aproveitadas em Roma.

Sem dúvida, é direito de uma Igreja apoiar-se em uma tradição. Mas, com os estudos exegéticos avançados que existem, é difícil sustentar como histórico que Jesus tivesse querido fazer de Pedro o chefe da Igreja Universal, que não existia como conjunto de comunidades nem na época de Jesus nem ainda no tempo em que os evangelhos foram redigidos. Menos ainda que Jesus tivesse imaginado um sucessor de Pedro com esse "poder".

"Do texto de Mateus não se pode concluir que Pedro teria um sucessor. (...) Quando o Evangelho foi escrito, Pedro tinha morrido provavelmente um quarto de século antes, e o Evangelho não fala ainda em qualquer sucessão"[13].

Palavras de espirituais judeus contemporâneos sobre a pessoa de Jesus de Nazaré:

> "Desde minha juventude, sempre acolhi a figura de Jesus como a de um grande irmão meu. Que a cristandade o considere como Deus e Redentor sempre me pareceu um fato muito sério que eu tenho de compreender por amor a ele e por amor a mim mesmo. (...) Cada vez vejo com mais clareza que, mais do que nunca, compete a Jesus um lugar importante na história da fé de Israel e vejo que este lugar não pode ser descrito com nenhuma das categorias usuais de pensamento" *(Martin Buber, filósofo e místico judeu)[14]*.

> "Jesus é para mim o eterno irmão. Ele não só é irmão, enquanto pessoa humana, mas também é meu irmão judeu. Sinto sua mão fraterna, que me segura, a fim de que eu o siga. Esta mão, com sinal de feridas dos pregos, não é a mão do Messias. Nem é uma mão divina (...). Mas é a mão de uma grande testemunha da fé de Israel. Sua fé, confiança absoluta e incondicional no Pai, pode unir a nós, judeus e cristãos. A fé de Jesus nos une, enquanto a fé em Jesus, do modo como os cristãos costumam expressá-la, separa-nos" (Schalom Ben-Chorin, teólogo e espiritual judeu)[15].

---

[13]JOSÉ COMBLIN. As linhas básicas do Evangelho segundo Mateus. In: *Estudos Bíblicos*, n. 26, p. 15.

[14]MARTIN BUBER. *Zwei Glaubensweisen* (1950), citado por SCHALOM BEN-CHORIN. *Fratello Gesù*. Brescia: Morcelliana, 1985, p. 27.

[15]SCHALOM BEN-CHORIN, idem, p. 27-28.

Palavras do livro sagrado islâmico sobre Jesus:

"Quando Jesus sentiu de sua parte a incredulidade dos seus, perguntou-lhes: 'Quem são meus auxiliares para Deus?' Os apóstolos responderam: 'Nós somos os auxiliares de Deus. Nós cremos em Deus. Isso atesta que somos muçulmanos (isto é, submissos). Nosso Senhor, nós cremos no que tu revelaste e seguimos o Profeta-Enviado. Inscreve-nos no número dos que testemunham isso'" (Corão – surata 3, v. 52-53).

11. Seguimento de Jesus no caminho da cruz (Mt 16,24-28)

Jesus começa a revelar aos discípulos sua missão, anunciando sua morte. Pedro rebate e o reprova, dizendo: "Isso não pode acontecer". Então, o mesmo Jesus, que o havia declarado "feliz, abençoado", chega a chamá-lo de Satanás e instrumento de tentação.

Júnior:
O próprio Jesus se sentiu tentado a ser Messias do jeito que Pedro imaginava: um líder político que usa o poder para transformar a sociedade (cf. Mt 4,1ss).

Marcelo:
Se fôssemos insistir no fato de que, para o Evangelho, Pedro não era apenas o discípulo individual, mas uma figura-chave do grupo, então, Mateus quis sublinhar que, às vezes, Pedro é rocha e fundamento da comunidade e, outras vezes, é obstáculo e pedra de tropeço e escândalo.

Jesus insiste fortemente no anúncio da cruz como uma escolha que Ele fez do modo de realizar sua missão e esclarece que este não seria apenas o destino dele. Para segui-lo nesse caminho de doação e de risco, Ele chama qualquer pessoa que aceite segui-lo. Até hoje, esse é um apelo difícil de ser compreendido e que pode atemorizar muita gente.

Agostinha:

Há quem fale do apelo de Jesus para cada pessoa tomar sua cruz como sendo um pedido para que assumamos os sofrimentos e problemas da vida. A cruz significaria qualquer coisa que nos faz sofrer. Penso que a visão do Evangelho não é essa.

Marcelo:

Para Jesus, a cruz só tem sentido em função da missão e do quanto esta o exige. A cruz significa os riscos e renúncias necessários para se realizar a missão de testemunhar o Reino dos céus. Historicamente, para Jesus, assumir a cruz foi correr o risco de ser confundido com um zelota e ser condenado pelos romanos. Para os discípulos, também a cruz implica um engajamento que vai além da política, mas tem uma dimensão sociopolítica.

"Renegar a si mesmo" é ser capaz de abrir mão de suas aspirações pessoais, mesmo as mais legítimas, em função do testemunho do Reino, que exige, em primeiro lugar, o bem comum e que eu ponha o interesse dos outros acima e na frente dos meus. Senão, o Reino não seria uma reviravolta dos valores do mundo, e Jesus não teria proclamado as bem-aventuranças.

É certo que Deus não quer nosso sofrimento. É certo que Jesus não impõe aos discípulos a cruz como se fosse uma lei divina. Mas, em um mundo oposto ao projeto divino, Jesus adverte que quem quiser segui-lo vai ter de sofrer muito. Não porque Jesus queira que seja assim, mas porque o mundo reage à proposta divina que devemos testemunhar e, aí sim, o sofrimento se torna uma consequência normal.

Dietrich Bonhoeffer, teólogo mártir do nazismo, afirma: "A reação negativa de Pedro, quando Jesus fala do sofrimento que vai ocorrer, mostra que, desde o começo, a Igreja se escandalizou com o Cristo sofredor. Ela não quer que seu Senhor lhe indique como caminho a trilha do sofrer junto com Jesus"[16].

12. A revelação da vitória (Mt 17,1-13)

Tanto os grupos de Marcos e Lucas como a comunidade de Mateus colocam o relato do que se costumou chamar de a "transfiguração" (em grego *"metamorfosis"*) de Jesus, quase imediatamente após a cena de Cesareia. Assim como os evangelhos ligam o batismo à tentação no deserto, ligam também a confissão de Pedro a essa narração da manifestação da glória de Deus na pessoa humana de Jesus.

O texto salienta que isso se deu "seis dias depois". Assim, liga um acontecimento ao outro, embora essa referência a seis dias depois também possa conter uma alusão a Moisés, que foi chamado por Deus a subir novamente (seis dias depois) o monte Sinai. O texto do Êxodo diz: "A glória do Senhor (IHVH) pousou sobre o monte, e a nuvem o cobriu durante seis dias. No sétimo dia, o Senhor chamou Moisés do meio da nuvem" (Êx 24,16). Porém, agora, com Jesus, a glória de Deus se manifesta seis dias depois de Jesus revelar a seus discípulos o que lhe aconteceria em Jerusalém.

Alguns estudiosos acham que Mateus conta o anúncio da Paixão e a repreensão feita a Pedro como se ela tivesse acontecido no Dia do Perdão (Yom Kippur), festa judaica prevista na lei (Lv 23,27-33). Nesse caso, compreender-se-ia "seis dias depois" como alusão à Festa das Tendas (Sukkot). Assim, a alusão às tendas e o clima de esperança, que a narrativa contém, situam-se bem melhor nesse clima da Festa das Tendas.

---

[16]Citado por J. A. PAGOLA, op. cit., p. 212.

Cladilson:

Independentemente de isso ser real ou não, essa relação é bonita e nos ajuda a compreender o sentido desse episódio.

Marcelo:

A transfiguração (o texto grego chama de "metamorfose") só tem seu sentido completo após a ressurreição, ou à luz desta fé. É uma experiência mística de três discípulos, que Jesus escolhe para compartilhar de sua intimidade com o Pai. A transfiguração é uma visão que os discípulos têm. Eles são chamados a transformar (metamorfosear) sua visão sobre Jesus.

Jesus aparece na montanha como refazendo a relação com Moisés e Elias (a lei e os profetas) e refazendo com os discípulos a experiência do Êxodo, no qual o Senhor Deus descia sobre a tenda, e Moisés ficava com o rosto tão luminoso que o povo não podia olhar (cf. Êx 34,29). O modo como a Bíblia gosta de contar as manifestações do Senhor (aparece uma luz forte e uma nuvem densa) acontece agora sobre Jesus. E, como no batismo, os discípulos escutam a palavra de Deus: "Este é o meu Filho amado. Escutem-no!"

Jônathan:

Então, a cena começa centrada em Jesus, mas acaba revelando um jeito de ser de Deus. Ele é Pai e aproxima-se de nós como amigo. O centro dessa passagem é a palavra de Deus: "Este é o meu Filho muito amado, no qual coloco todo o meu agrado, todo o meu prazer. Escutem-no".

Marcelo:

Essa palavra é praticamente a mesma dita por Deus ao profeta a respeito do Servo Sofredor de Deus (cf. Is 42,1ss). Ora, no caso do Servo Sofredor, Deus escolhe um escravo na Babilônia, símbolo e figura de todo o Israel, reduzido à escravidão, para dizer que será essa pessoa o instrumento da libertação do povo e o mediador de uma nova aliança entre Deus e a humanidade. O Servo Sofredor será luz para todas as nações (Is 42,1-7; 49,1-6 etc.). Aplicar essa mesma palavra dita a Israel, servo de Deus na Babilônia, a Jesus, nessa hora (nesse contexto do Evangelho), é da parte de Deus a confirmação da vocação de Jesus para ser Filho amado de Deus, justamente pela doação de sua vida e pela sua solidariedade aos deserdados do mundo, que, em sua época e em todas as épocas do mundo, constituem um povo de crucificados.

Na transfiguração de Jesus, o Pai revela sua presença (sua glória) na pessoa de Jesus, que marcha para Jerusalém, para a cruz. Não porque o Pai queira que seu Filho morra ou queira legitimar ou santificar a cruz – seria um Deus masoquista ou sádico, cruel –, mas porque, sendo que os impérios do mundo provocam cruz e morte, Deus acompanha e confirma o testemunho de seu Filho e revela que está com Ele até a cruz.

13. A cura de um menino epiléptico (Mt 17,14-23)

A partir da visão que Jesus permite que os discípulos tenham sobre Ele e seu destino, começa uma maior insistência na formação de sua fé. Jesus aceita o modo de o povo pensar que a doença é manifestação de um poder do demônio sobre a pessoa. Não hesita em lutar contra o demônio, brigar com ele para libertar a criança. Fica claro que Ele faz isso por misericórdia. A queixa que ele faz contra sua geração parece a do cântico de Moisés (cf. Dt 32,5).

Ele deixa claro para os discípulos que na luta contra o mal é preciso ter fé. Ele os adverte novamente sobre o que o aguarda em Jerusalém. E o texto acaba dizendo que eles ficam muito tristes.

14. A questão do imposto (Mt 17,24-27)

Certamente, essa discussão sobre a validade dos impostos e se os cristãos deveriam ou não pagar impostos era forte nas comunidades. O Evangelho se refere a uma história antiga, em que Jesus ainda chama Pedro de Simão. A cena se dá em Cafarnaum, cidade onde Jesus é registrado como morador (é sua cidade – Mt 9,1). Talvez, na tradução da língua original para o grego, tenha havido uma interpretação que deu ao episódio um tom de magia. Provavelmente, Jesus já estava suficientemente implicado e correndo riscos para ainda pregar abertamente que não deveriam pagar impostos. Ele diz claramente que "os filhos do Reino devem ser livres", mas, para não criar problemas, manda Pedro pescar e pagar o imposto com o que conseguir da pesca. É possível que a expressão aramaica "tire o dinheiro da boca do peixe" quisesse dizer: "Da pesca, você tire o dinheiro para pagar". Do jeito que ficou o texto grego, imaginamos que ele pôs a mão, encontrou um peixe e havia uma moeda pregada na boca do peixe, esperando para ser retirada.

15. O discurso comunitário (Mt 18,1-11)

No capítulo 18 do Evangelho, a comunidade de Mateus relata o quarto discurso de Jesus. É um texto menos organizado do que o dos discursos anteriores. É construído com diversas instruções dadas por Jesus. Parecem mais palavras soltas do que um discurso com começo, meio e fim. Há até quem visse nelas o esboço de um primeiro Código de Direito Canônico da Igreja. Talvez seja melhor falar em "normas pastorais".

É bom recordar que o contexto do discurso é a caminhada pascal de Jesus para Jerusalém, o confronto com o Império Romano e o sistema do mundo, e, nesse contexto, dá-se a formação dos discípulos e das discípulas.

Essas palavras do capítulo 18 retratam mais a(s) comunidade(s) para a(s) qual(quais) o Evangelho foi escrito do que a própria comunidade de Jesus.

Cladilson:

Se é assim, a primeira coisa que observamos é que o retrato que Mateus traça de sua própria comunidade não é nada positivo. Pelo que o texto diz, a comunidade enfrentava problemas de pessoas que provocam escândalos. Além disso, existe luta pelo poder e os irmãos estão divididos. Há casos de discriminação contra pobres e pessoas consideradas pecadoras.

Marcelo:

Pois é. É sobre essa realidade que a comunidade lembra palavras de Jesus e compõe o que se chama de "o discurso de Jesus sobre a comunidade". O assunto mais importante desse discurso é a convivência comunitária. O capítulo trata de problemas e dá sugestões concretas para resolvê-los. Em uma comunidade de discípulos de Jesus, quem quer ser autoridade deve fazer-se pequeno e servidor (v. 1-5). A comunidade de Mateus fala de escândalos que existem (v. 6-9), vacilações na fé (v. 10-12), e propõe o diálogo interpessoal e comunitário, como solução para resolver conflitos e reconciliar irmãos em disputa (v. 15-18), a oração comunitária (v. 18-20) e o perdão dado uns aos outros (v. 21-35).

Agostinha:

Acho impressionante que um discurso sobre o modo de ser de uma comunidade cristã do final do primeiro século comece pelo problema do poder. Isso significa que essa questão (quem manda e quem não manda) sempre acompanhou a Igreja cristã, desde quase suas origens. Até hoje, é impressionante como ainda há pessoas que começam qualquer discurso sobre a Igreja se perguntando: "Quem é o maior ou o mais importante?"

Marcelo:

"A 'Igreja' aparece aqui sempre como sendo comunidade local. A ideia de uma Igreja Universal só surgiu já no século

II com Inácio de Antioquia. Igreja tem como característica ser uma assembleia local. Nesse discurso, Jesus (e a comunidade de Mateus) deixa claro que a comunidade reunida tem poder para excluir um membro rebelde. Não é um ministro sozinho que pode solucionar isso. Aliás, nesse ministério de julgar e excluir, não se menciona a presença de responsáveis pela comunidade. Parece que a comunidade inteira julga. Certamente, o Evangelho prefere destacar a solidariedade da comunidade inteira. Diz que todos participam nas decisões que se referem à vida comunitária.

Lendo os versos 15 até 18, ficamos sem saber se, no momento em que foi escrito o Evangelho, a comunidade contava com pessoas dotadas de poder de mandar e coordenar os irmãos. Se essas existem, não aparecem.

O poder que, no capítulo 16, Mateus havia dito que Jesus deu a Pedro ("Tudo o que ligares na terra será ligado no céu...") agora, de repente, Jesus dá a toda a comunidade.

Vários exegetas europeus comentam: "A partir de agora, na comunidade cristã, o poder de decidir não fica mais nem com Pedro, nem mesmo com o colégio dos apóstolos, mas com toda a comunidade à qual também os apóstolos pertencem"[17].

"O texto de Mt 18 parece retratar uma experiência mais nova e atualizada na comunidade de Mateus do que a palavra do capítulo 16 que, como vimos, ainda chama Pedro de Simão. Isso significa que a comunidade evoluiu para uma direção de organizar o poder de modo mais colegial e igualitário"[18].

Mesmo exegetas de tradição católica mais clássica, como W. Trilling e R. Pesh, reconhecem: "Mt 18,18 mostra que o poder disciplinar e de contestar a pertença na comunidade cabe unicamente a toda a comunidade em seu conjunto"[19].

---

[17]A. SCHLATTER. *Der Evangelist Matthäus*, citado por O. SPINETOLI, op. cit., p. 505.

[18]Citado por SPINETOLI, op. cit., p. 505.

[19]Ibidem, p. 505.

O padre Comblin também comenta: "O silêncio de Mateus sobre essa questão da autoridade é característico, porque insiste na participação de todos nas decisões que serão explicitadas em nome da comunidade pelos seus chefes responsáveis"[20].

A regra que Jesus propõe sobre o diálogo e a reconciliação vem da lei judaica (Lv 19,17 e Dt 19,15). E diz que quem não ouve a comunidade seja considerado "como um *goim* (pagão) ou publicano".

Até hoje, um dos problemas mais comuns nas comunidades é o que as regras antigas chamam de "murmuração" e, comumente, o povo mais simples chama de "fofoca". Esse tipo de coisa pode destruir uma comunidade. Por isso é importante criar uma ética comunitária sobre o que se pode e o que não se deve dizer uns dos outros. A tradição judaica antiga, que inspirou as normas de Mateus 18, procurou dar alguns critérios para uma ética da relação fraterna.

O rabi Israel Meir ensinava um modo de filtrar a poluição de rancores e malícias contidos no desejo de criticar alguém. Ele nos deixou a seguinte fórmula:

1)	As evidências da desonestidade ou da falta cometidas devem sempre ser obtidas pela própria pessoa e nunca por ouvir dizer de outros. Nunca aceite boatos e rumores como fontes de informação negativa sobre alguém.

2)	A pessoa que critica deve ser muito cautelosa e refletir se, de fato, a falta cometida pela outra pessoa foi consciente e com má intenção.

3)	Caso isso pareça se confirmar, então, deve censurar a pessoa em questão reservadamente e sem alarde. Não pode ameaçá-la, e sim demonstrar a expectativa de que esta corrija sua atitude. Somente ficando claro que isso não ocorre, a pessoa que critica tem o direito de dizer aos responsáveis pela comunidade para que tomem providências.

4)	Não deve e não pode tornar o caso mais grave ou maior do que realmente é.

5)	Deve acima de tudo garantir que não está censurando o outro por motivos pessoais e por interesses seus, ou por

---

[20]J. COMBLIN, op. cit., p. 15.

inveja, ou por espírito de competição, e sim por puro desejo de contribuir e ajudar a pessoa e a comunidade.

6) Principalmente antes de criticar outra pessoa, verifique se você mesmo está totalmente livre e isento da atitude que critica no outro.

7) Antes de denunciar ou falar mal de alguém, verifique se as consequências do que você disser da outra pessoa não acarretarão para ela uma punição mais pesada e grave do que aquela que merece. Mesmo se ela for culpada de tal coisa, verifique se a acusação não a destruirá moralmente ou socialmente, muito além daquilo que ela mereceria[21].

Ouvindo isso, temos a impressão de que Jesus (ou a comunidade de Mateus) ainda manifesta sobre essas pessoas um julgamento pesado e que marginaliza.

Também o ensinamento de que Deus está presente, onde dois ou três se reunirem, liga-se à tradição dos rabinos: "Quando dez pessoas estão sentadas e estudam a Torá, a glória do Senhor está entre elas. Quando são apenas cinco, a glória ainda está entre elas. Se são apenas duas, a glória do Senhor ainda está entre elas. E se há apenas uma pessoa estudando a Torá, a glória do Senhor ainda a habita" (Sentença dos Pais – Pirquet Abot 3,3)[22].

"Depois da destruição do templo de Jerusalém, os rabinos reagiram procurando unir as pessoas em comunidades e buscando a Deus nas reuniões que faziam para estudar a lei. O célebre rabi Ananias, morto pelo ano 135, o afirmava claramente: 'Onde ao menos duas pessoas se reunirem para estudar as palavras da Lei, a presença de Deus (Shekiná) está presente.'"[23]

No discurso sobre a comunidade, Jesus diz praticamente as mesmas palavras do rabino Ananias. A diferença é que Jesus promete a presença dele ("Eu estarei no meio deles") quando

---

[21]Sobre esse tema ler os livros *A cabala da comida, A cabala do dinheiro, A cabala da inveja* de NILTON BONDER (Editora Imago).

[22]Cf. CHOURAQUI, op. cit., p. 238.

[23]Cf. J. A. PAGOLA, op. cit. Vozes, p. 223.

dois ou três se reunirem em seu nome (como se o nome de Jesus, isto é, sua missão, fosse nossa nova lei).

Testemunho sobre o mandado de Jesus de que os seus discípulos se ponham de acordo:

> "Se nós vivermos conforme a lei do Senhor, haverá lugar na terra para todos os povos e culturas. Por outro lado, se nos comportarmos como Caim, que matou Abel, então, mesmo se formos somente duas pessoas, acharemos que a terra é pequena demais para outros além de nós mesmos" (Paulo I, patriarca primaz da Igreja Ortodoxa Sérvia)[24].

Sobre a necessidade de perdoar:

> "No início da década de oitenta, quando a Iugoslávia ainda vivia sob o domínio soviético e só interessava a turistas, Jean Goss e sua esposa Hildegard, dois cristãos que dedicaram toda a sua vida à ação não violenta pela paz, foram à Iugoslávia e pediram audiência ao velho patriarca ortodoxo da Igreja Sérvia (antecessor de Paulo I). O patriarca informou-se e soube que os dois eram católicos. Recebeu-os com muita reserva e dizendo:
>
> – Espero que vocês não tenham vindo aqui para me falar de paz, a mim, ortodoxo, patriarca de todos os ortodoxos da Sérvia. Então, vocês não sabem tudo o que os católicos fizeram conosco durante a Primeira Guerra Mundial? Vocês desconhecem todos os massacres que os croatas fizeram a meu povo, em nome da igreja Católica e com a bênção oficial do Vaticano?
>
> O velho homem, de quase cem anos de idade, retomou todo o seu vigor e começou a enumerar as atrocidades dos católicos no país.
>
> O casal pôs-se de joelhos e ele falou:

---

[24]Citado por LAURENT GRZYBOWSKI. Réligions en dialogue. In: *Prier*, jan. fev. 1997, p. 13.

– Sabemos, Santidade. E sabemos que ainda foi pior do que isso que o senhor nos está lembrando. Houve também isso, e isso, e isso...

O velho patriarca não esperava por isso. Nos olhos dela, havia lágrimas sinceras de tristeza e arrependimento profundo, em nome de seus irmãos de Igreja. O patriarca os olhou e começou a chorar com eles. Finalmente, retomou as forças e falou:

– É a primeira vez que escuto um católico ser capaz de reconhecer esses crimes cometidos em nome de sua Igreja.

Os dois voltaram a sentar-se; os três extremamente comovidos. Após um longo silêncio, no qual ninguém sabia o que dizer, o velho retomou a voz e sussurrou:

– É verdade também que nós, sérvios, não somos anjos e, diversas vezes, mostramos isso aos católicos.

Novamente o silêncio, até que o patriarca exclamou:

– Como podemos sair dessa engrenagem do ódio? Quem dará o primeiro passo?

A mulher traduziu a resposta do marido:

– Você bem sabe, Santidade: quem amar mais!

Entre sérvios e croatas, começou um diálogo em função da paz."[25]

16. Regras para a reconciliação fraterna (Mt 18,21-35)

Na segunda parte do discurso comunitário, Mateus parte de novo de uma pergunta de Pedro, discípulo que representa a comunidade. Jesus ensina que o perdão não tem limites e conta a parábola do servo que devia milhões a seu patrão e foi perdoado. Depois, não perdoou um companheiro que lhe

---

[25]CHRISTIAN RENOUX. Non-violence et reconciliation. In: *Spiritus*, n. 135, maio 1994, p. 210.

devia poucas moedas. Provavelmente, é um fato da vida que Jesus propõe como exemplo. Retrata a realidade social de uma Palestina, onde as pessoas podiam ser vendidas como escravas por causa de dívidas impagáveis. Jesus ensina que não devem existir dívidas impagáveis e que todos temos uma dívida com Deus, e este nos perdoa desde que perdoemos a nossos devedores.

Querida comunidade de Mateus,

Nessa parte do Evangelho, que acabamos de reler, ficou mais claro para nós que vocês se sentem como se estivessem constituindo-se como um novo povo de Deus, um "novo Israel", já que o antigo povo da aliança encarnou a recusa e oposição a Jesus como Messias. Assim, vocês descrevem Israel como se fosse uma espécie de contramodelo da Igreja.

Para vocês a qualidade do(a) verdadeiro(a) discípulo(a) de Jesus é a capacidade de escutar, compreender e fazer a vontade do Pai. Mas essas são características da espiritualidade em toda a Bíblia.

Para vocês, essa rejeição ou hostilidade não é uma realidade tranquila. É como a rejeição de filho ou filha adolescente em relação aos pais. Ou um conflito de irmão mais novo com seu irmão mais velho. Infelizmente, na história da Igreja, esse conflito de comunidades, que no fundo se amam e não vivem uma sem a outra, foi interpretado e assumido como uma separação real e definitiva.

Como, hoje, reler o texto de vocês libertando-os dessa amargura de rejeição a Israel?

Queridos irmãos e queridas irmãs de hoje,

"A tradição é uma tensão entre uma experiência atual e o que o passado nos diz. (...) Para sermos verdadeiramente fiéis à tradição, temos de interpretá-la (Paulo VI)."

Vivemos em um tempo no qual há um forte desejo de experiências comunitárias, mas a maioria das pessoas não quer viver em comunidade. Muitos querem a experiência, a sensação de estar em uma comunidade, mas não o compromisso comunitário. Preferem viver cada encontro como uma realidade em si. Não se preocupam com a continuidade. Não querem o peso da cotidianidade. Parece que a partilha cansa, e a estrutura é, em si mesma, rejeitada. Em uma sociedade na qual tudo é descartável, a experiência religiosa também precisaria ser "descartável".

Como passar da experiência para o compromisso?

O que o Evangelho de Mateus nos revelou nesse seu quarto livrinho é que não se pode viver verdadeira e profundamente a fé sem uma pertença à comunidade; e esta comunidade pede um compromisso de amor.

Diante disso, pergunto-lhes:

Como, em nossas comunidades, podemos ajudar as pessoas a passarem da experiência de momento para um verdadeiro compromisso comunitário?

No contexto de preparação do novo milênio, diversas Igrejas cristãs se engajaram em uma campanha pela reavaliação, julgamento popular e mesmo cancelamento da dívida externa dos países do terceiro mundo.

Como mostrar para os diversos movimentos espirituais e para as pessoas místicas que tal proposta é de Deus e é necessário apoiá-la e ajudá-la?

Muitas vezes, falar do perdão leva as pessoas a esquecer que o perdão não pode desconsiderar ou cancelar a verdadeira justiça. Para que o perdão seja profundo e autêntico, ele tem de reparar as injustiças que foram cometidas e se realizar, de tal modo, que não possam mais repetir-se as condições nas quais a injustiça aconteceu. Em diversos países da América Latina, quando os generais que haviam cometido crimes terríveis contra a humanidade foram obrigados a entregar o poder a civis, garantiram que não seriam julgados em nome do perdão e da anistia. Entretanto, os filhos e filhas de pessoas que eles assassinaram continuam desassistidos pelo estado e sofrendo até hoje as consequências do mal que lhes foi feitos.

Como educar nossas comunidades a sempre ligar fé e justiça?

***

Com relação ao holocausto, quando Klaus Barbie, "o carrasco de Lyon", foi julgado em Nuremberg, o escritor judeu Elie Wiesel, Prêmio Nobel da Paz, escreveu a seu advogado:

"Um rabino do hassidismo dizia: 'Se você quer saber onde se esconde o fogo, procure-o sob as cinzas'. É isso que você faz desde o começo do processo e que nós procuramos fazer desde a libertação. Procuramos sob cinzas uma verdade para afirmar que, apesar de tudo e contra todos, a dignidade da pessoa humana só existe na memória. Graças a este processo, os sobreviventes desse crime encontram uma justificação para sua sobrevivência. Aí está o valor de seu testemunho. A memória deles fará parte da memória coletiva. É claro que nada poderá fazer os mortos voltarem à vida. Mas, graças ao que se disse aqui (no tribunal), o acusado não poderá mais matar uma segunda vez aqueles que ele já assassinou"[26].

"Mesmo se a natureza dos seres for sempre de Buda, não reconhecendo isso, os seres vaguearão sem-fim no samsara.

Em favor de todos os seres que passam por sofrimentos, possa nascer em mim uma irresistível compaixão.

(...) Pela compaixão do Buda, pelo poder de todas as virtudes possíveis, possam realizar-se tais quais meus votos mais excelentes em favor de todos os seres (Texto budista do século XII)"[27].

---

[26]Citado por LUIS PÉREZ AGUIRRE. Mémoire, justice et pardon. In: *Spiritus*, n. 135, maio 1994, p. 148.

[27]Cf. *Prier*, op. cit., p. 25.

Chao Chu perguntou a Nan-Chuan:

– O que é o Caminho (o zen-budismo)?

O mestre respondeu:

– O caminho é a vida cotidiana e as coisas simples de cada momento.

VII

A vinda definitiva do Reino

Queridos irmãos e queridas irmãs, da vigilante comunidade de Mateus,

Novamente a tarde cai sob nuvens, que ameaçam chuva. De vez em quando, um relâmpago longínquo lembra que, no cerrado, Deus molha a terra, e a semente engravida a lavoura.

Na Cordilheira dos Andes, os indígenas me diziam que essa é a hora mais perigosa do dia. Nas aldeias do altiplano, os pais chegam a esconder as crianças dentro de casa para protegê-las dos espíritos, que, na hora do pôr do sol, vagueiam pelas ruas aproveitando o intervalo que nem é mais dia nem ainda deu lugar à noite.

Às vezes, na vida da gente, ocorrem momentos assim. Lutero comentava o Êxodo dizendo que o povo de Deus no deserto viveu isso: nem estava mais sob a escravidão do faraó nem havia ainda chegado à terra prometida. Certamente, quem crê que a ressurreição de Jesus é para nós fonte de vida nova passa também por momentos assim. Nem está mais em um mundo perdido, onde nos sentiríamos presas do mal, nem pode ainda festejar a vitória, que só virá com a manifestação plena do Reino de Deus.

Vocês da comunidade de Mateus devem ter vivido assim a esperança. Nem são mais daquele tipo de cristãos que, nas comunidades da primeira geração, acreditavam que o Reino de Deus iria chegar a qualquer momento, nem achavam que a história seria ainda longa demais. Vocês não acabam mais suas orações com a invocação: "Maranatha!" ("Vem, Senhor, vem!"). Entretanto, o núcleo da oração de vocês continua sendo: "Venha o teu Reino!" E vocês dedicam a essa atitude de espera e de preparação o quinto livrinho do Evangelho, a parte que vai do capítulo 19 ao 25. Como das outras vezes, os primeiros capítulos (19 a 23) são narrativas práticas de como Jesus nos ensinou a viver a vigilância, e os dois últimos capítulos (24–25) constituem o quinto e último dos discursos de Jesus: sobre a vinda do Reino e a vigilância.

1. A exigência da justiça como sinal da vinda do Reino (Mt 19)

Essa parte do Evangelho começa se referindo à saída definitiva de Jesus da Galileia (v. 1). A crise que vem desde o capítulo 11 agora se torna mais aguda, e Jesus parte para Jerusalém. Começa a grande viagem pascal. Nela, Ele vai educar de modo mais profundo os discípulos e clarear melhor as exigências do reinado divino no mundo. Se o Reino dos céus atinge profundamente todas as estruturas da vida, sem dúvida uma das primeiras é a família. Em qualquer sociedade humana, a família é fundamental para a formação das pessoas e a relação justa entre homem e mulher. É nesse contexto que Jesus defende a justiça no matrimônio e na responsabilidade entre marido e mulher.

Na sociedade judaica, havia duas tendências opostas. Uma permitia o divórcio por qualquer motivo. A outra não permitia. Os rabinos perguntam a Jesus. Ou a pergunta é colocada pela comunidade de Mateus no tempo de Jesus para responder às dúvidas e questões que os cristãos dos anos 80 têm sobre isso.

Jônathan:
Quais seriam essas duas posições que os rabinos tinham e que os cristãos também poderiam ter? Uma contra o divórcio e outra a favor?

Marcelo:
Sempre há pessoas que interpretam a lei ao pé da letra e outras que a interpretam de uma forma mais livre.

Jônathan:
E então, conforme o Evangelho, Jesus toma a posição mais rígida, mais ao pé da letra?

Marcelo:
De modo algum. Jesus não dá a essa pergunta uma resposta direta. Cita o Gênesis e defende a indissolubilidade do casamento. Era sua forma de defender a justiça em relação à mulher.

"A história demonstra que a comunidade cristã manteve-se sempre ligada a essa palavra de Jesus. Entretanto, não a considerou sempre como uma lei imperativa, e sim como um critério ético que exige sempre uma nova interpretação e uma aplicação justa para cada caso"[1].

Jônathan:
Mas aí Ele proíbe mesmo o divórcio...

Marcelo:
Aos discípulos espantados, Jesus diz que uma pessoa divorciada pode renunciar a casar novamente por amor do Reino. Uma antiga tradição da Igreja se apoiou nesse texto (19,10-12), para justificar o celibato das pessoas que se consagram a Deus. Mas, nesse texto, Jesus não está falando de celibato. O contexto é se a pessoa divorciada pode casar de novo ou não. É claro que o que Ele diz pode valer para todos os seus discípulos e todas as suas discípulas.

---

[1]Cf. P. HOFFMANN, A Palavra de Jesus sobre o divórcio e a sua interpretação neotestamentária. In: *Concilium*, n. 6 (1970), p. 854.

Rita:
Em que sentido?

Marcelo:
Não se trata apenas de uma simples renúncia ao corpo ou de relações físicas, mas de aceitar que, diante da iminência do Reino dos céus, quem crê é chamado a se desapegar de todos os laços que prendem a pessoa à família, ao casamento e aos bens para se dedicar com totalidade ao testemunho do Reino que vem.

Cladilson:
É uma palavra muito exigente.

Marcelo:
Não é um mandamento. É um chamado para vivermos o testemunho de que o Reino já está chegando. Mas, na sociedade de Jesus, de fato, Ele toma posição para defender as mulheres que eram abandonadas pelos maridos; bastava que estes não quisessem mais ficar com elas. E a mulher abandonada não era ninguém na sociedade. Jesus toma uma posição para defender o direito delas, como defende a dignidade dos pequeninos. Vejam a cena seguinte.

Jesus impõe as mãos sobre crianças, que as mães lhe trazem (19,13-15). A imposição das mãos é um rito de consagração a Deus (cf. 1Tm 4,14). Jesus rejeita a posição discriminadora dos discípulos e acolhe as crianças, mostrando nelas um sinal do Reino, que deve ser acolhido assim como uma criancinha aberta ao amor do pai e da mãe.

Mateus conclui esse conjunto (cap. 19) com a história do homem que procura Jesus lhe perguntando o que fazer para ter a vida eterna (19,16-26). Geralmente, os pobres pedem cura do corpo e solução para seus problemas imediatos. O rico pede para "possuir" a vida eterna.

Cladilson:

Essa história do jovem rico é muito importante para a pastoral da juventude. É a relação de Jesus com um jovem.

Marcelo:

Mateus o apresenta como um jovem (v. 20). Não coincide com o que dizem sobre ele Marcos e Lucas. E na sociedade de Jesus, não era comum um jovem ter adquirido tanta riqueza.

Cladilson:

Era um jovem de classe alta.

Marcelo:

Pelo tipo de discussão que o rapaz provoca com Jesus e o fato de que conhece bem as leis, pode-se ver que se trata de um fariseu. Jesus lhe manda observar a lei e cita os mandamentos que tratam do próximo. Quando vê que o rapaz quer mais do que isso, chama-o para ser discípulo por meio da renúncia voluntária aos bens, da partilha com os pobres e do seguimento até a cruz. O fariseu não se sente com condições de viver isso e, entristecido, retira-se.

Cladilson:

Jesus é radical demais...

Marcelo:

Os próprios discípulos se espantam com a radicalidade da exigência de Jesus. Em seu Evangelho, Marcos diz que Jesus o olhou e o amou. Isso antes de falar qualquer coisa. Portanto, a exigência de Jesus é a exigência de quem o amou e, por isso, quer mais dele.

Os discípulos ficam espantados e perguntam a Jesus sobre o que acontecerá com eles que já fizeram essa renúncia fundamental (19,27-30). Jesus responde lembrando os apocalipses judaicos, que falavam da era messiânica como um tempo de regeneração e renovação de tudo. Eles participariam da vitória do Filho do

Homem, e a todos os que aceitarem renunciar a tudo pelo Reino Jesus promete cem vezes mais (o cêntuplo).

Cladilson:
Uma promessa estranha.

Marcelo:
Isso é o modo de dizer que eles receberão tudo o que eles deixaram, de forma nova e imprevisível. Essas coisas serão multiplicadas e, além disso, ainda receberão a vida nova do reinado divino, vida eterna, pela qual o rapaz rico e os discípulos lhe tinham perguntado.

2. A parábola do "patrão diferente" (Mt 20,1-16)

Certamente, essa parábola de Jesus serviu para clarear a posição que a comunidade de Mateus e, certamente, desde o início, a de Jesus tomaram em relação aos não judeus. Na Bíblia, "a vinha" é uma imagem clássica do povo de Deus e da obra que Deus faz conosco (cf. Is 5 e Sl 80).

Nessa história, os "operários que trabalharam o dia inteiro na lavoura" significam o povo judeu. Os trabalhadores da última hora são os não judeus, pagãos (*goims*).

Rita:
Ao falar dos trabalhadores desocupados na praça, temos a impressão de que Jesus esteja falando de um país nosso da América Latina, ainda hoje em dia... Ou mesmo com a crise de emprego, que acaba com vários países.

Marcelo:
Para nós, que vivemos em um país onde ainda é normal o trabalho diário dos assalariados volantes (boias-frias), parece familiar o fato de Jesus descrever a realidade social da Judeia

como sendo de desemprego e de trabalhos por contrato diário. Conhecemos ainda hoje essa realidade de pessoas sem emprego, aceitando qualquer oferta que lhe façam.

O que é diferente é esse patrão que age completamente fora das leis sociais vigentes em qualquer sociedade. A maioria dos comentadores chamam essa história de "parábola dos trabalhadores da vinha". O nome mais indicado seria "parábola do patrão original ou diferente". A parábola é sobre o comportamento dele. Todo o problema para os primeiros contratados é que ele, além de começar a pagar pelos últimos, *iguala-os* aos primeiros que suportaram o peso e o calor do dia. A parábola é sobre "os direitos" iguais, que todos têm diante do convite de Deus e da recompensa que Ele promete.

Rita:
De fato, pelas leis trabalhistas, o patrão não poderia fazer isso.

Marcelo:
Pois é. Jesus subverte a lógica do sistema do mundo, tanto de sua época, como do capitalismo de hoje. O que os judeus retratados na parábola não aceitam é que "ele os equiparou a nós". Essa é a discussão que está por trás da parábola. Ela diz que, no Reino de Deus, a economia tem de ser outra. Deus iguala a todos mesmo. Mas, no tempo de Mateus, a discussão não era sobre economia, e sim sobre esse fato de que Jesus igualou os judeus, herdeiros da aliança, povo eleito, e os estrangeiros, que só agora aceitavam a fé.

No tempo de Mateus, o Talmud já dizia: "Um pagão que retorna ao Senhor é maior do que o sumo sacerdote do santuário"[2]. O judaísmo oficial aceitava com tranquilidade que os pagãos pudessem ser salvos e que Deus oferecesse a todos os bens da

---

[2] CHOURAQUI, op. cit., p. 253.

aliança. Isso os rabinos aceitavam sem problemas. Mas não podiam compreender uma igualdade de condições entre Israel e os pagãos.

Os rabinos diziam que "quando Deus promulgou a Torá ofereceu-a a todas as nações, e somente Israel aceitou. Por isso cada israelita tem tanta importância para Deus quanto têm todos os outros povos do mundo. Todos os dias, o judeu piedoso deve agradecer a Deus não ter nascido 'goim'. Só Israel foi capaz de observar a lei"[3].

Agostinha:
Mas, de fato, até o próprio Jesus (no episódio da cura da filha da mulher sírio-fenícia) e Paulo, na carta aos romanos, dizem claramente: "Primeiramente os judeus, depois os outros".

Marcelo:
Exatamente. No entanto, aqui, nesta parábola, Jesus dá um passo adiante e diz que Deus começa pelos últimos e dá a estes o mesmo que dá aos primeiros. Na própria tradição bíblica, os profetas já insistiam na universalidade do amor de Deus e na igualdade de todos perante o Senhor. O profeta Amós chega a dizer: "Por acaso, não sois vós para mim, filhos de Israel, iguais aos filhos dos etíopes?, diz o Senhor. Acaso, não fiz eu subir a Israel da terra do Egito, do mesmo modo como fiz os filisteus virem de Caftor e os sírios de Quir?" (Am 9,7).

Júnior:
Hoje, em uma sociedade marcada pela desigualdade social, essa parábola não deixa de nos lembrar de que Deus propõe igualdade. O fato é que, se, mesmo no plano social, não se aceitar partir dos últimos e dar a eles tanto quanto aos que são considerados "primeiros", nunca haverá justiça.

---

[3] Cf. J. BONSIRVEN. *Le Judaisme palestinien*. Paris, 1935, p. 91. Citado por SPINETOLI, idem, p. 544-545.

Marcelo:

De fato, Júnior. Nesta parábola, Jesus rejeita a lógica do mérito (os que trabalharam mais mereceriam mais) e insiste na lógica do amor gratuito.

Eis uma parábola do Talmud que pode ter inspirado o Evangelho:

> "Um rei contratou muitos operários. Um deles teve dificuldade de suportar o trabalho. O rei o levou para passear com ele. Quando chegou à tarde, os operários vieram receber o salário, e o rei pagou ao operário que tinha passeado tanto quanto aos outros. Estes se queixaram dizendo: 'Trabalhamos o dia inteiro enquanto este só trabalhou duas horas e lhe dás um salário completo como a nós'. O rei respondeu: 'Este se cansou em duas horas mais do que vocês durante todo o dia'" (Jr. Berkhot II,8,5c)[4].

De qualquer modo, ou Jesus ou o Evangelho transformaram o sentido desta parábola. Jesus não favorece qualquer interpretação no sentido dos rabinos. Eles dizem que o patrão quis igualar os salários de todos os trabalhadores porque os que vieram na última hora, de fato, cansaram-se em menos tempo tanto quanto os primeiros que trabalharam o dia todo.

Jesus não entra nessa lógica que ainda é a do mérito. Insiste que Deus faz isso de graça e não pelo mérito dos operários.

3. Quem ocupará o primeiro lugar no Reino? (Mt 20,17-28)

A comunidade de Mateus soube organizar bem esses relatos. Fica claro que, no acolhimento do Reino, a comunidade dos discípulos "passou na frente" dos que eram considerados os primeiros (os rabinos). Por isso é importante clarear que o fato de Deus ter escolhido esses "últimos", que são os irmãos e as irmãs

---

[4]DOMINIQUE DE LA MAISONNEUVE. Paraboles Rabbiniques. In: *Cahiers Évangile*, dez. 1984, p. 23.

das comunidades evangélicas, não lhes dá nenhum privilégio de direito. É dom e temos de receber como missão em função do serviço do Reino.

Não deve ter sido fácil a comunidade contar essa história sobre o pedido da mãe de Tiago e João. Afinal, Tiago, João e Pedro eram as três colunas da Igreja. Ao menos dois deles (Tiago e Pedro) eram mártires venerados pela comunidade. E Mateus não hesita em contar que Jesus teve de repreendê-los e chamá-los a ser servos, e não pessoas importantes.

A comunidade interpretou esse fato, ligando-o à vocação do Servo Sofredor. Disse que Jesus teria afirmado: "O Filho do Homem não veio para ser servido, mas para servir e para dar sua vida como resgate (preço) por muitos" (v. 28). É uma reflexão que liga a missão de Jesus à figura do Servo Sofredor. Mas, provavelmente, o próprio Jesus começou a ver sua missão com essa função de redentor.

4. Quem é cego e quem vê bem (Mt 20,29-34)

A tradição anterior contava que Jesus curou um cego na entrada de Jericó. Mateus transformou essa história e, segundo sua narrativa, Jesus cura dois cegos, e não um só. Os cegos gritam: "Tem para conosco 'amor de mãe' (*rahen aleinou*), Filho de Davi!"

Contando a cena, nesse momento da narração, vocês querem mostrar como são os discípulos que estão cegos. Só Jesus abre os olhos dos cegos, dos discípulos e os nossos.

5. Uma entrada triunfal (Mt 21,1-11)

Todos os evangelistas contam, de uma forma ou de outra, esse relato da entrada festiva de Jesus em Jerusalém. Como sempre a comunidade de Mateus gosta de fazer, também neste caso, conta a história tendo como pano de fundo alguns textos bíblicos, principalmente Isaías 62,11, Zacarias 9,9-14 e o Salmo 118,27.

A partir desses textos, conta a entrada de Jesus em Jerusalém como sendo o Rei Messias, que entra na cidade santa.

Jônathan:
E daí, que importância isso tem para nós e nossas comunidades, hoje em dia?

Marcelo:
O fato de Jesus assumir, ao menos nessa ocasião da entrada em Jerusalém, esse papel de Messias, que vem assumir seu reinado, significa reanimar a esperança de libertação do povo pobre. Jesus aceita ser visto como Filho de Davi (descendente do rei) e ser aclamado pelo povo pobre como Libertador... Nós temos de fazer uma análise mais complexa da realidade e temos de saber como nossa fé em Jesus se liga à esperança concreta de uma libertação social e política, que continua necessária...

Jônathan:
Se é assim, como Jesus pode nos reanimar na esperança da libertação?

Marcelo:
Dando-nos força para atuar e nos dando seu Espírito para discernirmos e sabermos agir de modo correto para a transformação deste mundo.

Jônathan:
Mas esse episódio da entrada de Jesus em Jerusalém ocorreu historicamente, assim mesmo como está escrito?

Marcelo:

Não temos certeza. Mas, historicamente, é possível que esse fato tenha ocorrido em outubro, por ocasião da Festa das Tendas. Por isso, há ramos nas mãos do povo e se canta o Salmo 118. O Monte das Oliveiras, onde tudo começou, é o local sobre o qual, conforme o profeta Ezequiel, o Senhor se deterá no momento de seu retorno em glória para Jerusalém (cf. Ez 1 e 2). Os companheiros de Jeú fizeram o gesto de estender mantos no chão para proclamá-lo rei. Jeú foi um general que tomou o poder na época do profeta Elias (cf. 2Rs 9,4-13). Esse e outros gestos denotam que, provavelmente, nessa ocasião, os peregrinos que entravam na cidade com Jesus fizeram uma manifestação de tipo zelota, contra o poder romano e a subserviência das autoridades religiosas judaicas.

Cladilson:

Mas ao dizer que pode ter sido uma manifestação zelota, você não está dizendo que Jesus aderiu a um movimento violento de luta contra os romanos?

Marcelo:

Sim e não. Sim no sentido de que o Evangelho conta com essa linguagem de uma manifestação revolucionária contra os romanos. Não, no sentido de que Jesus mantém sempre sua proposta, que é de não violência. Ao citar o capítulo 9 do profeta Zacarias, o Evangelho insiste que Jesus assumiu a função do rei pobre e humilde, montado em um jumento, e não em um cavalo de guerra. Diante disso, as reações das pessoas são diferentes, de acordo com sua posição social. O povo dos peregrinos aclama Jesus como rei Messias. O povo o chama de "o profeta Jesus de Nazaré da Galileia" e o aclama como enviado de Deus. As autoridades e a população da cidade de Jerusalém que se sentiam prejudicadas pelo tipo de pregação de Jesus contra o templo e a religião oficial dos sacerdotes não reagem bem. O Evangelho diz que eles "estremecem" e se enraivecem contra Jesus. Esse conflito das autoridades e funcionários do templo com Jesus vai explodir no dia seguinte, como se verá no próximo episódio.

6. Jesus no templo (Mt 21,12-17)

Como faziam todos os peregrinos, a primeira visita de Jesus a Jerusalém foi ao templo. Ali, Jesus realizou gestos e palavras que mostravam que Ele cumpria as profecias sobre a purificação do santuário (como Malaquias 3,1-3 e Zacarias 14,21).

Era comum que no átrio externo do templo se vendessem animais para o sacrifício e houvesse bancas de câmbio de moedas, para que nenhum peregrino entrasse no santuário com moedas que trouxessem imagens ou figuras de soberanos estrangeiros (no templo, não podia entrar nenhuma imagem humana). Durante toda a sua vida, Jesus tinha convivido com isso. De repente, expulsa os vendedores e cambistas e derruba as mesas dos cambistas. Cita Isaías 56 e alude a Jeremias 7 ("Vocês fizeram do templo um covil de ladrões").

Júnior:
Jesus reagiu à comercialização no templo de Deus?

Marcelo:
O problema não é o de opor o material ao espiritual. Jesus denuncia a exploração econômica dos pobres e faz um gesto profético para mostrar que os sacrifícios não serão mais necessários.

O Evangelho conta que Ele faz curas no templo (v. 14) e permite que entrem crianças, coisa que irrita os funcionários do templo, onde só podiam entrar homens adultos e judeus. Isso provoca o atrito direto com os chefes dos sacerdotes.

7. Quem é a figueira estéril? (Mt 21,18-22)

Em tempos de destruição ecológica, não fica bem essa narrativa de que Jesus teria amaldiçoado uma figueira que não estava com frutos. E pela descrição que Mateus faz da época (abril), nem era a estação certa para ela frutificar.

Júnior:
Isso é um fato real ou uma parábola?

Marcelo:
O Evangelho toma uma parábola e conta como se fosse um fato real. Quem lê a Bíblia sabe que a figueira estéril é Israel (cf. Jr 8,13 e Os 9,10). O próprio texto diz que Jesus ia dormir em Betfagé (nome que significa "casa do figo"). Então, Jesus amaldiçoou a "casa do figo", ou uma figueira concreta?

O profeta Habacuc dizia que, no dia em que a figueira não desse mais fruto, era sinal de que chegara o dia do julgamento de Deus (Hab 3,17). É esse o sentido dessa parábola ou desse gesto simbólico de Jesus.

Cladilson:
Quer tenha sido uma figueira real e Jesus tenha amaldiçoado, quer tenha sido simbolicamente uma palavra contra Israel, não deixa de ser pesada e até contrária à imagem que temos de Jesus. Esperamos dele uma pessoa que abençoa e não que amaldiçoa ninguém, menos ainda Israel, que é seu povo e sua religião original.

Marcelo:
Tem toda razão, Cladilson. Penso que esse episódio revela mais a oposição, nos anos 80, entre a comunidade de Mateus e os chefes das sinagogas do que os conflitos que Jesus teria vivido com sacerdotes e religiosos de seu tempo. Essa história

de amaldiçoar é uma linguagem dos profetas antigos e não tem o caráter absoluto que damos hoje em dia... De todo modo, você tem razão. É preciso ler esse capítulo mais pensando na comunidade de Mateus do que em fatos ocorridos com Jesus. Vejamos exatamente isso no episódio seguinte.

8. A autoridade de Jesus (Mt 21,23-27)

A polêmica contra os sacerdotes e anciãos do povo revela para nós uma coisa importante. Eles querem saber que sinal Jesus dá de ser um profeta legítimo. "Com que autoridade você faz essas coisas?" Jesus responde-lhes perguntando se o batismo de João vinha ou não de Deus. Se eles reconhecessem o valor profético e autêntico do batismo de João, então Jesus poderia dizer de onde vinha sua autoridade profética. Para Jesus, não foi apenas uma tática de discussão. De fato, Jesus sabia que a fonte de sua vocação profética foi o batismo recebido no Jordão.

9. A parábola dos dois filhos (Mt 21,28-32)

Nessa parábola, o Evangelho retoma a palavra de Jesus na montanha (Mt 7,21) e, por meio desse exemplo, conta que o mais importante não é dizer que ama o Senhor, mas cumprir sua vontade. O filho que parece mais ligado ao Pai diz que vai trabalhar, mas de fato não vai. Esse filho representa os religiosos, judeus, cristãos, budistas ou de qualquer outra religião, que louvam ao Senhor corretamente e vivem dizendo "sim" a Deus, mas, na prática, não cumprem o que Deus manda fazer de concreto. Enquanto isso, o outro filho, que diz "não vou", mas depois se arrepende e vai, representa as pessoas que não são religiosas e não sabem rezar nem responder com palavras corretas ao apelo do Pai. Mas acabam cumprindo a vontade dele. Por isso, Jesus conclui a história dizendo aos religiosos que vieram debater com Ele: "Os publicanos (pecadores) e as prostitutas chegarão antes de vocês no reino dos céus".

Hoje, podemos recontar essa história vendo no filho delicado, mas acomodado, a figura de qualquer pessoa ou comunidade religiosa que responde, delicada ou docilmente, ao apelo de Deus, mas não o pratica.

É muito ecumênico o fato de que o texto acentua que os dois filhos têm o mesmo pai e esse dirige aos dois o mesmo apelo.

> ## Palavras de um mestre hindu
> "Para Deus o mais importante não é a pessoa que crê em alguma coisa. Quem faz a vontade do Pai Celeste é que está correto. Sobre esta base — ser correto e agir correto — o mundo inteiro pode-se unir" (Swami Vivekananda, santo guru hindu do final do século XIX)[5].

10. A parábola dos lavradores assassinos (Mt 21,33-46)

Os evangelhos sinóticos contam essa parábola do dono de terras que arrenda sua fazenda a lavradores, e estes se apossam da terra (da vinha). Os evangelhos contam isso como uma parábola de Jesus, na qual Ele enfrenta os poderosos de Jerusalém, sacerdotes do templo, juízes do povo etc. Mateus 21 a coloca depois de várias controvérsias de Jesus com seus adversários.

Tenho dificuldade com essa parábola, desde que, no início da década de 1980, ela foi usada pelo coronel Curió, da Polícia Federal, contra uma pequena comunidade do Araguaia (sul do Pará). A polícia havia prendido de forma ilegal (sem ordem do juiz) dois padres e vários lavradores. A população estava apavorada. À noite, na hora do culto, os policiais reuniram o

---

[5]Cf. MICHAEL AMALADOSS. *Pela estrada da vida*. São Paulo: Paulinas, 1996, p. 184.

povo na igreja e alguém leu essa parábola. O comentário foi de que eles (policiais da ditadura) estavam cumprindo essa palavra: punindo os lavradores que queriam se revoltar contra o dono da terra. Se eu pudesse refazer algumas dessas parábolas do Reino, tentaria mudar essas que parecem falar de Deus como se Ele fosse vingativo e cruel, esmagando seus inimigos, um patrão, ou senhor de escravos, legitimador de um sistema social opressor que sabemos que Deus não aprova.

Jônathan:

Uma vez, li que o Evangelho, ou Jesus, tirou muitas dessas histórias que Ele conta das coisas que aconteciam no cotidiano da vida. Como se, hoje, tirássemos as parábolas dos jornais do dia.

Marcelo:

É isso mesmo. No caso dessa parábola, Ele toma o fato ocorrido e, à luz da alegoria, na qual o profeta Isaías diz que a vinha do Senhor é o povo de Israel (Is 5,1-7), Jesus constrói mais uma alegoria.

Alguém pode replicar que o senhor dessa história não é como um capitalista, que mora na cidade e tem uma terra no campo. Ele planta pessoalmente a vinha, rodeia-a com uma cerca e constrói uma torre para protegê-la dos ladrões. É a mesma imagem usada em Isaías 5: "Meu amigo tinha uma vinha, ele mesmo a plantou, cercou com uma cerca...". Aqui, a vinha não é o povo de Israel. Jesus mudou a alegoria de Isaías. Agora a vinha é o reinado divino no mundo, ou seja, o projeto de Deus no meio de nossa realidade. Para Jesus, os dirigentes do templo que oprimem religiosamente o povo seriam o grupo dos lavradores que mataram os enviados. O proprietário ama a vinha. Jeremias já havia dito: "Desde que os pais de vocês saíram do Egito até hoje, enviei-lhes meus servos, os profetas. Mas vocês não quiseram escutá-los" (Jr 7,25-26).

Rita:

É possível resumir o que essa história contém de palavra de Deus para nós?

Marcelo:

Essa alegoria do Evangelho diz: primeiramente, Deus mandou os profetas, e os lavradores mataram-nos, ultimamente, mataram o próprio Filho. Os chefes religiosos dos judeus queriam apoderar-se da vinha no sentido de que não aceitavam o projeto universal do Senhor. A parábola se conclui dizendo: "Esta lhes será tirada e será dada a outros que a façam frutificar".

Rita:

Então, é uma parábola contra os judeus?

Marcelo:

Não. De modo algum. Temos de tomar dois cuidados para não interpretar essa história de modo muito errado:

1 – O primeiro é o cuidado ecumênico. Os lavradores assassinos dessa parábola não representam o povo de Israel. Se dissermos isso, estaremos mantendo o preconceito e ódio antissemita que foi responsável por tantos sofrimentos do povo de Israel (que nada tem a ver com o atual Estado de Israel, que faz sofrer os palestinos).

2 – O segundo cuidado é não identificar Deus com o proprietário de terra. E aí a parábola é ambígua. É como se fosse e não fosse. Assim como o proprietário de terra da história, Deus enviou os profetas e enviou o seu Filho, sim... E a advertência de Jesus e do Evangelho é: se o tal proprietário de terra da história, que não era Deus, exterminou os lavradores assassinos e arrendou sua vinha a outros, como vocês imaginam que Deus vai agir? E a história acaba aí. Não diz que Deus faz isso. Adverte os religiosos do tempo de Jesus para eles não criarem mais obstáculos ao projeto divino e assim não serem deixados para trás.

Rita:

Então, a parábola não é uma ameaça.

Marcelo:

Não. É uma advertência. No caso de Deus, quem morreu não foi nenhum dos tais lavradores assassinos. Quem morreu foi o próprio Jesus. E, nessa história, o Evangelho interpreta a Paixão de Jesus a partir do Salmo 118. Ele é a pedra angular da construção, fundamento da vinha, que estes novos lavradores (a Igreja) devem fazer frutificar.

11. A parábola do banquete (Mt 22,1-14)

> **Parábolas de rabinos**
>
> "Eleazar contou uma história: um rei preparou um grande banquete e disse a seu gerente: 'Convide negociantes e não donos de vendas'. O funcionário respondeu: 'Senhor, teu banquete é tão abundante que os funcionários não são capazes de comer tudo. É preciso que os donos de vendas e bares os ajudem.'"
>
> "O rabino José Hanina disse: Um rei preparou um banquete e chamou os convidados. Na quarta hora, ninguém ainda estava lá. Passaram-se a quinta e a sexta horas e os convidados não vieram. À tarde, começaram a se apresentar. O rei lhes disse: 'Agradeço a vocês porque, se vocês não tivessem vindo, eu seria obrigado a jogar todo este banquete para os cães'" (Midrash sobre o Salmo 25,7b)[6].

Aqui, o Evangelho reúne duas parábolas que no início deveriam ser independentes: a parábola do banquete cujos convidados não vieram e a parábola do homem que veio sem a veste nupcial.

---

[6]Cf. D. MAISONNEUVE, op. cit., p. 39.

O banquete é uma imagem conhecida na Bíblia para falar do Reino de Deus, e os rabinos tinham várias histórias semelhantes a essas duas histórias, tanto a dos convidados que não vieram, como a do homem que veio sem a roupa apropriada para a festa.

A comunidade de Mateus usa mais uma comparação para dizer que os judeus eram os convidados que não quiseram ir ao banquete. Por isso o Senhor, o rei, abriu sua festa para todos, até para os pobres e aleijados da rua.

Cladilson:

É muito estranha essa história do homem que não tinha a veste nupcial. Como ia ter se ele foi chamado quando, por acaso, passava na rua, naquele momento?

Marcelo:

A parábola do homem que não entrou com a roupa nupcial se enquadra mal à história daqueles que vieram e foram encontrados na hora, de repente, na rua. Como ele poderia estar preparado para uma festa para a qual ele não saiu de casa? A parábola toma essa história de uma parábola de vigilância. Diz que devemos estar preparados, porque, em qualquer momento, o Senhor pode chamar.

De acordo com costumes orientais da época, o rei reage com um ato de grande violência. Não é essa nossa imagem de Deus.

Será que esse massacre, ao qual a comunidade de Mateus se refere no Evangelho, foi a tomada de Jerusalém e o massacre que os romanos cometeram?

12. Discussões rabínicas (Mt 22,15-46)

Essas questões, que o rabino Jesus responde, podem ser mais uma questão para a qual os cristãos dos anos 80 precisavam de uma resposta do que problemas reais da própria época de Jesus. São três situações de confronto com os chefes da religião judaica. A primeira armadilha, que fazem contra Jesus, vem dos fariseus. É sobre a legitimidade ou não do pagar impostos. A segunda polêmica, a ressurreição dos mortos, é dos saduceus, sacerdotes do templo, partido dominante da sociedade judaica na época de Jesus. Finalmente, os fariseus voltam para discutir um assunto que era comum entre os grupos de rabinos: qual é o maior mandamento da lei.

Júnior:

Quanto à discussão sobre o imposto, isso gerou na Igreja a tal história dos dois reinos: o espiritual (a Igreja) e o material (o Estado). Separa fé e política.

Marcelo:

É verdade. Essa história quase sempre foi mal interpretada. De fato, Jesus não cai na armadilha deles e não responde diretamente à pergunta. Pede para ver uma moeda e pergunta de quem é a imagem que está na moeda. Quando eles dizem que é de César, Jesus reage como um judeu tradicional: restituam a César a moeda que é dele e deem a Deus o que é de Deus, ou seja, Israel, que significa "Reino de Deus". Então, ao contrário, Ele toma posição para que Deus seja juiz de tudo na vida do povo, sem separação entre fé e política...

Cladilson:

Na segunda polêmica, que é sobre a ressurreição dos mortos, entram os saduceus. É uma história estranha da mulher que casou sete vezes, ficou viúva sete vezes, e eles querem saber de qual dos setes irmãos ela será esposa no céu quando morrer. Quem eram esses tais saduceus e por que essa polêmica com Jesus?

Marcelo:

É o único lugar no Evangelho que se fala de saduceus. O nome vem do sacerdote Sadoc. Eles se diziam descendentes dele. Eram sacerdotes do templo e se constituíam como uma espécie de partido. Eram muito tradicionalistas e, ao mesmo tempo, colaboradores dos romanos, o que é estranho como posição política. Como só aceitavam como Palavra de Deus a Torá (os livros da lei), não acreditavam em ressurreição. Essa crença surgiu em Israel nos livros mais novos da Bíblia, depois do cativeiro da Babilônia. Os saduceus procuraram Jesus para combater o fato de que sabiam que Ele pregava a ressurreição. E queriam ridicularizar a crença dele. Aí Jesus reage até meio agressivamente. Diz claramente que eles (saduceus) não entendem a Escritura e toma a posição de um bom fariseu: "Deus é Deus dos vivos, e não dos mortos".

Rita:
A terceira polêmica é de novo com os fariseus e sobre qual é o mandamento mais importante da lei.

Marcelo:
No Evangelho conforme Marcos, essa terceira polêmica foi com os escribas, que, sendo intelectuais do templo, também eram um partido político. E a conversa com Jesus não chegou a ser negativa. Jesus até elogia o escriba (Mc 12,28ss). Mas Mateus conta esse encontro como uma segunda polêmica dos fariseus contra Jesus. Sobre essa história de qual o mandamento mais importante, o que estava por trás era a interpretação da fé.

Rita:
Houve uma época em que o pessoal de Igreja, que entrava na política, deixava de ir ao culto dominical porque tinha algum compromisso no sindicato ou no partido. E o pessoal mais tradicional atacava, como se eles tivessem abandonado a fé. E aí eles discutiam sobre o que é mais importante: ir para a Igreja ou ter um engajamento social.

Marcelo:
Pois é. Naquele tempo, as discussões entre escribas e fariseus era mais ou menos nessa linha. Havia duas escolas,

uma era mais rigorista e separava muito a espiritualidade da vida comum (o rabino dessa escola de interpretação da lei era Shammai). A outra escola rabínica era mais liberal e preocupada com o próximo: a escola do rabino Hillel. Jesus apoia esta última posição e defende a unidade entre o amor a Deus e o amor ao próximo. Ele retoma a palavra do Deuteronômio 6, de que o maior mandamento é o amor a Deus, mas junta isso com Levítico 19 sobre o amor ao próximo e diz que é necessário unir os dois mandamentos como se fossem um só.

De fato, o que Jesus diz é que o amor a Deus se realiza no amor ao próximo, e não no culto religioso. O valor do culto é nos ajudar a viver esse amor, como método, como preparação, mas o exercício do amor se dá no concreto da vida – em viver a solidariedade, como princípio permanente de nossas ações e de nosso modo de ser.

> "Amarás ao teu próximo como a ti mesmo." Esse é o grande princípio fundamental da Torá, ensinava o rabino Aquibá.
>
> Quando as autoridades romanas fizeram o rabino Aquibá sair da prisão para matá-lo, era a hora da recitação do "Shema Israel". Enquanto rasgavam seu corpo com argolas de ferro, o rabino recitava: "Escuta, Israel, o Senhor é Um. Ama-o com todo o teu coração...". Enquanto ele recebia o jugo do Reino dos céus (a oração do Shema), seu corpo desfalecia. Então, ele repetiu a oração e prolongou a palavra "UM" até entregar a alma. No instante em que o mestre entregou o espírito, seus discípulos que acompanhavam tudo a distância escutaram do céu uma voz que dizia: "Bem-aventurado és tu, Aquiba, que entregaste teu espírito dizendo: 'Um'"[7].

---

[7]Tratado das Bênçãos 61b, citado por PIERRE LENHARDT e MATTHIEU COLLIN. La torah Orale des Pharisiens. In: *Cahiers Évangile*, set. 1990, p. 104.

13. Pergunta de Jesus (Mt 22,41-46)

Aqui, conforme o relato de Mateus, é a vez de Jesus fazer perguntas. Ele faz apenas uma: a identidade do Messias. Na tradição judaica da época de Jesus, havia diversas escolas e correntes messiânicas. Uma das mais importantes era a que via o Messias como "Filho de Davi", um descendente do rei, que iria novamente restabelecer a monarquia em Israel. É sobre essa questão que Jesus pergunta aos fariseus.

Queridos irmãos e queridas irmãs que escreveram esse Evangelho, provavelmente por causa da realidade que vocês viveram de conflito com os rabinos, dão a essas discussões de Jesus com os fariseus um estilo polêmico de confronto que essas mesmas discussões não tinham quando contadas por Marcos (12,35-37) e Lucas (20,41-44).

No estilo das discussões rabínicas, é comum que os argumentos dependam da intepretação de um texto bíblico. O Salmo 110 era tido como messiânico, e Jesus o usa para mostrar que Davi, chamando o Messias de "Senhor", reconhece nele mais do que um filho.

14. Discurso contra os fariseus (Mt 23,1-39)

Por trás desse discurso de confronto entre Jesus e os escribas e fariseus está o conflito entre os cristãos, rabinos das primeiras comunidades cristãs, e os chefes da sinagoga dos anos 80.

Lendo os profetas, encontramos diversos discursos no estilo de lamentação contra Jerusalém ou contra os sacerdotes ou grandes da cidade (cf. Am 5,18ss; Is 5,8-30; Is 10; Jr 22,13ss; Ez 34,1ss; Ab 1,6-19). Exatamente como Amós e Isaías, Jesus também pronuncia sete "ais". Esta expressão "ai de vocês" é mais de lamento e pena do que de condenação violenta, mas contém a denúncia do pecado e o anúncio do mal que virá como consequência do pecado.

A primeira coisa que Jesus deixa claro é que Ele respeita e aceita o ensinamento dos doutores da lei, professores de Bíblia e da tradição judaica. Ele contesta a hipocrisia, o fingimento e a separação entre a doutrina e a prática da vida: "Façam o que dizem (o ensinamento da tradição judaica) e não o que fazem".

Agostinha:
Nesse sentido, Jesus condena algo que continua sendo um desafio para todos os pastores de qualquer religião: a separação entre o que se prega e o que se vive.

Cladilson:
É isso mesmo. Jesus condena o egocentrismo religioso e o fato de os chefes exigirem pesos dos outros e eles mesmos não os cumprirem.

Jônathan:
Outro ponto que Jesus condena, e de repente o discurso se volta para os discípulos, é o autoritarismo religioso e o uso da religião em função de prestígio e poder pessoal.

Júnior:
Jesus pede aos seus que sejam irmãos, constituam-se como comunidades igualitárias e evitem os títulos e as dependências ("Só um é vosso Rabino, só Um é vosso Pai: o Senhor").

Rita:
Lamenta também que a religião desse tipo, qualquer que ela seja, esqueça o fundamental (a justiça e a misericórdia) e se apegue a detalhes e coisas menos importantes.

Marcelo:
A última lamentação é para a própria cidade de Jerusalém (Mt 23,37-39). Escrevendo esse texto, depois que os romanos

já tinham destruído Jerusalém, Mateus retoma a tradição dos profetas, que via na destruição da cidade a consequência do povo ter abandonado a Deus e traído sua aliança. Jesus lamenta: "Quis reunir teus filhos e não quiseste". Nessa lamentação, a imagem que Ele dá de si mesmo é a figura que vários textos bíblicos dão de Deus não apenas como pai, mas como mãe. "Assim como uma galinha reúne os filhotes debaixo das asas, assim eu reuni teus filhos." Essa mesma imagem de Deus como uma galinha juntando seus filhotes aparece no Cântico de Moisés (Dt 32,10-11) e em alguns Salmos (Sl 17,8; 36,8).

O texto alude à destruição da cidade, no ano 70, e ao posterior decreto romano que proibia os judeus de continuarem residindo em Jerusalém. Jesus teria dito: "Jerusalém, tua casa foi deixada deserta" (v. 38).

É um discurso terrível, mas termina com uma nota de esperança: "Não me verás até o dia em que dirás: Bendito aquele que vem em nome do Senhor".

Queridos irmãos e queridas irmãs de hoje,

Ouvindo o Evangelho como uma palavra para nossa vida, somos chamados a rever nossas atitudes de poder e de busca de prestígio, principalmente se estiverem ligadas à espiritualidade. Até hoje, o risco denunciado por Jesus de uma espiritualidade que não liga fé e vida, contemplação e compromisso com a justiça continua. Até hoje, Jesus diz às Igrejas cristãs: "Quis reunir vocês, como uma galinha junta os pintinhos, e vocês não quiseram".

15. O discurso sobre o fim do mundo (Mt 24)

A comunidade de Mateus dedica os capítulos 24 e 25 ao quinto discurso de Jesus sobre o reinado divino. Nele, Jesus trata da manifestação do Reino no meio de um mundo inimigo. Relendo o conjunto, é difícil distinguir as palavras que Jesus disse no momento em que enfrentava os chefes de Jerusalém e as palavras que os cristãos dos anos 80 escutaram de Jesus Ressuscitado para resolver os problemas que enfrentavam na época.

Júnior:
Qual o problema ou o conflito que está por trás desse texto?

Marcelo:
A minha impressão é de que, nas comunidades dos anos 80, havia dois tipos de cristãos:

1º - Pessoas que esperavam a manifestação do Dia do Senhor (fim do mundo) para amanhã ou no máximo dois dias depois. Para elas, estavam vivendo os dias finais do mundo, e Jesus já iria aparecer sobre as nuvens para levar todo mundo para o céu...

2º - Mas havia também outros irmãos que tinham percebido que o mundo iria continuar e que não tinham de se preocupar com a vinda do Senhor para já. Estes, ao contrário dos primeiros, viviam acomodados sem preocupar-se com o Reino e sua vinda.

Então, a comunidade de Mateus toma as palavras de Jesus e redige esse discurso para responder a essas questões: a vinda do Senhor (o fim do mundo, como eles diziam) é para já ou vai ainda demorar muito?

Júnior:
Então, esse discurso não é propriamente de Jesus, e sim da comunidade?

Marcelo:
Jesus deve ter dito essas coisas que estão escritas. Só que disse em situações distintas e em momentos diversos. A comunidade de Mateus reelaborou as palavras de Jesus, já transmitidas por outras testemunhas. Agrupou essas palavras em um estilo que os judeus chamam de apocalipse. É uma visão simbólica sobre a vinda do Senhor e o fim do mundo. Uma espécie de literatura de ficção científica do mundo antigo.

O Evangelho conta que Jesus pronuncia esse discurso no Monte das Oliveiras, de onde se vê um panorama belíssimo: toda a cidade de Jerusalém. Os discípulos admiram a beleza do templo e dizem isso a Jesus. Ele parte da admiração dos discípulos e diz que tudo aquilo vai ser destruído. Quando Mateus escreveu, a destruição do templo e de Jerusalém, de fato, já tinha ocorrido no ano 70. Então, o Evangelho diz que ela tinha sido prevista por Jesus, como sinal precursor dos acontecimentos terríveis do fim dos tempos.

Júnior:
Como podemos compreender esse ensinamento para nós hoje em dia?

Marcelo:
É comum as pessoas falarem em fim do mundo. O Evangelho não se refere ao fim do mundo no sentido que hoje compreendemos, e sim ao fim de um mundo. O mundo antigo vai acabar. Mas o julgamento de Deus e a manifestação da vinda do Senhor não acontecem somente no final. Por meio das palavras de Jesus, a cada instante de nossa vida cotidiana, encontramos o Filho do Homem a nosso lado e ou o acolhemos, ou o rejeitamos.

Esse discurso de Mateus resume uma evolução de pensamento que foi longa. Lendo as cartas de Paulo, percebemos que as comunidades pensavam que a vinda gloriosa do Senhor se realizaria naqueles mesmos dias. Seria um acontecimento imediato. Parece que, no início de sua missão, o próprio Jesus pensou isso. No discurso da missão, Ele havia dito: "Vocês não vão nem ter tempo de percorrer todas as cidades de Israel, antes que venha o Filho do Homem" (Mt 10,23).

Júnior:
Essa convicção de que o mundo está acabando é normal nas comunidades oprimidas, que não podem esperar mais nada na história. Esperam uma intervenção salvadora de Deus.

Marcelo:

Talvez, a primeira parte desse discurso do capítulo 24 venha dessa fase de vida das comunidades. Interpretam as dificuldades e perseguições que estão sofrendo como sinais de que a vinda do Senhor está próxima. "Não passará esta geração sem que tudo isso aconteça" (v. 34). Querem perceber nos céus e na terra os sinais do começo da vinda do Senhor. Como uma mulher grávida quer perceber o começo das dores de parto.

Jesus e as primeiras comunidades compararam a vinda do Filho do Homem para estabelecer o Reino dos céus com os últimos dias de Noé antes do dilúvio (v. 37-39). Há um aspecto pesado e de tragédia. "Haverá guerras e revoluções." Mas será só o começo...

Jesus alude à "abominação da desolação", que nos textos judaicos significava a profanação do templo (Dn 12,1). Talvez no tempo de Mateus significasse a pressão para que os cristãos frequentassem o culto imperial ou incensassem a estátua do imperador romano.

No meio do discurso, há alusões às dificuldades internas das comunidades (v. 10-13). Em outros momentos, o Evangelho já tinha aludido a maus comportamentos e escândalos, divisões etc. É preciso suportar as provações. Uma delas é o fato de que sempre aparecem pessoas que se dizem profetas. Esses adivinhadores ou místicos dizem conhecer o segredo de Deus e marcam o dia e a hora que a vinda do Filho do Homem vai acontecer (v. 5, 11, 23-24).

Júnior:

O discurso corrige quem imagina que o fim do mundo vai ser amanhã.

Marcelo:

Isso mesmo. E não é só a comunidade de Mateus que enfrenta falsos profetas e falsos Messias, que reúnem o povo e anunciam acontecimentos que Deus não inspirou. Os profetas antigos já haviam advertido sobre isso (cf. Jr 23,25 e 28; Ez 13,1ss). São pessoas que se sentem muito seguras de falar em nome de Deus, como se fossem proprietárias da Palavra do Senhor.

Aconteceu que, pouco a pouco, a vida foi continuando, e os irmãos e as irmãs foram percebendo que a *parusia* (isto é, a vinda gloriosa do Senhor) demorava a acontecer. Diante disso, alguns desanimaram, e outros perceberam que deviam viver o dia a dia na esperança.

Júnior:

Em nossa época, em pleno século XXI, nós também temos muitos pastores pregando castigos de Deus e destruição. Ao contrário, Jesus chega a confessar: "Ninguém sabe quando será o dia, nem os enviados, nem o Filho. Só o Pai" (v. 36).

Marcelo:

Pois é. Quem ler com espírito crítico a segunda parte desse discurso perceberá uma pequena contradição. Na primeira parte, Jesus dá uma série de indicações e descreve vários sinais precursores da vinda do Filho do Homem. Já na segunda parte, diz que é totalmente imprevisível. "Quando vocês menos esperarem... Será como um ladrão que assalta uma casa... Se o dono da casa soubesse a que horas viria o ladrão..." (v. 4, 3-44). Acontece de repente e sem sinais anunciadores. Não adianta querer prever. O importante é viver na expectativa e na vigilância.

Na segunda parte do discurso (Mt 24,37 a 25,46), Jesus acrescenta ao discurso apocalíptico algumas parábolas sobre como as comunidades cristãs devem viver à espera do dia do Senhor. O plano é claro:

O Dia do Senhor é imprevisível. É preciso vigiar (Mt 24,37-44).

A conduta dos servidores ministros (Mt 24,45-51).

Parábola das dez virgens – toda a comunidade (25,1-13).

Parábola da avaliação dos serviços (25,14-30).

O último Julgamento (25,31-46).

Queridos irmãos e queridas irmãs de hoje,

Mais do que nunca, este tempo em que vivemos pede vigilância e capacidade de discernimento. A comunidade de Mateus fala do julgamento final e do fim do mundo na linguagem cultural da época.

É urgente anunciarmos o Evangelho com a linguagem e a partir da cultura do povo de hoje e percebermos, nos acontecimentos atuais, os sinais que anunciam a vinda do Reino.

Há quem insista nos sinais negativos e dolorosos de que o atual sistema está em crise e, se o velho não desaparecer, não há como se iniciar o novo. Muitos veem na atual e lamentável destruição da natureza um sinal preocupante do risco que o mundo corre. Certamente, a destruição ecológica, com suas graves consequências, pode servir de alerta para nos darmos conta da fragilidade da vida e de nossa responsabilidade com as gerações seguintes. Mas só seria sinal do Reino de Deus se este fosse concorrente da realidade e viesse substituir este mundo, e não renová-lo. Apesar de ter desenvolvido imagens que justificariam tal visão, os cristãos sempre oraram: "Venha o teu reino".

Ao contrário, os sinais da vinda desse Reino podem ser percebidos no esforço pela emancipação dos povos, nos avanços por meio dos quais a humanidade torna a vida melhor para todos, nos progressos da ciência e da comunicação, quando estas são postas a serviço de todos, respeitam a natureza e humanizam a vida.

Ultimamente, os americanos divulgaram filmes sobre asteroides que ameaçam cair sobre a terra e destruir tudo, cumprindo quase ao pé da letra as palavras de Mateus 24. Só que, nesses filmes, só o exército americano pode salvar o planeta do "apocalipse final". Uma palavra evangélica mostraria bem o contrário dessa propaganda mentirosa.

Por que a ficção científica não pode ser positiva e amiga? Por que não valorizar mais fábulas como "E.T." do que a violência e o ódio de certos filmes que só preveem "guerras nas estrelas"?

Para falar da vinda do Reino, a partir da realidade de hoje, que linguagem e imagens podemos usar?

16. As dez virgens (Mt 25,1-13)

Não é fácil ler e comentar essa parábola para o povo brasileiro. Poucos têm condições de compreender como eram os costumes da Palestina na época de Jesus e saber como, naquela época, eram as cerimônias do casamento.

Cladilson:
De fato, para nós, é estranha essa história de um homem com dez mulheres virgens, todas esperando entrar com ele no quarto conjugal.

Marcelo:
Os pregadores passam por cima disso e falam do significado alegórico que tem o azeite nas lâmpadas. De fato, as dez virgens, "damas de honra", que acompanhavam a esposa, representam a comunidade.

Rita:
Como mulher, o que percebi é que a parábola não fala nada sobre a esposa desse casamento. Só se refere explicitamente ao esposo e às dez virgens. Por quê?

Marcelo:
Sem dúvida, o fato de a parábola não aludir à existência da esposa é sinal de que, naquela cultura machista e patriarcal, o importante não era a esposa, e sim o esposo. E para o grupo de virgens, que são damas de companhia da esposa, a maior honra era entrar na sala do casamento e no quarto de núpcias com o casal. Penso que para cantar e servir. E aí essa história deve ter ocorrido, de fato, naquela época. Então, Jesus a tomou como

parábola do Reino de Deus, que pede vigilância e previdência. As tais virgens, que não tinham óleo no candeeiro foram imprevidentes, descuidadas...

Rita:
Mas o que fica para nós disso tudo?

Marcelo:
Se aplicarmos a alegoria até o fim, poderemos ver nisso uma palavra de Deus que pede à comunidade que viva em função do Reino e do Esposo, que vem, e não da própria Igreja (a esposa). As virgens representam a comunidade. Dez é o número da ação humana como dez são os dedos da mão. É o número mínimo de pessoas exigidas para que haja a oração comum na sinagoga. Os rabinos diziam que o coro das "filhas de Jerusalém" no Cântico dos Cânticos era composto de dez virgens, que representam a comunidade dos discípulos carregando a luz da Palavra de Deus (a Torá) e aguardando vigilantes a vinda do Messias[8].

Os comentários feitos pelos rabinos sobre o livro dos Números também falam das boas obras e do acolhimento amoroso do Messias como um azeite posto na lâmpada. Por isso não é possível dar de seu azeite para o outro. Nesse sentido, ninguém pode amar no lugar do outro.

Talvez, quando Jesus contou a história, Ele não tenha insistido tanto na vigilância (até porque todas dormem), mas no ser capaz de estarem prontas na hora em que o Esposo vier. O Esposo tarda. A *parusia* não vem logo como se esperava. Mas é preciso vigiar.

---

[8] Cf. JEAN RADERMAKERS. *Au fil de l'Évangile selon Saint Mathieu.* Bruxelas: Institut Théologique, 1972, p. 310.

17. A parábola da avaliação dos serviços (Mt 25,14-30).

Essa é uma das parábolas contadas no Evangelho que, apesar de virem de Jesus, não me inspiram simpatia.

Júnior:
Esse tipo de parábola parece legitimar uma sociedade baseada na desigualdade social. Nessa visão, os talentos seriam os dons (intelectuais, ou naturais), que Deus dá a cada pessoa. E como os dons ou talentos são diferentes de pessoa a pessoa, é normal que haja diferenças entre as pessoas, diferenças de classe, diferenças de situação de vida.

Marcelo:
Essa interpretação para justificar a ética da burguesia é tão clássica que a própria palavra "talento" (nome de uma moeda do tempo antigo) tornou-se, em nossas línguas, sinônimo de "dom natural". Uma pessoa tem ou não tem talento para tal coisa. Existe até o adjetivo "talentoso". Alguém é talentoso ou não é.

Ninguém diz exatamente isso, mas deixa entender que o rico é o servo que ganhou cinco talentos e foi capaz de fazê-lo render outros cinco. O pobre é o que ganhou menos e acabou enterrando esse pouco que recebeu. Se fosse assim, essa seria a parábola da sacralização do capitalismo.

Júnior:
Mas Jesus contou mesmo essa história e desse modo?

Marcelo:
Historicamente não sabemos se Jesus contou mesmo essa história tal qual está no Evangelho. De todo modo, penso que se a comunidade de Mateus soubesse que a parábola que eles transcreveram, no decorrer da história, seria tão mal interpretada e usada de forma tão errada, certamente teriam preferido não

escrevê-la. Sem dúvida, Mateus a recebeu da tradição mais antiga. Talvez tenha adaptado para a realidade da época e da comunidade cristã no norte da Síria, onde parece que esse Evangelho foi escrito, uma parábola que Lucas também guardou (Lc 19,11-27). Já salientamos que muitas das histórias que Jesus contou foram acontecimentos reais que Ele ficou sabendo. Talvez muitos de seus ouvintes soubessem a que caso concreto Ele se referia. Podem até ter conhecido esse patrão, que tinha oito talentos de prata ou de ouro (era uma riqueza) e que, devendo viajar, confiou-os a seus empregados.

Recontando a história, Jesus a interpreta. Conforme a parábola, o próprio patrão reconhece que poderia ter deixado esses talentos em um banco para fazê-los render, mas preferiu confiá-los aos empregados (v. 27). Então, seu interesse maior não era o simples lucro capitalista. Era testar a capacidade dos servos em fazer os talentos renderem. Nas comunidades antigas, falar de "servos" era referir-se aos ministros cristãos. Ou será que Mateus ainda continuava querendo dizer que os rabinos e escribas são esses servos que não souberam zelar pelos talentos recebidos? Provavelmente, em uma primeira redação, o Evangelho alegorizou a parábola de Jesus pensando que o talento significava a lei e a aliança de Deus. Nessa interpretação, o que a parábola deixa claro é que os rabinos do judaísmo, da época do Evangelho, guardavam, ciumentamente, ou enterravam o talento que o Senhor lhes confiou, para que eles o fizessem prosperar, crescer ou render (a aliança de Deus, aliança que Deus fez com Israel para ser luz e abrir-se a toda a humanidade).

Na redação atual, a parábola parece visar mais aos ministros cristãos e à responsabilidade deles.

Na história das virgens, que o Evangelho conta antes dessa parábola, Mateus insiste no dever de esperar vigilantes. Nessa parábola dos talentos, há um passo a mais: os cristãos precisam trabalhar para fazer os talentos renderem. Assim, o Evangelho ajuda a comunidade a descobrir por que a vinda do Senhor (a *parusia*) tarda tanto. É para dar tempo para que trabalhemos e façamos os talentos se multiplicarem. O contexto histórico é esse: "Após um longo tempo..."

Júnior:
Então, os talentos não significam nossos dons naturais.

Marcelo:
Esses talentos, dos quais o Evangelho fala, nada têm a ver com nossos dons naturais. É o dom divino, que nos foi entregue para sermos testemunhas dele no mundo. Senão, caímos na interpretação capitalista do Evangelho, que é uma aberração. Seria interpretar a parábola no sentido contrário ao que Jesus contou ou ao que Mateus escreveu. Se lermos com cuidado, veremos que a história de talentos é secundária. É claro que Jesus não contou uma alegoria, e sim uma parábola. Ele não deu nenhum significado próprio aos talentos. A parábola podia ser assim: o patrão ia viajar e encarregou os servos de arrumarem a casa, ou lavrarem o campo. Quando voltou percebeu que um fez cem por cento, outro trabalhou apenas a metade do que devia, e outro não fez nada. A parábola é sobre o rendimento do empenho dos servos, e não sobre o valor ou significado dos talentos. O talento que Deus nos confiou foi seu Evangelho, a fé e o testemunho de seu amor, que devemos comunicar a toda a humanidade.

18. A perspectiva do encontro é para hoje (Mt 25,31-46)

Parece que a comunidade de Mateus é teimosa. Muitos continuavam perguntando: "Quando acontecerá a vinda do Senhor?" Mateus conta uma parábola diferente de todas as outras. Uma parábola que é uma espécie de visão futura da vinda do Filho do Homem. É futura e até a tradição cristã a chama de "juízo final". Mas, de fato, o que, nessa história, o Filho do Homem vai dizer aos eleitos é que não adianta a pessoa esperar aquele dia final para encontrá-lo. Ou reconhecemos que Ele estava do nosso lado, cada vez que encontramos uma pessoa necessitada, ou não seremos no último dia reconhecidos por Ele.

Jônathan:
Portanto...

Marcelo:
Portanto: *a data do julgamento e da vinda do Filho do Homem é hoje.* Temos um encontro com o Filho do Homem cada vez que passamos por perto de uma pessoa que precisa de nós. O decisivo vai ser o encontro banal de cada momento.

> "O texto de Mateus 25, que descreve o juízo final, é desconcertante e questionador, pois identifica Jesus com os pobres e convoca a reconhecer o rosto de Jesus no rosto dos pobres. (...) Essa passagem do Evangelho é fundamental para compreendermos a relação de Jesus com os pobres e, consequentemente, a relação dos seguidores de Jesus com os pobres. (...) Todo gesto em direção ao outro, de aproximação aos mais pobres, decide a proximidade ou a distância que a pessoa em questão tem de Deus"[9].

Jônathan:
Você tinha dito que o Evangelho de Mateus contém cinco discursos de Jesus. Essa parábola ainda faz parte do quinto...

Marcelo:
Isso. O quinto discurso de Jesus em Mateus se conclui com uma parábola sobre o julgamento de Deus. Esse julgamento divino atinge a todas as nações (*ethnê*). "Todas as nações serão reunidas diante dele." É um julgamento universal. Abrange a

---

[9]VERA IVANISE BOMBONATO. Jesus e a opção pelos pobres. In: PEDRO RIBEIRO DE OLIVEIRA (org.). *Opção pelos pobres no século XX*. São Paulo: Paulinas, 2011, p. 141.

todos os seres humanos, independentemente de religião e de cultura. "Ele separará as pessoas umas das outras, como o pastor separa as ovelhas das cabras."

Jônathan:
Para nós, hoje, é uma linguagem estranha e inadequada, porque compara as pessoas com ovelhas ou cabritos.

Marcelo:
De fato. Mas é uma imagem comum, no estilo da época palestina, portanto da época de Jesus e talvez ainda na região da Síria, da comunidade de Mateus: o rebanho era misturado de ovelhas e cabras. Por isso, torna-se um jeito de falar comum nos apocalipses judaicos daquela época. O julgamento é um discernimento e separa as ovelhas das cabras. Conforme o mesmo Evangelho, João Batista tinha dito que Ele separará o trigo e a palha (Mt 3,12). Jesus tinha dito que, no final dos tempos, Deus separará o trigo do joio (13,24-30) e ainda os tipos de peixes diferentes que vêm na rede (13,47-50). Esse discernimento ou separação vai determinar a sorte de uns e de outros.

O Evangelho herda a linguagem dos apocalipses judaicos quando fala em castigo eterno e vida eterna. Se os dois termos se opõem, o castigo é simplesmente o não viver plenamente. No 2º livro de Macabeus, diz-se: "Para ti não haverá ressurreição para a vida" (2Mc 7,14)[10].

A primeira instrução de Jesus chama os pobres e sofredores de "bem-aventurados, ou felizes" (ou "para frente"). Agora os chama de benditos. Na primeira palavra do discurso da montanha, eram proclamados "felizes" os pobres e pequeninos. Agora, são proclamados "benditos" os que socorreram os pequeninos em

---

[10]Esse parágrafo foi praticamente transcrito do comentário de SANDRO GALLAZZI. *Mateus*: uma leitura a partir dos pequenos. Comentário Bíblico Latino-americano, Novo Testamento. São Paulo, Fonte Editora, 2012, no comentário ao cap. 25 do Evangelho (no texto impresso e colhido na internet, p. 289).

nome do Senhor. Há uma profunda ligação entre os dois discursos: o primeiro, das bem-aventuranças, e esse, da bênção da vida eterna. É importante perceber que, por duas vezes, o texto se referirá aos bem-aventurados ou benditos como *justos* (cf. os versos 37 e 46).

Jônathan:
Então, o fundamental não é se as pessoas são religiosas ou não, e sim se são justas e fazedoras da justiça.

Marcelo:
Trata-se da justiça do Reino (Mt 6,33), justiça que o primeiro testamento ligava ao amor solidário e uterino de Deus.

Seremos julgados pelo amor que, a cada dia, dedicamos aos irmãos e às irmãs. Kabir, místico muçulmano da Idade Média, afirmava: "Quem é a pessoa santa? Toda pessoa que tem consciência do sofrimento dos outros seres humanos e com eles se solidariza". No século XX, o rabino Abraham Heschel escreveu: "Cada judeu que vive sua fé é arquiteto de mundos ocultos. Cada pessoa piedosa é, em parte, o Messias".

A comunidade dos discípulos, que, no discurso sobre a Igreja (Mt 18), foi chamada a acolher em seu meio os pequeninos, agora é julgada pela solidariedade concreta para com estes pequeninos. A Igreja é chamada a ser uma comunidade unida, mas deve viver para fora de si mesma. Suas preocupações não podem ser apenas internas, com sua própria estrutura. Sua missão é testemunhar a vinda do Reino e organizar a caridade solidária para com todos.

Dom Oscar Romero, bispo salvadorenho, assassinado em 1980, afirmava: "Existe um critério para saber se Deus está próximo ou distante de nós. Toda pessoa que se preocupa com a fome, a nudez do pobre, do desaparecido, do torturado, do prisioneiro, de todos os que sofrem, está próxima de Deus"[11].

---

[11]DOM OSCAR ROMERO. *Discurso de 5 de fevereiro de 1978,* citado por VERA IVANISE BOMBONATO, op. cit., p. 142.

Um místico norte-americano de uma Igreja evangélica escreveu: "Por que deveria eu desejar a visão de Deus mais do que tenho no dia de hoje? Vejo algo de Deus a cada hora, das vinte e quatro, e a cada momento. Vejo Deus no rosto dos homens e das mulheres que encontro e em meu próprio rosto no espelho. Encontro cartas de Deus caídas nas ruas e cada uma delas tem a assinatura do nome de Deus" (Walt Whitman — Quaker – século XIX).

VIII

A Páscoa de Jesus inaugura o Reino

Queridos irmãos e queridas irmãs da comunidade pascal de Mateus e irmãos e irmãs de hoje,

Uma antiga tradição dos monges ensinava o jovem a vencer o sono e estar sempre disposto ao louvor da madrugada, de modo que o sol nunca o encontrasse dormindo. Apesar de não ter aprendido esse método, há muito tempo costumo despertar cedo. Aprendi tanto a gostar da festa da Páscoa, que, confesso a vocês, durante o ano inteiro, a cada dia, quando acordo, meu primeiro pensamento voa para a lembrança daquela "Vigília Mãe de todas as vigílias da Igreja", e, com profundo desejo de uma vida verdadeiramente pascal, começo dizendo para o mundo: "Jesus ressuscitou verdadeiramente e esta é a fonte da minha alegria".

Benoît Standaert, monge exegeta flamengo, sustenta uma tese interessante. Ele prova que o Evangelho de Marcos foi escrito para ser lido, todo ele, em uma liturgia de Vigília Pascal. Lembro isso, agora, porque, relendo como vocês da comunidade de Mateus contam a Paixão e a ressurreição de Jesus, vejo como vocês se inspiraram no relato de Marcos.

Certamente, esses relatos da Paixão não são muito antigos. Da vida de Jesus, os acontecimentos que cercam sua morte são os mais difíceis de serem entendidos pela comunidade dos discípulos. Provavelmente, se eles pudessem, teriam cancelado da memória essas páginas sobre a Paixão e cruz de Jesus. Vocês da comunidade de Mateus contaram, mas procuraram atenuar tudo o que mostrasse uma excessiva fragilidade humana de Jesus.

Vocês querem mostrar que Jesus decidiu, livremente, entregar-se aos inimigos para cumprir as profecias e seguir o caminho do Servo Sofredor de Deus.

1. O prólogo da história (Mt 26,1-5)

Após contar o discurso sobre o fim do mundo, o Evangelho mostra que essa realidade última começou a acontecer com a Paixão de Jesus. O anúncio do fim do templo e do mundo é feito do Monte das Oliveiras. Também lá acontece o início da Paixão de Jesus. No mesmo estilo com o qual Jesus fala aos discípulos sobre a destruição do templo (24,1-3), Ele anuncia sua Paixão (26,1-5).

Tendo como pano de fundo o Salmo 2 e sua interpretação messiânica, Mateus mostra os maus conspirando contra o Senhor, o seu Messias.

2. A unção de Betânia (Mt 26,6-16)

O relato da Paixão começa por uma cena na qual a mulher é a ministra, que unge Jesus. Na cultura hebraica, a unção é feita ou para consagrar reis e sacerdotes, ou para preparar um corpo para a sepultura. E é assim que o próprio Jesus a interpreta.

Vocês não dizem o nome da mulher. É apenas uma mulher, e isso basta.

Agostinha:
Considero essa cena a mais poética e também a mais erótica de todo o Evangelho.

Marcelo:

De fato, ela é narrada de uma forma muito bela. Tem aspectos que parecem reais, mas é toda simbólica, como se a comunidade quisesse honrar a sepultura de Jesus. Para isso, conta que uma mulher ungiu seu corpo vivo, já que não teria mais tempo para ungi-lo depois de morto porque Ele ressuscitaria na madrugada do domingo. A unção na cabeça era feita mais especificamente para os reis, e quem ungia era o sacerdote ou profeta.

Agostinha:

Mas com a linguagem do amor é diferente. No Cântico dos Cânticos, é a mulher que unge. A esposa unge o marido com perfume como sinal de amor e compromisso. Nessa cena do Evangelho, fala-se de perfume derramado.

Marcelo:

Tem toda razão. É a mulher que unge Jesus. No quarto Evangelho, é Maria de Betânia, irmã de Marta e de Lázaro (Jo 12). Mateus diz apenas: uma mulher. Mas, se ela ungiu Jesus, ela é como sacerdotisa.

Rita:

E a discussão sobre dinheiro?

Marcelo:

Há uma discussão com Judas sobre a possibilidade de dar o dinheiro aos pobres. O que está por trás dessa discussão é a lei judaica, que manda, por ocasião da Páscoa, dar uma espécie de esmola ou dízimo aos pobres. O que Jesus diz a Judas é que um ato de amor, como o que aquela mulher estava fazendo a Ele, como um condenado à morte, era mais urgente do que a esmola para os pobres. "Pobres vocês terão sempre com vocês."

Rita:

Muitas vezes, essa palavra de Jesus tem sido usada como se Ele tivesse dito que deve haver sempre pobres no mundo e que isso é natural.

Marcelo:

É o contrário. Jesus está citando o Deuteronômio 15, que diz textualmente: "Não deve haver pobres no meio de vocês (Israel), mas, como sempre vai acabar havendo, vocês devem ser solidários com eles" (Dt 15,11). Ao citar essa passagem, Jesus recorda que seus discípulos podem viver o amor pelos pobres por meio do cuidado amoroso com aquele que se identificou com eles, Jesus. E a comunidade deve sempre ter pobres (ser inserida no meio deles). A comunidade de Mateus vê no fato de Judas vender a Jesus por trinta moedas a realização de uma profecia (Zc 11,12). É o preço de um escravo. O Messias é vendido por esse preço.

3. A ceia da Páscoa (Mt 26,17-30)

Jesus começa a viver sua entrega doando-se à comunidade dos discípulos. No primeiro dia dos ázimos (15 de Nisan), cada família ou comunidade judaica deveria imolar o cordeiro pascal. O Evangelho não faz alusão ao cordeiro. Provavelmente, porque para os cristãos o cordeiro pascal é o Cristo, que seria sacrificado em sua Paixão por solidariedade com os humanos.

Jesus celebra a ceia com os discípulos, mas interrompe o clima de alegria, anunciando que sofreria a traição de um do próprio grupo. Era costume na refeição dar o pão molhado a alguém especial como sinal de predileção. Jesus o dá a Judas, mas não adianta mais. Jesus ainda adverte e, por meio de Judas, mostra a todos da comunidade a importância de perseverar mesmo no meio das tentações. Jesus não amaldiçoa Judas nem o condena ao inferno. Diz uma palavra de lamentação que serve de advertência a toda a comunidade.

Agostinha:

Seria bom rever essa forma da comunidade dos evangelhos de falar sobre Judas. Além de dar a ele um nome simbólico (o judeu), apresenta-o como traidor. Durante a história posterior, muitos compreenderam que ele foi condenado e viram, nessa condenação, uma espécie de condenação a todo judeu. Além de ser injusto e antievangélico, como qualquer outra forma de racismo, o antissemitismo provocou no mundo muitos sofrimentos e tragédias em nome do Evangelho.

Marcelo:

Tem toda razão, Agostinha. É preciso cuidar de mudar a forma de falar nesse assunto.

Cladilson:

Mas tudo isso ocorreu durante a ceia pascal que Jesus celebrou com os discípulos.

Marcelo:

Não temos certeza se essa ceia que Jesus fez com os discípulos era a ceia pascal do grupo. De qualquer modo, conforme todos os evangelhos contam, Ele veio a Jerusalém para a festa da Páscoa, e todo o clima daquela ceia era pascal. É histórico que Ele fez essa ceia com os discípulos.

Agostinha:

A Páscoa é o memorial da libertação do Egito e o sacrifício do cordeiro. O Evangelho usa uma linguagem sacrificial para dizer que, na ceia, Jesus oferece sua vida como uma espécie de sacrifício de amor aos irmãos (o Pai não pedia nem precisava de sacrifício do Filho). Jesus faz da ceia um rito, que dá sentido a essa morte. Como falar disso de um modo que não seja sacrificial? Afinal, Deus não quis a morte de seu Filho, e Jesus não encarou a morte como um sacrifício oferecido a Deus...

Marcelo:

Esse é um dos maiores desafios para nossas Igrejas. Elas não querem mudar a linguagem sacrificial porque ela teria vindo dos evangelhos. Mas essas palavras, hoje, parecem inadequadas para dizer o tipo de entrega de Jesus e a doação de sua vida por amor.

Não se sabe que palavras exatas Jesus teria dito durante a ceia. Os evangelhos contam a cena de acordo com o ritual já combinado pela comunidade. Conforme o ritual judaico, é possível que Ele tenha tomado o pão e, antes de distribuí-lo, tenha dito a bênção: "Bendito és tu, Senhor nosso Deus, rei do mundo, que da terra fazes sair o pão". Depois, provavelmente, distribuiu o pão. As palavras que Marcos e Mateus dizem que Jesus pronunciou nesse momento é uma fórmula litúrgica usada nas primeiras comunidades cristãs. Conforme essa tradição, Jesus teria dito aos discípulos que aquele pão representava seu corpo (sua pessoa), que estava para ser entregue. Antes de passar o cálice (terceiro cálice de bênção), deve ter dito a bênção: "Bendito és tu, Senhor nosso Deus, rei do mundo, criador do fruto da videira". Depois, passando o vinho, revelou que aquele vinho representava seu sangue, "sangue da aliança" (alusão a Êx 24,8), que seria derramado por todos.

Agostinha:

Mas será que Jesus teria dito exatamente essas palavras?

Marcelo:

Não há provas nem de um lado nem do outro. As palavras exatas da instituição da Eucaristia estão presentes em quatro versões do Novo Testamento: Paulo (1Cor 11) e depois nos três evangelhos sinóticos. Isso mostra uma tradição muito antiga e muito comum. É possível que a linguagem tenha sido elaborada pelas comunidades, mas certamente a partir de um núcleo histórico. A alusão ao Êxodo e ao Servo Sofredor, cujo sacrifício voluntário da vida salvaria o povo (Is 52,13−53,12), provocou uma leitura da ceia de Jesus como sacrifício e da própria Paixão em um contexto sacrificial, que hoje é difícil ser justificado[1].

Que imagem de Deus temos quando dizemos que Ele precisou sacrificar seu próprio Filho para salvar o mundo?

Vejam a imagem clássica que uma visão sacrificial cristã passa para um espiritual judeu como Elie Wiesel (Prêmio Nobel da Paz). Comentando o sacrifício de Isaac (Gn 22), ele escreveu:

> "A função que a *Akeda* (o sacrifício de Isaac) tem no cristianismo é a de ser figura da crucifixão de Jesus. Cristãos que dizem isso não percebem que, no Monte Moriá, o ato sacrificial não foi consumado. O pai não abandonou seu filho nem quis sua morte. Dizem que, no Calvário, o Senhor teria querido e aceitado a morte de seu Filho".

Agostinha:

Como alguém pode agradar a seu pai pelo fato de aceitar a morte? Dar a vida pelos outros sim é um ato de amor. É o martírio... É possível ver a morte de Jesus como um martírio, e não como um sacrifício?

Marcelo:

Para a tradição judaica, a morte não é um instrumento do qual o ser humano possa se servir para glorificar a Deus. Toda pessoa humana é um fim em si mesma, uma eternidade viva. Ninguém tem o direito de sacrificá-la, nem mesmo a Deus. Se tivesse matado seu filho, Abraão não se teria tornado nosso pai e nosso intercessor. Para o judeu, toda verdade brota da vida, e não da morte.

Se a morte e a crucifixão de Jesus forem compreendidas como um sacrifício, elas passam a representar um passo para trás na

---

[1] "Atualmente é insustentável que o Jesus histórico tenha dado valor expiatório e satisfatório a sua morte. De acordo com a análise realizada, os evangelhos não conservam nenhuma palavra que interprete sua vida ou sua morte mediante o modelo do sacrifício expiatório. As afirmações em que se afirma tal coisa são claramente citações pós-pascais, reflexões teológicas à luz da ressurreição" – FLORENCIO MEZZACASA. Jesus, o Go'el. In: *RIBLA*, n. 18, 1994, p. 65.

história, e não um avanço na relação com Deus. No Moriá, Isaac permaneceu vivo, marcando o fim de uma era de assassinatos rituais. Lembrando a história do sacrifício de Isaac, nós invocamos a graça, que se manifestou, poupando a vida e nos abençoando.

Agostinha:
Então, não podemos aceitar que a morte de Jesus tenha sido do agrado de Deus...

Marcelo:
Não podemos falar de Deus Amor se é um Deus que gosta da cruz. Durante os séculos, quantas vezes, a cruz de Jesus serviu de pretexto para massacres de pais e filhos, misturados pela espada e pelo fogo, em nome de uma palavra que queria ser de amor[2].

A ceia pascal é para o judaísmo um ritual de ação de graças e de memorial da libertação do Êxodo. Nesse contexto, Jesus faz a ceia, canta os mesmos Salmos e se propõe como novo Cordeiro Pascal. Seu sacrifício foi ter corrido o risco e assumido a prisão e a morte por fidelidade à causa do Reino. Ele fez isso como caminho e instrumento de solidariedade aos irmãos. É essa entrega pascal de sua vida que a ceia revela e significa.

4. Agonia de Jesus e dispersão do grupo (Mt 26,31-56)

A cena que vem em seguida da ceia conta que mesmo o grupo mais íntimo de Jesus fugiu e não foi fiel a Ele. O clima de fracasso é tão alarmante, que, para atenuá-lo, Mateus conta que Jesus havia predito a fuga de todos de seu grupo. Quase a justifica com a citação do profeta: "Ferirei o pastor, e as ovelhas serão dispersas" (Zc 13,7).

A angústia de Jesus em Getsêmani reflete sua situação física e psíquica e a consciência da morte violenta que iria

---

[2]ELIE WIESEL. *Célebration biblique*. Paris: Seuil, 1975, p. 73-74.

sofrer. Ele se defrontou com o fato de que iria ser condenado a uma morte injusta e cruel de um crucificado. Jesus não desejou a morte e tudo fez para evitá-la. Mas, naquele momento crucial, procurar escapar da morte teria sido trair sua missão. Por isso, apesar de não compreender bem qual o plano do Pai, nele pôs toda a sua confiança. Enfrentou o perigo e a certeza de que iria ser preso e torturado, com medo, angústia e novamente, como bem realça Lucas, em um forte momento de tentação.

Cladilson:
Há diferenças fundamentais entre as versões de Mateus, Marcos e Lucas sobre a Paixão. Sei que João tem um esquema diferente. Mas esses três também divergem sobre o que ocorreu naqueles dias ou é mais ou menos a mesma coisa?

Marcelo:
Com o fundamental, com o fato de Jesus ser inocente, ser condenado de forma meio ilegal etc. todos eles concordam. Mas, como escreveram para comunidades diferentes e até com objetivos próprios, cada um tem seu ângulo de abordagem. No caso de Mateus, ele procura sempre mostrar que Jesus cumpriu em tudo o que as Escrituras antigas previam sobre a missão do Messias. E essa cena da agonia Mateus constrói inspirando-se na cena em que Jesus ensina aos discípulos o Pai-nosso. Conforme Mateus, Ele havia ensinado aos discípulos a orar: "Não nos deixes cair na tentação". Agora, no jardim de Getsêmani, Ele se pôs a orar e pediu a três de seus discípulos para, junto "com Ele" (só vocês de Mateus salientam esse "comigo"), "orarem para não cair em tentação".

Marcos havia insistido que, naquele momento, Jesus sentiu um forte pavor. Mateus traduz isso por "tristeza".

A carta aos hebreus diz com clareza: "Nos dias de sua carne, Jesus ofereceu orações e súplicas, com gemidos e lágrimas, a quem o podia livrar da morte. Ele foi ouvido por causa de seu amor filial. Sendo Filho, pelo sofrimento, aprendeu a obedecer…" (Hb 5,7-8).

Mateus diz que Ele orou prostrado com o rosto por terra. Como no deserto foi tentado três vezes, no jardim, Ele ora três vezes. A oração de Jesus a seu "Abba" (Paizinho) revela sua tentação e sua angústia. Não se tratava somente do medo da morte, que já seria muito compreensível. É o medo do fracasso de sua causa. Mas, no fim, Ele se entrega às mãos do Pai.

Três vezes, Ele se lamenta aos discípulos: "Vocês não puderam velar uma hora *comigo*". Na tradição bíblica, o sono é sinal da morte, do torpor. Como as virgens que estão sem óleo na lamparina, os discípulos mais íntimos e escolhidos pelo próprio Jesus para acompanhá-lo falham e dormem. O Cristo vai ao encontro da morte, e os seus não o acompanham.

Judas, um dos doze, trai a Ele. O sinal é o beijo, que parecia ser uma característica da relação entre os discípulos e o rabino.

Jesus é preso pela guarda pessoal do sumo sacerdote. Um discípulo tenta uma resistência armada. A comunidade de Mateus tinha vivido toda a tragédia da guerra romana contra os judeus sem resistir. Por isso, o Evangelho traça uma imagem de Jesus como pacifista. Ele protesta contra a injustiça com a qual é tratado (v. 55), mas não reage. Rejeita a resistência armada (v. 47-56).

Júnior:

Até que ponto essa história de Jesus não violento é verdadeira? De fato, Ele foi condenado pelo Império Romano. Os romanos só condenavam à cruz escravos rebeldes ou revoltosos políticos.

Marcelo:

Atualmente, há estudiosos que, como Reza Aslan, sustentam que o Jesus histórico foi zelota e era uma espécie de guerrilheiro. Ele fundamenta essa tese em várias pesquisas de textos, mas é uma hipótese. Prova ninguém tem. De todo modo, continuo pensando que a profecia de Jesus é a resistência não violenta.

5. O processo da condenação de Jesus (Mt 26,57-27,26)

Do modo como aparece no Evangelho, o julgamento de Jesus parece uma farsa. De fato, o que mais caracterizava a sociedade de Israel nos tempos bíblicos era a preocupação com a *Tsedek*, um tipo de justiça em nome de Deus, que incorpora uma opção de amor e solidariedade. Os rabinos ensinavam: "Antes de julgar alguém, é preciso colocar-se em seu lugar"[3].

A dominação romana havia substituído diversos instrumentos de justiça pelos costumes do Império. No tempo de Jesus, não havia mais o Grande Sinédrio (tribunal nacional), e o tribunal local de Jerusalém não tinha autonomia para condenar ninguém. O Evangelho mostra que Jesus foi condenado por um processo sumário, arranjado de forma rápida e ilegal entre os saduceus do templo e os funcionários de Pilatos. O motivo da condenação foi religioso: Ele blasfemou contra o templo. O mesmo tipo de acusação pelo qual o povo antigo quis condenar o profeta Miqueias e mais tarde Jeremias (cf. Jr 26, especialmente o v. 18).

Os fiéis de cultura judaica sabiam o que é um ensinamento por imagens (*midrash*) como o que Jesus fez sobre o templo ("Destruirei este templo e o reedificarei em três dias").

Jônathan:
Então, mesmo de acordo com o judaísmo mais tradicional, não tinha sentido condená-lo.

Marcelo:
Não. Todos sabiam que Ele não estava ameaçando fazer nenhum atentado contra o edifício. Quando Ele falou: "Destruirei esse templo de pedra", qualquer pessoa minimamente informada sobre a Bíblia e a linguagem dos profetas sabia que se tratava de

---

[3]PIRKET ABOT, citado por ROBERT ARON. Quelques réflexion sur le procès de Jesus. In: *Lumière et Vie*, n. 101, 1971, p. 6.

um gesto profético e simbólico. Mas os romanos tinham outra cultura. Diante deles, a acusação podia pegar. Era a mesma coisa que a acusação política: "Este homem se diz 'rei dos judeus'". Era uma expressão que, na cultura semita, queria apenas dizer: "o judeu por excelência", ou "o mais judeu dos judeus". Os romanos tinham tudo para não entender assim. O processo de Jesus foi armado em cima desses tipos de enganos propositais.

O interrogatório feito por Caifás foi a serviço dos romanos. Em nenhum lugar, a lei judaica considerava crime que alguém se achasse ou proclamasse "Messias", ou "Filho de Deus" (*Bèn Elohîms*). Se houvesse crime nisso, era pela lei romana. Jesus não respondia diretamente, e sim com uma palavra inspirada no livro de Daniel sobre a vinda do Filho do Homem.

Mateus mostra que Jesus foi torturado no palácio do sumo sacerdote. Conta ainda a negação de Pedro, o único discípulo que acompanhava o rabino.

No início do século, um bispo anglicano fazia todos os esforços para que as Igrejas cristãs aceitassem entrar no caminho do diálogo e da unidade. A maioria das Igrejas históricas aceitara e começara um belíssimo caminho ecumênico. O papa mandava observadores, mas não aceitava se comprometer nesse caminho. Um dia, o bispo lhe mandou uma carta contendo um versículo do Evangelho: "Contudo, Pedro o seguia de longe" (Mt 26,58).

Só a comunidade de Mateus conta o suicídio de Judas. Procura ler essa tradição com um texto profético (Zc 11,12-13). O fato de a história ser completamente diferente do que conta sobre o mesmo assunto At 1,18-19 mostra que não se sabe bem o que historicamente ocorreu. O texto é mais um conto ilustrativo e liga Judas a figuras da tradição judaica, como Aquitofel, o homem que traiu o rei Davi (cf. 2 Sm 17,23). Só vocês contam que a mulher de Pilatos teve um sonho e pediu que este não se envolvesse com o profeta Jesus (27,19). Como a sulamita do Cântico dos Cânticos, é a única mulher da Bíblia cujos sonhos são revelados. E, na tradição bíblica, o sonho é instrumento da revelação de Deus.

Rita:
O que significa esse gesto de Pilatos – lavar as mãos?

Marcelo:
O gesto de Pilatos lavar as mãos significa não se responsabilizar por aquilo que está sendo feito (cf. Dt 21,1-9; 1Rs 2,33 e Sl 26,6). Então, o povo assume a responsabilidade pela condenação de Jesus. "Que o seu sangue caia sobre nós". Isso alude ao sangue da aliança derramado por Jesus até por aqueles que o rejeitavam.

Cladilson:
Muita gente aproveitou-se desse verso para dizer que o povo judeu é culpado pela morte de Jesus (27,24-25).

Marcelo:
Erradamente. Mas, de fato, o Evangelho acentua que os funcionários do templo e mesmo o povo de Jerusalém preferem soltar Barrabás (o nome significa originalmente "o filho do Pai"). Esse é um líder na luta contra os romanos, enquanto os evangelhos dizem que Jesus mostrou claramente que não queria a luta aberta. A partir desse momento, ninguém mais se interessa por Ele. Ele foi condenado pelos chefes do templo (judeus), mas morto por uma forma de castigo que os romanos usavam. Ele foi morto pelos romanos, e não pelos judeus, que não podiam condenar ninguém à morte. E sua condenação foi por ter infligido a lei romana. Assim, o Evangelho deixa clara a inocência de Jesus e a culpa dos saduceus e seus colaboradores.

6. A crucifixão e morte (Mt 27,27-56)

Havia o costume de "preparar" o condenado para a cruz, torturando-o antes de crucificá-lo para assim apressar a morte. Vocês fazem dessa cena uma gozação com o fato de Jesus se ter proclamado "rei dos judeus".

Jônathan:
É terrível pensar que, neste mundo atual, muita gente ainda é torturada. Diariamente, presos são torturados nas cadeias brasileiras. Negros são atacados e mesmo assassinados no Brasil e nos Estados Unidos...

Cladilson:
Os teólogos da libertação falam que hoje povos inteiros são crucificados.

Marcelo:
A crucifixão, tipo de morte que, no Império Romano, era dado aos escravos fugidos e aos revoltosos contra o Império, era considerada pelos israelitas sinal da maldição divina (Dt 21,23). Fazia parte do suplício que o condenado carregasse a furca, parte mais pesada da cruz. No caso de Jesus, obrigam um outro a fazê-lo. O tal Simão ("obediente") é um africano, talvez negro, pois Cirene era uma colônia romana, onde havia muitos judeus e prosélitos do judaísmo na Líbia, norte da África[4].

O Evangelho conta o que Jesus sofre, aludindo sempre ao cumprimento das profecias e de textos bíblicos. Jesus, que se revelou como "manso e humilde", caminha para a cruz revestido de um manto escarlate como os soldados romanos, coroa de espinhos na cabeça e uma cana como se fosse um cetro de rei. Uma gozação

---

[4]Cf. CHOURAQUI, op. cit., p. 339.

que lembra o último poema do Servo Sofredor (Is 52,13—53,1ss). Obrigam-o a beber vinho misturado com fel como está escrito no Salmo 69,22. Repartem suas roupas como dizia a respeito do Messias o Salmo 22, que teria sido a última oração de Jesus na cruz.

Agostinha:

O Evangelho descreve a morte de Jesus como um momento forte de manifestação divina. Alguns dos sinais previstos no discurso sobre o fim do mundo — terremotos, escurecimento do céu, ressurreição de mortos — teriam acontecido no momento em que Jesus "entrega o espírito". Assim, fica claro que, na morte de Jesus, acaba um tipo de mundo e começa um novo. Todo o universo se comove e se transforma.

Marcelo:

Mateus conta essa cena de um modo que, literariamente, retoma alguns elementos da cena do batismo de Jesus no Jordão. Aqui, Jesus veio da Galileia para mergulhar na morte. A voz que se ouve não é mais a do Pai, mas a de um pagão que diz: "Este homem era verdadeiramente o Filho de Deus" (v. 54).

Agostinha:

As testemunhas da cena da morte de Jesus são "as mulheres". Mesmo silenciosas, elas têm uma presença diferente do grupo dos discípulos. Como a mulher que o ungiu para a sepultura, elas "o contemplam" (v. 55-56). Mesmo diante da morte, as mulheres encontram um tempo para a contemplação e a espera.

Marcelo:

A cena do sepultamento é de transição. Mateus ainda acrescenta um episódio meio lendário sobre o boato, espalhado pelos soldados judeus, de que os discípulos roubaram o corpo (Mt 27,63-66 e Mt 28,12-15). Essa tradição também faz parte do chamado "Evangelho de Pedro" (livro posterior ao Novo Testamento) e não acrescenta nada às polêmicas contra os rabinos.

"Este homem era verdadeiramente o Filho de Deus. "

"Para nós, Jesus é divino. Jesus é de Deus, e Deus é de Jesus. Jesus manifesta a Deus como Pai, que ama a todos. Mas Jesus não exaure nele a realidade de Deus. Deus não pertence a Jesus de tal modo que não possa manifestar sua divindade antes e depois de Jesus" (Tissa Balasuriya, teólogo católico – Sri Lanka)[5].

"Para nós Jesus é o Senhor, e Senhor completo – mas isso não implica que precisamos impô-lo aos outros. Pois, embora o Jesus em quem acreditamos, verdadeiramente, ponha-nos em contato com Deus, para que Deus esteja presente em nós através dele, o mistério absoluto de Deus não pode ser compreendido de modo total e exclusivo em Jesus. Deus está além de todo nome e forma. As muitas compreensões que temos de Deus não podem individual ou coletivamente exaurir o mistério de Deus" (Doc. Final da IIIª Assembleia Geral da Associação Ecumênica dos Teólogos do Terceiro Mundo – janeiro de 1992)[6].

7. A Boa Notícia da Ressurreição (Mt 28,1-15)

"Heréticos interrogaram Rabban Gamaliel: 'Onde descobrimos na Escritura que o Santo, Bendito seja ele, ressuscita os mortos?' Ele lhes respondeu a partir da Torá, a partir dos profetas e a partir dos escritos. Os heréticos não acreditaram" (Talmud da Babilônia. Sanhédrim, 90 b).

"Disse o rabino Simaí: 'Não há uma parte da Bíblia que não testemunhe a ressurreição dos mortos, mas não temos a força de provar isso pela exegese'" (Talmud – Midrash sobre o Dt 32,2).

---

[5]Citado por FAUSTINO TEIXEIRA. *Teologia das Religiões*: uma visão panorâmica. Paulinas, 1995, p. 96.

[6]In: SEDOC, 25 (236): 475, 1993.

Querida comunidade de Mateus,

O testemunho da ressurreição, que vocês dão no Evangelho, é original e diferente de todos os outros do Novo Testamento.

A primeira cena é a de duas mulheres (Maria Madalena e a outra Maria), que vão (diz o texto) "ver o túmulo". Elas tinham seguido Jesus desde a Galileia (Mt 27,55). Isso significa que elas pertenciam ao grupo de discípulos e discípulas mais íntimos de Jesus. E elas vão ver. O Evangelho tinha sublinhado muito que os discípulos pareciam cegos que não viam. E propunha que se visse de outro modo. Elas foram ver. Há quem diga que foram ver Jesus ressuscitado. Tinham essa esperança[7].

Mateus sublinha a ação divina. Um terremoto como no fim de um mundo. A voz do anjo e o anúncio de que Jesus ressuscitou. A intervenção de Deus no sepulcro de Jesus poderia comparar-se com sua manifestação no Monte Sinai, no dia em que fez aliança com Israel (Êx 19). Como no Sinai, há um terremoto. Só que agora esse terremoto abre o túmulo. Ele teria ocorrido logo depois do sábado. Há uma alusão à profecia de Ezequiel 37,7. Conforme esse modo de contar simbólico, foi na hora do primeiro galo, "quando a noite ia no meio de seu curso" (Sb 18,14). É como uma nova noite de Páscoa, da qual fala o Êxodo (Êx 11,4; 12,12.29). Maria Madalena e a outra Maria, duas das mulheres que antes estavam de longe contemplando (27,61), foram contemplar o sepulcro.

Será que, nesses versos, vocês da comunidade de Mateus estão nos dando uma alusão a uma celebração litúrgica, que vocês costumavam fazer diante do sepulcro vazio do Senhor?

De repente, de modo imprevisto, desce o Anjo do Senhor. Como em Gênesis 16,7 ou 22,11, como na sarça ardente – Êx 3,2 – , ele designa a presença do próprio Senhor. O Senhor manifesta

---

[7]WARREN CARTER. *O Evangelho de São Mateus.* São Paulo: Paulus, 2002, p. 670.

sua vitória sobre a morte, da qual a pedra simbolizava o caráter implacável e irreversível. A pedra é removida, e o Anjo senta-se em cima da pedra.

Para Mateus, a ressurreição de Jesus é um acontecimento cósmico que envolve o universo inteiro. Toda essa página do Evangelho é verdadeiramente apocalíptica e coloca quem lê no sentido mais profundo do acontecimento: a ressurreição de Jesus é uma vitória de Deus sobre a morte e todas as forças destruidoras do universo. Os inimigos de Deus, guardas descrentes, "caem como mortos". As mulheres que creem são fortalecidas na esperança e na alegria. O aspecto do Anjo do Senhor é o de um relâmpago. Tem o brilho que Jesus dava como símbolo da vinda do Filho do Homem (24,27).

Cladilson:
Atualize para nós o que significa esse fato de Mateus contar a ressurreição de Jesus como um Apocalipse.

Marcelo:
Os Apocalipses bíblicos sempre surgiram em contexto de perseguição e de enfrentamento do martírio. Foram escritos para ajudar na resistência das comunidades e para aprimorar a visão crítica das pessoas diante das ditaduras e das opressões dos impérios. A própria ideia de ressurreição surge nos textos bíblicos assim: como uma imagem de vitória em meio a fortes perseguições e sofrimentos (Veja Dn 12,1-3; 2Mc 7; etc.).

Então, para nós, acolher a mensagem da ressurreição nesse estilo é dizer que ela é fonte de resistência e de esperança em meio a nossas lutas e sofrimentos, principalmente, no plano social e político.

A ressurreição de Jesus inaugurou a *parusia*, a vinda do Senhor a esse mundo para salvá-lo. Então, podemos dizer que foi o Pai que ressuscitou Jesus. Ninguém viu a ressurreição. O anjo diz às mulheres: "Ele não está aqui!" Quando logo depois se manifesta vivo às mulheres, elas podem tocá-lo e abraçá-lo em sua humanidade. A ressurreição não diminui a humanidade no que ela tem de próprio, mas a torna transcendente.

Agostinha:

O anjo dirige-se às mulheres e as envia como apóstolas dos apóstolos. E o Evangelho diz que elas acreditaram e partiram com alegria para anunciar. Os próprios apóstolos recebem delas a notícia da ressurreição.

Marcelo:

É verdade. A mensagem que elas devem dizer aos discípulos é que Ele será encontrado na Galileia, no mundo da periferia e dos pobres (v. 7).

Júnior:

Nossa Igreja na América Latina fundamenta aí sua missão preferencial junto aos mais pobres. É na periferia, e não no centro do poder, que nós podemos encontrar o Senhor ressuscitado.

Marcelo:

É na montanha da Galileia, onde o Evangelho tinha colocado o sermão da montanha, que agora se dá uma espécie de ordenação missionária, o envio que Jesus faz aos discípulos e às discípulas. Vejamos isso na cena seguinte.

8. A missão universal (Mt 28,16-20)

O Evangelho fala dos onze, que vão até a Galileia para encontrar Jesus.

Agostinha:

E as mulheres? No relato patriarcal, elas de novo estão invisíveis, mas é claro que se elas são discípulas, se seguiram Jesus desde a Galileia, como não estariam ali também junto com os onze?

Marcelo:

Sem dúvida estavam sim. Mas o que me parece importante sublinhar é como o grupo é pequeno, frágil, meio clandestino

para uma missão tão ampla e exigente: vão pelo mundo inteiro...
Como? Será possível isso?

Parece que Mateus quer contrapor o reinado divino, que Jesus veio inaugurar, com o Império Romano, que ia pelo mundo inteiro dominando e conquistando povos. Os discípulos e as discípulas de Jesus também têm de ir pelo mundo inteiro, fazendo adeptos em todas as nações. Mas não é o mesmo tipo de conquista e não há dominação nesse novo império, que é o do amor divino.

No início, o Evangelho conta que o anjo do Senhor anunciou a José que o menino seria o "Emanuel" (Deus conosco). O final do Evangelho deixa claro que esse "nós", do "conosco", somos todos os seres humanos. Toda pessoa é chamada a responder a essa mensagem decisiva da ressurreição de Jesus e pode ressuscitar com Ele.

Jesus manda os discípulos fazerem de todas as nações adeptos ou "discípulos, mergulhados no nome do Pai, do Filho e do Espírito Santo".

Essa visão final do Ressuscitado manda a Igreja para fora de si mesma, como testemunha do Reino de Deus. O papa Francisco disse que a Igreja deve ser uma Igreja "em saída".

Júnior:
Muitas vezes, esse trecho do Evangelho foi usado como legitimação do proselitismo e da conquista.

Marcelo:
É um grave erro de compreensão do contexto. Essa palavra que a comunidade põe na boca de Jesus Ressuscitado completa a missão do capítulo 10, no qual Jesus havia dito aos discípulos que não fossem além das cidades de Israel. Agora, a missão diz respeito ao mundo inteiro. Tem um conteúdo universal: fazer das nações adeptos ou discípulos do Reino. O que o texto diz é que todos podem ser batizados e se tornar discípulos. De modo algum essa palavra legitima desrespeito à consciência dos outros nem uma missão confundida como propaganda do próprio grupo religioso ou Igreja, como se esta fosse o Reino de Deus.

A comunidade de Mateus nunca identificou o Reino de Deus com a Igreja. Também nunca disse que a comunidade religiosa de Israel não tem mais sentido e que, a partir da ressurreição de Jesus, a Igreja seria o novo Israel.

9. Israel depois da Ressurreição de Jesus

> "O problema das relações entre judeus e cristãos diz respeito à Igreja enquanto tal, pois é aprofundando seu próprio mistério que ela é colocada diante do mistério de Israel. Essa relação entre judeus e cristãos tem toda a importância mesmo em regiões em que não há comunidades judaicas" (Concílio Vaticano II)[8]

Eu e vocês nos lembramos de comentários da Bíblia que opunham o Deus do Primeiro Testamento ao do Novo, baseando-se em uma leitura superficial das cartas de Paulo, as quais diziam que a lei estava superada pelo tempo da graça. Israel não teria mais nenhum valor espiritual ou teológico. A Igreja seria o novo Israel, que substituiria o judaísmo. Se lessem Paulo de um modo mais profundo, veriam que, mesmo em cartas nas quais Paulo é muito violento contra os que querem obrigar os gregos a se circuncidarem, ele diz que a missão de Jesus foi unir, e não substituir. Na carta aos gálatas, dizendo que o batismo reveste a todos do Cristo, diz que assim "não existe mais diferença entre judeu e grego, escravo ou liberto, homem ou mulher. Todos somos um só no Cristo" (Gl 3,28). O contexto é o de uma comunidade que se divide em fiéis de cultura judaica e os de origem pagã. Mas, por esse argumento, poderíamos compreender que o batismo não cancela a identidade cultural e religiosa de cada um. Como no casamento, abole a separação entre marido e mulher, mas respeita a identidade de cada um. Paulo trata em sua carta da relação entre cristãos judeus e cristãos não judeus, mas nos oferece uma imagem que pode servir à relação entre as comunidades religiosas de Israel e as Igrejas cristãs: um

---

[8]CONCÍLIO VATICANO II. *Nostra Aetate*: Declaração sobre as relações com outras religiões, n. 4.

casamento, no qual cada parte respeita a identidade do outro e caminha para um crescimento em comum.

Em 1977, após um encontro internacional da Comissão Católica para o Diálogo com o Judaísmo, esse órgão ligado ao Vaticano emitiu um documento no qual declarava: "Em sua missão de tornar conhecido o nome de Deus, a Igreja crê na permanência do judaísmo no plano de Deus e se reconhece estreitamente ligada à tarefa do povo judeu no mundo"[9].

A existência do judaísmo é muito positiva para a Igreja cristã. Recorda-lhe sempre de que a Igreja cristã só tem sentido de ser como comunidade a caminho. A Igreja nunca é. Deve ser. O que a define é o que ela é chamada a se tornar. Se nós, cristãos, reconhecemos em Jesus a plenitude da lei e da justiça, cremos que essa plenitude Ele quer repartir conosco e nos chama a um caminho de conversão e de plenitude. Ele é para nós a figura do Israel perfeito, e, nesse sentido, todo cristão tem como vocação ser um dia "um verdadeiro israelita no qual não há divisão ou ambiguidade".

Para nós, o caminho pelo qual o Espírito conduz Israel e a todos os irmãos e todas as irmãs de outras religiões à plenitude da paz (*shallon*) divina e da salvação de seu Reino, como também aquele pelo qual Ele nos conduz, é sempre um mistério gratuito de seu amor. Entretanto, cremos que, na pessoa de Jesus Ressuscitado, o mesmo Deus, que reuniu seu povo sobre o monte Sinai, refaz conosco sua aliança de amor e de vida. É Ele mesmo que, por intermédio de Jesus, nos diz: "Estarei com vocês todos os dias até o fim dos tempos" (Mt 28,20).

10. Em comunhão com a humanidade que procura

> "A consciência normal é um estado de estupor, em que estão reduzidas à sensibilidade para o que é totalmente real e para a receptividade aos estímulos do espírito. Os místicos, que sabem estar o ser humano envolvido em uma história secreta

---

[9] Cf. Documentation Catholique n. 1719, 1° maio 1977, p. 421-423.

do cosmos, esforçam-se para despertar do entorpecimento e da apatia e recuperar o estado de vigília para suas almas encantadas" (Rabino Abraham Heschel)[10].

Hoje, esse encontro com o Cristo Ressuscitado nos é oferecido. Não como um encontro confessional para reforçar as trincheiras de nosso grupo religioso, mas para nos reanimar nesse "assombro radical", que o rabino Heschel mostra como sendo uma base fundamental para uma profunda atitude espiritual e para nos unir a todas as pessoas que, no mundo inteiro, buscam a Deus e o reconhecem presente na sacralidade da vida e no apelo ao amor.

"O Cristo Ressuscitado é o Cristo em forma de comunidade", ensinava o pastor Dietrich Bonhöeffer. Se no primeiro encontro dos discípulos com o Senhor Ressuscitado "alguns ainda duvidavam", também hoje, trazemos ao encontro do Senhor a pobreza de nossa fé.

Escrevendo sua experiência de encontro com o Ressuscitado, os irmãos e as irmãs da comunidade de Mateus "escutaram" o apelo naquela forma: "Vão pelo mundo inteiro, façam discípulos em todas as nações e batizem em nome do Pai, do Filho e do Espírito".

Precisamos nós testemunhar a missão que o Ressuscitado nos dá hoje para testemunharmos o Reino de Deus no mundo inteiro.

Escrevi este livro para repartir com vocês como podemos atualizar e aprofundar cada vez mais esse encontro com o Cristo Ressuscitado. Convictos de que esse Cristo, que os discípulos chamam de "Senhor" (*Kyrios*), é o mesmo Jesus, profeta e rabino da Galileia, procuramos segui-lo a partir da maneira como Ele, humano e Servo de Deus, viveu o testemunho do Reino. Procuramos viver a fé em Jesus, não como um movimento que nele se detém e se isola. Cremos que Jesus é o Cristo, Filho do Deus Vivo, assumindo a maneira de Jesus viver

---

[10]A. HESCHEL. *Deus em busca do Homem*. São Paulo: Paulinas, 1975, p. 68-69. Ver também, do mesmo autor, *O Homem não está só*, cap. II.

sua fé no Pai, no Reino e na salvação da humanidade. Essa fé de Jesus é a fé judaica em sua universalidade mais profunda, já revelada pelo Senhor no Êxodo. Ela nos liga a todas as comunidades e pessoas que buscam a Deus das formas mais diversas e a partir das culturas e intuições religiosas mais diferentes de nós.

Cremos que o Espírito Santo, que o Pai fez pousar e permanecer em Jesus Cristo, atua em todos esses caminhos humanos para o Reino. Cremos que, pouco a pouco, o Espírito, como mãe da compaixão, amor uterino de Deus, corrige e purifica tudo o que ainda há de pecado e de imperfeição nesses caminhos, como também há em nós, e dele esperamos perdão e força para nos converter.

Cremos que, como discípulos de Jesus que sempre queremos ser, temos muito a aprender no diálogo com todos esses caminhos de comunhão e encontro com o Senhor. Neles todos, reconhecemos a presença misteriosa e discreta de Jesus, como o Cristo Cósmico, Sabedoria de Deus, *avatá* do Eterno, orixá supremo e primogênito da humanidade redimida e santificada. "Ele é nossa Paz, ele que de dois (de todos) povos faz um só, derrubando os muros de inimizade, que existia em nosso meio. Ele reconciliou a todos em um só corpo com Deus. De todos, ele criou uma nova criatura em função da paz no universo" (cf. Ef 2,14-16).

Queridos irmãos e queridas irmãs que me acompanharam nesse caminho,

Deixo com vocês uma antiga bênção irlandesa. Se vocês quiserem, no lugar em que vivem e do modo como for possível, refaçam e também ofereçam a Deus e ao universo esta oração:

"Que o caminho seja brando a teus pés,
o vento sopre leve em teus ombros.
Que o sol brilhe cálido sobre tua face,
as chuvas caiam serenas em teus campos.
E até que, de novo, eu te veja,
que Deus te guarde na palma de sua mão".

SHALOM!

Marcelo Barros

Posfácio
(Henry Sobel)

Deus endereçou um convite a todos os povos, a todos os seres humanos. Está à espera de que cada um responda ao convite que recebeu como sinal da eleição divina. Deus quer que todos nós, que nos propomos a acolher, em nosso modo de viver, sua aliança, colaboremos para que o mundo inteiro se torne a casa de sua Shalom (Paz).

Quando o irmão Marcelo Barros, meu caro amigo, disse-me que estava escrevendo um comentário ao Evangelho de Mateus, como instrumento de diálogo com a fé judaica, confesso que minha reação foi de dúvida e pouca simpatia pelo projeto. Afinal, sempre vi, nesses textos do Evangelho, produtos da ruptura entre as comunidades judaicas e o cristianismo primitivo. Principalmente os evangelhos de Mateus e, depois, os de João sempre foram lidos como escritos profundamente críticos à fé que nós, judeus, herdamos de nossos pais na fé. De fato, neste livro, Marcelo nos mostrou que a reação do rabino Yeoshuá ben Yosseph, profeta de Nazaré, foi mais na linha de nossos profetas clássicos, como Amós, Miqueias e Isaías, contra uma religião ritual, que usava a lei de Deus para legitimar privilégios de uma elite religiosa, do que, de fato, contra a fé judaica. As críticas de Yeoshuá ao templo e aos sacerdotes podem, hoje, ser dirigidas a qualquer instituição religiosa que não sirva ao projeto divino, que é Vida plena para toda a humanidade.

Penso que, independentemente de concordarmos ou não com todos os detalhes da exegese propostos nestas páginas e com a hermenêutica sempre muito bem construída e na linha da Teologia da Libertação, sem dúvida, este livro de Marcelo nos oferece um exemplo, um excelente exemplo de como se pode abrir o ouvido interior e o coração à música do outro e, talvez, até se tornar capaz de cantá-la e entrar em sua dança, sem trair nossa própria identidade cultural e religiosa.

Afinal, "não temos todos o mesmo Pai? Não é o mesmo Deus, que nos criou? Por que, então, cada um de nós ainda ignora ou até despreza seu irmão sua ou irmã?" (Ml 2,10).

Então, Marcelo, obrigado por essa provocação ao diálogo e ao caminho comum. Que a *beraka* (bênção) da *berith* dada a Abraão e a sua descendência desça sobre você e todas pessoas que lerem este livro.

Shalom.

Seu irmão e amigo,
Henry Sobel
Rabino

A marca FSC® é a garantia de que a madeira utilizada na fabricação do papel deste livro provém de florestas que foram gerenciadas de maneira ambientalmente correta, socialmente justa e economicamente viável.

Este livro foi composto com as famílias tipográficas Monotype Corsiva e Book Antiqua e impresso em papel Offset 63g/m² pela **Gráfica Santuário.**